# 中小会社の監査役業務とQ&A

**6訂版**

重泉 良徳 著

税務経理協会

# 6訂版の出版にあたって

　しばらく時間をおいての出版となったが，私としては時宜を得たタイミングと考えている。その間監査を取り巻く環境にも様々な変化が起きてきた。とりわけ後を絶たない企業不祥事に対して，監査役会制度に海外からの批判や疑問が投げられている中，平成26年の会社法改正で監査役会設置会社，指名委員会等設置会社の他に第三の選択肢として監査等委員会設置会社が登場してきたことが注目され，約500社が移行ないし移行を表明している。他の上場会社も検討を行っているところである。また改正会社法は子会社を含むグループ企業の内部統制に関して種々の規定を設けたことにも注目したい。

　このような背景からすれば今後の監査の中心は子会社を含むグループ企業の内部統制の充実に向けられているといっても過言ではない。ともすれば等閑視されがちであった子会社の内部統制はにわかに脚光を浴びてくることになったといえる。従って，中小会社の監査役の存在価値が高まってくると考えられるのである。

　大会社の監査役会がゆらぐ中で，中小会社の監査役の存在は益々重く微動だにしない存在となっていくであろう。こうした意味で中小会社の監査役の研究はこれから益々深められていく必要があると思われる。

　中小会社の監査役を含む役員が会社法の目指す内部統制の真意を，それぞれの立場から理解し実践に結び付けると同時に，実効性のある監査を進めていきたい。そのお手伝いの一端に拙著を役立てて頂ければ望外の幸せと考えている。

　結びに購読者と出版社のご芳情に感謝し益々のご清祥を祈念する次第です。

2016年5月

著　者

# はじめに

　商法上の中小会社と一般にいわれる中小企業とは同じ概念ではないが，規模の上で大きくはない会社という意味ではほぼ似ているといってもよいであろう。本書では商法上の中小会社について取り扱い，その監査役の役割とあるべき姿を追求することとした。

　ところで株式会社の数は日本全国で約120万社あるといわれているが，その中で大会社はわずかに約1万社あるに過ぎない。その上，上場会社となると約2千社といわれ全体の1％にも満たない。言い換えれば数の上では大体（99％）が中小会社なのである。しかし世の中には中小会社のための，特に中小会社の監査役のための書物や講習などはきわめて少ないのである。それは中小会社自体にそのようなニーズが少ないとかトップの関心が薄いとかあるいは全体的に遵法精神が希薄であるとかいろいろな理由が会社自身に内在していることに起因しているようにも考えられる。

　しかし21世紀に入り，世はまさにグローバル・メガコンペティション（世界的大競争）の時代に突入したのである。最近のスイスのＩＭＤ（経営開発国際研究所）による国・地域別の2002年国際競争力ランキング調査によれば，米国1位，フィンランド2位からスタートして，日本は30位で台湾の24位や韓国の27位よりも劣っていることが報じられている。特に最近では日本は97年の17位を最高に2001年には26位，2002年30位と後退を続けている。今日もっとも大事なことは日本のもつ潜在的な技術力を最大限に発揮できる環境（インフラストラクチャー）の整備であり，もっともその期待を担っているのがベンチャー企業ともいわれている中小会社なのである。その意味で中小会社は大きな期待を背負った宝の山であり，種々の角度から支援していかねばならない。

　その1つの大事な角度が監査すなわち監査役の問題といえるのである。一方で21世紀は遵法の時代ともいわれ，法律を無視したり軽視する会社は淘汰されるともいわれている。もしそうであれば監査すなわち監査役の役割はきわめて

重要であり，監査役が十分に機能することによって経営者は安全な企業の運営が可能となるのである。それにはまず監査役の機能・役割等をよく理解することから始めなければならない。

　当著書は日本の危機を憂い，その柱と期待される中小会社に焦点をあてて，遵法の立場から監査役にエールを送る意味と経営者に正しい監査役への理解を求める意味で書いたものである。世の多くの中小会社が遵法の立場から躓くことのないようそして世の期待に応えて大いに拡大発展されるよう祈念してやまない。

2002年11月

著　者

---

《凡　例》
会＝会社法（会123③5→会社法123条3項5号）
施規＝会社法施行規則
整備法＝会社法の施行に伴う関係法律の整備等に関する法律
計規＝会社計算規則
財規＝財務諸表等の用語，様式及び作成方法に関する規則

# 目　　次

6訂版の出版にあたって
はじめに

## 第1章　会社法と中小会社への影響

1　会社法と株式会社への影響の輪郭……………………………………1
2　主な具体的変化と中小会社への影響…………………………………2
　① 従来の会社のスキームとの比較……………………………………2
　② 役員の任期の変化……………………………………………………3
　③ 取締役の守備範囲の変化……………………………………………3
　④ 取締役の資格…………………………………………………………4
　⑤ 監査役の守備範囲の変化……………………………………………4
　⑥ 役員解任手続きの変化………………………………………………4
　⑦ 監査役，会計監査人選任手続きの変化……………………………4
　⑧ 役員（取締役，執行役，会計参与，監査役）の責任の変化 ……4
　⑨ 剰余金の配当の変化…………………………………………………4
　⑩ 役員賞与の変化………………………………………………………5
　⑪ 会計参与制度…………………………………………………………5
　⑫ 株主総会の権限の拡大………………………………………………5
　⑬ 株主代表訴訟制度の変化……………………………………………5
　⑭ 最低資本金制度の廃止………………………………………………6
　⑮ 特例有限会社…………………………………………………………6

## 第2章　非大会社の監査役の役割

1　株式会社のトライアングル（株主総会・取締役・監査役） ……… 7
　1　株式会社のトライアングル機能……………………………………… 7
　2　株主総会の機能………………………………………………………… 9
　3　取締役・取締役会の機能……………………………………………… 10
　4　監査役・監査役会の機能……………………………………………… 11
2　監査役監査の4つの基本的側面………………………………………… 14
　1　業　務　監　査………………………………………………………… 14
　2　会　計　監　査………………………………………………………… 14
　3　違法性監査……………………………………………………………… 15
　4　妥当性監査……………………………………………………………… 15
　5　監査領域の結合………………………………………………………… 16
3　三様監査の連携…………………………………………………………… 18
　1　三様監査とは何か……………………………………………………… 18
　2　三様監査の連携………………………………………………………… 18
　3　非大会社の連携はどうするか………………………………………… 19

## 第3章　非大会社の監査役の権限・義務・責任

1　監査役制度の概観………………………………………………………… 21
　1　大・非大会社の区分…………………………………………………… 21
　2　員数・任期……………………………………………………………… 22
　3　常勤監査役・社外監査役……………………………………………… 22
　4　監査役・監査役会……………………………………………………… 23
　5　監　査　報　告………………………………………………………… 23
2　非大会社の監査役の権限………………………………………………… 24
　1　業務監査権と会計監査権……………………………………………… 24

2　株主総会決議取消の訴え……………………………………25
　　3　辞任監査役の総会での意見陳述権……………………………25
　　4　取締役・会計参与業務執行の監査権…………………………25
　　5　子会社調査権……………………………………………………26
　　6　取締役の違法行為差止請求権…………………………………26
　　7　取締役・会社間の訴えの会社代表……………………………26
　　8　取締役会の招集権………………………………………………27
　　9　監査役の報酬協議権……………………………………………27
　　10　監査役選任議案等の監査役同意権・提案権…………………27
　　11　会計監査人選任等の監査役同意権・提案権…………………28
　　12　会計監査人報酬の監査役同意権………………………………28
3　**非大会社の監査役の義務**……………………………………29
　　1　取締役会への出席義務・意見陳述義務………………………29
　　2　取締役会・監査役会議事録へ署名……………………………29
　　3　違法行為等を取締役会へ報告…………………………………30
　　4　総会議案等調査と総会への報告………………………………30
　　5　株主総会出席……………………………………………………31
　　6　株主総会議事録署名……………………………………………31
4　**非大会社の監査役の責任**……………………………………32
　　1　基本的な責任……………………………………………………32
　　2　会社法389条適用会社業務の監視責任 ………………………32
　　3　任務懈怠の責任…………………………………………………33
　　4　第三者に対する責任……………………………………………33
　　5　監査役の賠償責任額の軽減……………………………………33
　　6　和解の明文化……………………………………………………34

## 第4章　非大会社監査役の定常的監査業務

1　非大会社監査役の定常的監査業務年間フロー …………………37
　① 新年度方針・計画・業務分担……………………………………37
　② 総会までの法定スケジュール……………………………………37
　③ 監査調書と監査報告作成…………………………………………38
　④ 総会提出議案・書類の監査………………………………………38
　⑤ 総会後法定事項の監査……………………………………………38
　⑥ 総会後監査役の報酬・退職慰労金の協議………………………38
　⑦ 会計期間と監査期間のズレ………………………………………40
2　非大会社監査役の月次定常的監査業務 …………………………40
3　非大会社監査役の期末から定時総会までのスケジュール………44
　① 全体的な総会までのスケジュールの主要項目…………………44
　② 計算書類等と監査報告作成等のスケジュール…………………45

## 第5章　株主代表訴訟と監査役の対応

1　株主代表訴訟とは何か ……………………………………………49
　① 株主代表訴訟とは何か……………………………………………49
　② 印紙代13,000円で訴訟が起こせる………………………………49
　③ 株主代表訴訟の手続き……………………………………………50
　④ 株主代表訴訟で変化した内容……………………………………51
2　経営判断の原則……………………………………………………51
　① 経営判断の原則の由来……………………………………………51
　② 経営判断の原則……………………………………………………52
3　消滅時効と遺族への影響 …………………………………………53
　① 消　滅　時　効……………………………………………………53
　② 遺族への影響と限定承認…………………………………………53

## 4　日本サンライズ事件と福岡県魚市場事件 ………………………54
### ① 日本サンライズ事件…………………………………………54
### ② 福岡県魚市場事件……………………………………………54
## 5　小会社でも株主代表訴訟は起きる …………………………55
### ① 社会的背景の変化……………………………………………55
### ② 小会社でも株主代表訴訟は起きる…………………………56
## 6　損害賠償に対する最近の法律 …………………………………57
### ① 損害賠償額の軽減……………………………………………57
### ② 和解と補助参加………………………………………………58
## 7　民事訴訟法と株主代表訴訟への影響 …………………………58
### ① 民事訴訟法平成10年改正の趣旨……………………………58
### ② 民事訴訟法と株主代表訴訟への影響………………………59
## 8　株主代表訴訟へのふだんからの心がけ ………………………60

# 第6章　監査要領と監査調書

1　監査証跡の作り方 …………………………………………………61
2　期中会計監査実施要領 ……………………………………………62
3　期中会計監査調書 …………………………………………………64
4　貸借対照表・損益計算書監査実施要領 …………………………65
5　貸借対照表・損益計算書監査調書 ………………………………68
6　株主資本等変動計算書監査実施要領 ……………………………73
7　株主資本等変動計算書監査調書 …………………………………75
8　個別注記表監査実施要領 …………………………………………78
9　個別注記表監査調書 ………………………………………………82
10　事業報告監査実施要領 ……………………………………………85
11　事業報告監査調書 …………………………………………………90
12　附属明細書監査実施要領 …………………………………………92

| 13 | 附属明細書監査調書 | 93 |
| --- | --- | --- |
| 14 | 内部統制構築・運用監査実施要領 | 95 |
| 15 | 内部統制構築・運用監査調書 | 98 |
| 16 | 継続企業の前提監査実施要領 | 101 |
| 17 | 継続企業の前提監査調書 | 103 |
| 18 | 取締役忠実義務違反監査実施要領 | 104 |
| 19 | 取締役忠実義務違反監査調書 | 106 |
| 20 | 株主総会提出議案監査実施要領 | 108 |
| 21 | 株主総会提出議案監査調書 | 108 |
| 22 | 株主総会後法定事項監査実施要領 | 109 |
| 23 | 株主総会後法定事項監査調書 | 110 |
| 24 | 剰余金と分配可能額の計算 | 111 |

## 第7章　非大会社の監査役の実務対応

1　中小企業の監査役をとりまく厳しい環境 …… 115
　①　非大会社の中身は膨大 …… 115
　②　会社の2つの傾向 …… 115
　③　会社法は内部統制構築を要請 …… 116
　④　自社の監査内容の構築 …… 117
2　会社法における非大会社の機関の類型区分 …… 117
　①　会社法における非大会社の機関の種類 …… 117
　②　非大会社の類型別機関の分類考察 …… 118
3　監査役の実務対応 …… 118
　1　A型（監査役を設置しない場合） …… 119
　2　B型（取締役＋監査役）監査役の実務対応 …… 119
　3　B型の2（取締役＋監査役〔会計限定〕）監査役の実務対応 …… 124
　4　C型（取締役会＋監査役）監査役の実務対応 …… 126

5　C型の2（取締役会＋監査役〔会計限定〕）監査役の実務対応 …129
　6　D型（取締役会＋監査役会）監査役の実務対応 …………………132
　7　E型（取締役＋監査役＋会計監査人）監査役の実務対応 …………136
　8　F型（取締役会＋監査役＋会計監査人）監査役の実務対応 ………136
　9　G型（取締役会＋監査役会＋会計監査人）監査役の実務対応 ……137

## 第8章　監査報告の作成

1　監査報告の作成部数 …………………………………………………139
2　反対意見の付記 ………………………………………………………139
3　署名・押印 ……………………………………………………………140
4　常勤・社外の記載 ……………………………………………………140
5　監査報告の虚偽記載と損害賠償 ……………………………………140

## 第9章　繰り返される企業不祥事と監査役の役割

1　**企業不祥事はどうして起きるか** ……………………………………167
　①　企業不祥事はいつでも起きる ……………………………………167
　②　企業不祥事は内部統制の弱いところに起きる …………………168
　③　企業不祥事はトップの命令によっても起きる …………………169
　④　企業不祥事は外部要因によっても起きる ………………………169
2　**企業不祥事を避け会社が生き抜く条件** ……………………………170
　①　トップの遵法精神の維持 …………………………………………170
　②　不快な話を歓迎しないトップは墓穴を掘る ……………………170
　③　従業員を大事に扱わない会社は衰退する ………………………171
　④　絶えず独創的勉強をしない会社は衰退する ……………………171
　⑤　情報の風通しがよくない会社は停滞する ………………………172
　⑥　信賞必罰のはっきりしない会社は停滞する ……………………172

⑦　危機管理の徹底できない会社は危ない ………………………173
　　⑧　経営は理想を実現させる道具 ……………………………………174
　3　これから監査役が心がけること ………………………………………175
　　①　内部統制組織の充実に心を配る …………………………………175
　　②　危機管理の分析と提言を行う ……………………………………175
　　③　勇気と行動力ある監査役を目指す ………………………………176
　　④　監査役は計算書類に明るくなろう ………………………………177
　　⑤　重点監査で大きな問題に対処する ………………………………177
　4　内部統制の構築と充実が会社法の重要課題 …………………………178

## 第10章　初心者のための貸借対照表の見方

　1　貸借対照表とは何か ……………………………………………………181
　　①　貸借対照表に対する最初の疑問 …………………………………181
　　②　会社における資産の考え方 ………………………………………182
　　③　貸借対照表の原型 …………………………………………………182
　2　貸借対照表の内容 ………………………………………………………186
　　①　貸借対照表の骨格 …………………………………………………186
　　②　貸借対照表の区分・科目の概説 …………………………………188
　3　簡単な経営分析 …………………………………………………………191

## 第11章　監査役のためのQ＆A

　1　一　般　事　項 …………………………………………………………195
　　Q1　会社法上の会社の規模はどう区分されるか ……………………195
　　Q2　株主の基本的な権利は何か ………………………………………196
　　Q3　株式会社の機関で絶対的に必要なものは何か …………………196
　　Q4　資本金の定義はどう変わったか …………………………………196

|   |   |   |
|---|---|---|
| Q5 | 親・子会社の定義はどう変わったか | 197 |
| Q6 | 附属明細書の役割はどのように変わったか | 198 |
| Q7 | 臨時計算書類とはどのようなものか | 198 |
| Q8 | 非公開会社の増資に制限はあるのか | 199 |
| Q9 | 三様監査の連携とはどのようなことか | 199 |
| Q10 | 会計参与とはどのような制度か | 200 |
| Q11 | 会社法上で署名と記名押印は同じか | 200 |
| Q12 | 会社法に定める協議事項の意味は何か | 201 |
| Q13 | 監査役の基本的役割は何か | 201 |
| Q14 | 対価の柔軟化とは何か | 202 |
| Q15 | 社外取締役と社外監査役は登記事項か | 203 |

## 2 株　　　式 ……204

|   |   |   |
|---|---|---|
| Q16 | 端株制度は廃止されたが端株主はどう対処するのか | 204 |
| Q17 | 単元未満株主の権利はどのように変わったか | 204 |
| Q18 | 取得請求権付株式と取得条項付株式との差異は何か | 205 |
| Q19 | 種類株式発行会社とはどのような内容か | 205 |

## 3 監査役の権限と責任 ……206

|   |   |   |
|---|---|---|
| Q20 | 会社法の施行により監査役の権限で大きく変わった点は何か | 206 |
| Q21 | 監査役を設置しなくてよい場合とはどのような場合か | 207 |
| Q22 | 監査役設置会社の定義は何か | 207 |
| Q23 | 監査役会は全員でなくとも開催は可能か | 208 |
| Q24 | 監査役の計算書類等の監査は変わったか | 208 |
| Q25 | 監査役の選任議案には監査役の同意が必要か | 209 |
| Q26 | 監査役の独任制とは何か | 209 |
| Q27 | 監査役はライン業務を兼務できるか | 210 |
| Q28 | 監査役は子会社または親会社の取締役を兼務できるか | 211 |
| Q29 | 海外子会社まで監査役の調査権は及ぶか | 211 |
| Q30 | 監査役が責任を問われる場合はどういうときか | 212 |

Q31　監査役の解任は株主総会の普通決議でできるか ………………………212
　　Q32　監査役は取締役の不祥事を発見したときどう対処すべきか ………213
　4　監査役の任期 …………………………………………………………………214
　　Q33　監査役の会社法上の任期は何年か ……………………………………214
　　Q34　会計限定の監査役を置く会社の業務監査は誰が行うのか …………214
　　Q35　監査役は任期の途中で退任してもよいか ……………………………215
　　Q36　代表取締役は任期途中の監査役を退任させることができるか ……216
　　Q37　代表取締役が任期途中の監査役を退任させたとき，監査役は
　　　　　対抗手段があるか ……………………………………………………216
　　Q38　旧商法小会社の監査役は会社法が施行されたとき，引き続き
　　　　　会計監査のみ行ってよいのか …………………………………………217
　5　監査役の報酬等 ………………………………………………………………218
　　Q39　監査役が1人のとき，監査役の報酬はどのように決めるか ………218
　　Q40　監査役が複数人いるとき，個別の報酬は取締役会で決めてよ
　　　　　いか ………………………………………………………………………218
　　Q41　取締役の権限で監査役の報酬カットは可能か ………………………219
　　Q42　退職慰労金は監査役会で決めてよいか ………………………………219
　6　監査役の守備範囲 ……………………………………………………………220
　　Q43　監査役の立場は内部監査か外部監査か ………………………………220
　　Q44　監査役の監査は違法性監査の他，妥当性監査に及ぶか ……………220
　　Q45　監査役は摘発監査と予防監査のいずれに重点を置くべきか ………221
　　Q46　監査役の守備範囲は業務監査か会計監査か …………………………222
　7　監　査　報　告 ………………………………………………………………223
　　Q47　監査報告の作成は1通でよいか ………………………………………223
　　Q48　監査報告には署名押印が必要か ………………………………………223
　　Q49　虚偽の監査報告を信じて取引した第三者が損害を被ったとき，
　　　　　監査役は責任を負うか …………………………………………………223

## 8  賞与と配当 ……………………………………………………225
- Q50  会社法で賞与の取扱いはどう変わったか ……………………225
- Q51  賞与の株主総会提出議案の中で取締役と監査役の区分掲記は必要か ……………………………………………………………225
- Q52  配当が取締役会の決議でできるのはどのような場合か ………226
- Q53  剰余金の配当にはどのような規制があるのか …………………226
- Q54  剰余金の配当原資は利益剰余金に限られるか …………………227
- Q55  監査役は賞与を受けるべきではないのではないか ……………227

## 9  剰余金と準備金 …………………………………………………228
- Q56  利益剰余金を減少させて資本金を増加させることが可能か …228
- Q57  資本剰余金を減少して利益準備金を増加することは可能か …228
- Q58  利益準備金の積立はどのように行われるのか …………………229

## 10  会 計 監 査 …………………………………………………230
- Q59  現金預金の監査ではどのような点に注意すべきか ……………230
- Q60  売掛金の監査ではどのような点に注意すべきか ………………230
- Q61  受取手形の監査ではどのような点に注意すべきか ……………231
- Q62  仮払金の監査ではどのような点に注意すべきか ………………231
- Q63  棚卸資産の監査ではどのような点に注意すべきか ……………232
- Q64  リース資産の監査ではどのような点に注意すべきか …………232
- Q65  固定資産の監査ではどのような点に注意すべきか ……………233
- Q66  繰延資産の監査ではどのような点に注意すべきか ……………233
- Q67  売上の監査ではどのような点に注意すべきか …………………234
- Q68  金銭債権の取立不能見込額はどのように記載するのか ………235
- Q69  特別損益の科目表示ではどのような点に注意すべきか ………235
- Q70  粉飾決算事項を発見したとき，監査役はどう対処すべきか …235
- Q71  典型的な粉飾決算の手法を2つあげるとすればそれは何か …236

## 11  取締役会と議事録 ……………………………………………237
- Q72  監査役は取締役会への出席権限はあるか ………………………237

  Q73　利益相反取引の監査で取締役会の議事録をみるとき，監査役はどのような点に注意すべきか ……………………………………237
  Q74　取締役会の議事録に監査役は署名するのか ……………………238
  Q75　取締役会の書面決議とはどのような内容か ……………………238
**12　取締役の違法事項** ………………………………………………………239
  Q76　会計監査の中で発見した重大な取締役の違法事項に監査役はどう対処すべきか ……………………………………………………239
  Q77　某取締役が株式等の取引で損失を大きくしているのを監査役が知ったとき，なにも対応しなくてよいか ……………………239
  Q78　取締役が違法行為を行い会社に大きな損害を与えるおそれがあるとき，監査役はどう対処すべきか ……………………………240
  Q79　契約上の重大なミスにより会社が大きな損害を被ったとき，監査役は責任を負うか …………………………………………………240
  Q80　取締役の過失責任化とはどのようなことか ……………………241
  Q81　取締役が無過失責任を問われることはないか …………………241
  Q82　特別取締役と特定取締役とはどう違うのか ……………………242
**13　株 主 総 会** ……………………………………………………………243
  Q83　監査役は株主総会へ出席する義務があるか ……………………243
  Q84　計算書類は株主総会の決議事項か報告事項か …………………243
  Q85　株主総会が著しく不公正な決議を行ったとき，監査役は決議取消の訴えを起こせるか ………………………………………………244
  Q86　監査役は株主総会の議事録に署名しなくてよいか ……………244
  Q87　前年，利益供与で3年の執行猶予付有罪判決を下された取締役が本年の総会で再任されたが適法か ……………………………245
  Q88　子会社の常務取締役を社外取締役として選任したが適法か ………245
  Q89　非大会社は総会後すみやかに貸借対照表の要旨を公告しなくてよいか ……………………………………………………………………246
  Q90　計算書類および監査報告は定時総会の前後に本店に備え置く

必要があるか ································································246
　Q91　定時総会の招集通知には計算書類および監査報告の謄本を添
　　　付しなくてよいか ·······················································246
　Q92　株主総会で決議が省略できるのはどのような場合か ···············247
　Q93　株主総会はどこで開催してもよいと聞くがそのとおりか ········248

## 14　株主代表訴訟 ······························································249
　Q94　株主代表訴訟とは株主が誰を代表するのか ··························249
　Q95　株主代表訴訟の提訴請求の宛て先はどこか ··························249
　Q96　株主代表訴訟の消滅時効は何年か ·····································250
　Q97　株主代表訴訟の判決は遺族にも及ぶのか ·····························250
　Q98　株主代表訴訟の判決が遺族に及ぶとき，何か対策はあるのか ······251
　Q99　経営判断の原則とは何か ···············································251
　Q100　株主代表訴訟における賠償責任の軽減はどのように行われる
　　　か································································································252
　Q101　取締役・監査役の賠償軽減額の限度はどのようになっている
　　　か································································································253
　Q102　株主代表訴訟における和解の効果は何か ·····························253
　Q103　会計監査人は株主代表訴訟の対象となるか ·························254
　Q104　株主代表訴訟の提訴請求を受け，他の監査役が提訴に反対し
　　　たとき1人で提訴できるか ············································254
　Q105　株主代表訴訟で提起ができない場合とはどのようなときか ········255

## 15　組織再編等 ·································································256
　Q106　略式組織再編と簡易組織再編との差は何か ·························256
　Q107　合名会社が合資会社に変更したとき組織変更といえるか ·········257
　Q108　合同会社とＬＬＰ（有限責任事業組合）との差は何か ··········257
　Q109　吸収分割と新設分割の違いは何か ···································257
　Q110　株式交換と株式移転の違いは何か ···································258
　Q111　三角合併を容易にする親会社の株式所有が許されるのはど

　　　　のような場合か……………………………………………………258
　　Q 112　親会社の株式取得は，つねに禁止されているか……………259
　　Q 113　特別支配会社とはどのような株式会社か……………………259
　　Q 114　特例有限会社を株式会社にするにはどうすればよいか……259
16　そ　の　他 ……………………………………………………………261
　　Q 115　内部統制構築はどう進めるべきものか………………………261
　　Q 116　ＣＯＳＯの内部統制のフレームワークとは何か……………261
　　Q 117　後発事象はどのように取り扱うものか………………………262
　　Q 118　ハッカーに電子公告が中断されたとき公告は無効になるか………262
　　Q 119　決算公告はどのように行われるか……………………………263
　　Q 120　社外取締役の要件はどう変わったか…………………………264
　　Q 121　社外監査役の要件はどう変わったか…………………………264
　　Q 122　多重代表訴訟とは何か…………………………………………265
　　Q 123　監査等委員会設置会社とはどのような制度か………………266
　　Q 124　会社法・同施行規則（平成27年5月1日施行）のポイントは
　　　　何か …………………………………………………………………267

# 第1章
# 会社法と中小会社への影響

## 1　会社法と株式会社への影響の輪郭

　会社法は旧商法の第2編と商法特例法および有限会社法をあわせてできたものであるが，もちろん内容は大きく変わった。

　会社法の全条文は約1,000条，それに法務省令約500条という大がかりな改正でおそらくは明治32年商法が制定されて以来の大改正といっても過言ではないと思われる。

　かねてよりいわれていた商法の現代化，簡易化，口語化が実現し分かりやすくなったのであるが有限会社法の影響もあってか複雑化したことも事実である。

　そこで旧来の大中小会社にどのような影響が生じたかを概観してみたい。まず大会社の定義は従前と変わっていない。つまり資本金が5億円以上または期末貸借対照表の負債総額が200億円以上のいずれかに該当する場合の株式会社をいう（会2①6）。次に従来の中小会社の区分がなくなり大会社でない株式会社としてまとめられた（当書では非大会社と表現する）。

　もう一つの区分仕方に公開会社と公開されていない株式会社との分け方（当書では非公開会社と表現する）がある（会2①5）。非公開会社とは株式の譲渡・譲受けに会社の承認を要する株式会社であり上場されていない場合でも譲渡制限がないときは公開会社となる。

　会社法の全体的な特徴としては大会社については旧商法と大きくは変化して

いない。しかし中小会社にとっては大きく変化したといえる。なぜなら有限会社法が会社法のなかに入った結果，有限会社が廃止されると同時に株式会社の内容が旧有限会社の内容を取り込み，非常に取扱いの幅が広くなったからである。さらに大会社のみの適用となっていた部分を取り込むことも可能となったので中小会社の自由裁量の余地は非常に大きくなったといえる。その結果中小会社は自己の努力次第で大会社により早く近づくこともできるし，場合によっては限りなく旧有限会社の内容に近づけることもできることになった。

規制は従来どおり大会社だけで，中小会社はほとんど制限なしの状態になった。すべては幅の広い選択肢の中から経営者の考え方一つで上昇指向となり，また下降指向となるのである。

制限を大きく外された中小会社にとってはセルフコントロールがきわめて重要な鍵となる。行動はかなり自由となるが，結果は自己責任ということになるので旧商法時代に比べていっそうの勉強が必要になってくるに違いない。

## 2　主な具体的変化と中小会社への影響

### 1　従来の会社のスキームとの比較
#### ①　従来の中小会社のスキーム
株式会社→取締役会（3名以上）＋監査役（1名以上）＋株主総会
#### ②　会社法の中小会社（以後は非大会社と呼ぶ）のスキーム
中小株式会社の絶対的要件→取締役（1名以上）＋株主総会
 ⅰ）　取締役（以下すべてに株主総会は必要）
 ⅱ）　取締役＋監査役
 ⅲ）　取締役＋監査役＋会計監査人
 ⅳ）　取締役会＋会計参与
 ⅴ）　取締役会＋監査役
 ⅵ）　取締役会＋監査役会
 ⅶ）　取締役会＋監査役＋会計監査人

ⅷ）　取締役会＋監査役会＋会計監査人
ⅸ）　取締役会＋委員会＋会計監査人
　（注１）　監査役，会計参与，会計監査人，監査役会，取締役会は原則として任意設置
　（注２）　取締役会を設置すれば監査役を置く必要がある（会327）。
　（注３）　監査役会，委員会設置の場合は取締役会を置く必要がある（会327）。
　（注４）　会計監査人設置の場合は監査役を置く必要がある（会327）。
　（注５）　委員会とは監査等委員会設置会社又は指名委員会等設置会社の委員会を指す。
　（注６）　上のいずれの場合にも会計参与は任意に設置できる。

　上のようにⅶ，ⅷ，ⅸのように限りなく大会社に近いスキームも選択できるし，またⅰ，ⅱのように従来より一歩後退したスキームを選択することも可能になった。

## ２　役員の任期の変化

① 取締役の任期は従来２年以内であったが有限会社の場合，任期に制限がないことを考慮し非公開会社では10年まで伸長できるとした（会332）。
② 会計参与の場合は会社法332条を準用する（会334）。
③ 監査役の任期は従来の４年に加え非公開会社では10年まで伸長できるとした（会336）。

## ３　取締役の守備範囲の変化

① 取締役は定款に別段の定めがない場合は各取締役が執行権を持つ（会348）。
② 取締役会がある場合は従来と同様に代表取締役を選任する（会362）。
③ 子会社を含む企業集団の内部統制整備を取締役の決議で決定する（会348）。
④ 内部統制整備を取締役会の専決事項とし大会社の場合は義務とする（会362）。

### ④ 取締役の資格
① 株式会社の取締役が株主でなければならないことを定款に定めることはできない，ただし非公開会社はこの限りではない（会331）。

### ⑤ 監査役の守備範囲の変化
① 会社の規模を問わず監査役は会計監査および業務監査を行う（会381）。
② 非公開会社（監査役会設置会社，会計監査人設置会社を除く）は定款の定めで会計監査に限定することができる（会389）。
③ 会計参与がある場合には会計参与の業務も監査する（会381）。

### ⑥ 役員解任手続きの変化
① 取締役の解任は株主総会の普通決議で行う（会339，309）。
② 監査役の解任は株主総会の特別決議で行う（会309）。

### ⑦ 監査役，会計監査人選任手続きの変化
① 監査役の選任議案には監査役または監査役会の同意が必要である（会343）。
② 会計監査人の選任・解任・不再任の議案は監査役（会）が決定する（会344）。
③ 将来の欠員に備え予備役員を選任することができる（会329）。

### ⑧ 役員（取締役，執行役，会計参与，監査役）の責任の変化
① 役員の責任は過失責任とする（会423）。

### ⑨ 剰余金の配当の変化
① 剰余金は年1回に限ることなくいつでも配当が可能であり，特に会計監査人設置会社でかつ監査役会設置会社の場合には，取締役の任期を1年と定款に定めることにより，取締役会の決議のみでいつでも配当が可能と

なった（会453，459）。

## 10 役員賞与の変化

① 賞与が報酬の中に入ったので（会361），賞与を株主総会の議案とすることなく，総会承認の報酬の範囲内であれば取締役会の決議で行うことができる。なお利益処分案（旧商法）は廃止となった。

　なお報酬枠を超えている場合には株主総会の決議が必要であるし，枠内であっても株主総会へ付議することは差し支えない。

## 11 会計参与制度

① 会計参与とは取締役と共同して計算書類，連結計算書類等を作成する役員であり株主総会で選任される（会374）。有資格者は公認会計士，監査法人，税理士，税理士法人である（会333）。会計参与の設置は会社の任意である。この制度が設けられた狙いの一つは，金融機関からの借入れを円滑にする目的といわれている。

## 12 株主総会の権限の拡大

① 非取締役会設置会社の場合は会社法の規定する事項の他株式会社の組織，運営，管理等のいっさいの事項につき決議ができる。一方，取締役会設置会社の場合は会社法の規定する事項の他は定款所定事項に限り決議が可能である（会295）。

## 13 株主代表訴訟制度の変化

① 6か月前（定款で短縮可）より引き続き株主である要件は非公開会社では不要で，株主であれば足りるとした（会847）。

② 訴訟が当該株主または第三者の不正な利益を目的とし，または会社に損害を与える目的の場合には提訴できないとした（会847）。

③ 提訴請求後60日の考慮期間を経て監査役が提訴しないこととした場合，

株主等より不提訴理由の請求を受けたときにはただちに書面等で請求株主等に通知しなければならない（会847）。
④　原告株主が当該会社の株式交換または株式移転により完全親会社の株主に移行した場合であっても原告適格は失われない，すなわち訴訟は継続できるとした（会851）。更に平成26年の会社法改正により原告適格は博大された（会847の2①②）。
⑤　従来，会計監査人は株主代表訴訟の対象から外れていたが，会社法では取締役，監査役，執行役とともに会計監査人も株主代表訴訟の対象に加えられた（会847，847の2）。

## 14　最低資本金制度の廃止

①　株式会社の最低資本金を1,000万円とする制度が廃止された。結果資本金は1円が最小とされる（会445）。

　（注）　実際の設立には定款認証手数料5万円，定款原本の印紙税4万円，登録免許税15万円等がかかり1円では設立できない。

## 15　特例有限会社

①　会社法の施行に伴い有限会社は廃止となるが，その時点で存在している有限会社は会社法による株式会社として存続するものとし（整備法2），商号は有限会社とする（整備法3）。株式会社という商号を使用してはいけない。この例外的な株式会社として取り扱われる有限会社を特例有限会社という。

　＊　整備法：会社法の施行に伴う関係法律の整備等に関する施行に伴う経過措置を定める政令（平成18年政令第174号）

# 第2章
# 非大会社の監査役の役割

## 1 株式会社のトライアングル（株主総会・取締役・監査役）

### 1 株式会社のトライアングル機能

　監査役の本題に入る前に株式会社のトライアングル機能について触れておきたい。

　商法は明治32年成立の当初から株式会社に国家の三権分立（立法・行政・司法）の思想をとりいれ，株主総会・取締役・監査役の3つの機関を設けた。

　当初3つの機関は完全に独立させ，その機関としての機能も明確に区別されていた。すなわち株主総会はすべての会社の方針や執行内容を定め，取締役が株主総会の決議内容に従って業務を執行した。取締役は一人一人が執行機関であり会社を代表して執行にあたることが可能であった。もちろん代表取締役を定めて会社の顔とし対外的な窓口とすることも可能であった。一方，監査役は当然に取締役の業務執行を監査する機関であった。

　しかし世が複雑化し株主総会ですべての業務執行内容を決定することがほとんど不可能となるに及んで，定款変更等の基本的な決議を除き取締役会に多くの決議事項を移管した。

　これらの内容は後に詳述することとして，株式会社のトライアングル機能を図に示せば第2-1図のようになる。

第2−1図　株式会社のトライアングル機能

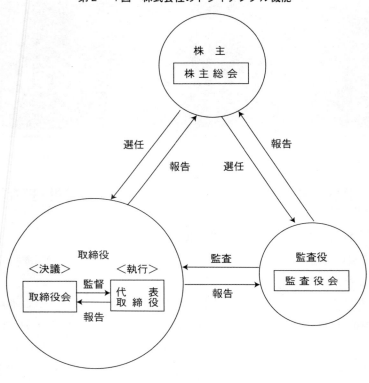

　第2−1図に示したように取締役および監査役を株主総会が選任しそれぞれの業務を間接的に委任することになるが，具体的な委任行為は会社と取締役および会社と監査役の間で行われることになる。また委任の内容は民法の委任規定に従うとされている（会330）。委任の規定は民法643条に一方が法律行為を相手方に委託し相手方がこれを承諾することで効力を発するとしている。

　さらに受任者である取締役または監査役は「善良なる管理者の注意義務（善管注意義務）」を負うべきものとされている（民644）。また会社法では取締役は「法令・定款・総会決議を遵守し会社のため忠実に職務を遂行する義務（取締役の忠実義務）」を負う（会355）と規定しており，取締役はこの規定に従わねばならない。なお監査役の場合は業務の執行には関係がないため忠実義務の規定

はない。しかし監査役の場合でも本来の職務を遂行するにあたっては同様に忠実義務を負っているものと考えられる。

なお民法上の「善管注意義務」と会社法上の「忠実義務」とどう違うのかという疑問が生ずるが，民法が民事の一般規定であるのに対し会社法では債権者や株主等を保護する規定であるため，取締役の忠実義務のほうが善管注意義務よりも重いと考える人が多い。

次に民法の委任規定では原則無報酬とされているが，取締役・監査役の場合は有償特約に基づき報酬等を得るもの（民648）とされている。したがって委任を受けた取締役・監査役は職務の忠実な遂行を約束することとなり，法令・定款および株主総会の決議事項を守り，効率的経営の遂行ならびに執行状況に対する監視監督につき責任を負うことになる。

ここで上述の3つの機関につきやや詳しく述べることとする。

## 2 株主総会の機能

前述したように当初株主総会はすべての事項を決定したのであるが，経済の拡大発展に従い大規模な株式会社が現れ同時に複雑化してくる決議諸事項に対し株主総会では対処しきれなくなった。そこで昭和25年の商法改正となり，株主総会のかなり大きな部分の決議事項を取締役会に移した。したがって改正後の株主総会の権限は大幅に縮小され，基本的事項が残されたのであるが，主なものを列挙すれば，

① 計算書類（貸借対照表，損益計算書，株主資本等変動計算書，注記表）の承認（会438，439）
② 取締役，監査役，会計参与，検査役の選任，会計監査人の選任および解任（会329，316，339，341，309）
③ 取締役，監査役の報酬，退職慰労金の決定（会361，387）
④ 定款の変更（会466，309）
⑤ 取締役，監査役の解任（会339）
⑥ 資本の減少（会447）

⑦　会社の合併（会748）

等である。

## ③　取締役・取締役会の機能

　前述したように取締役は当初はもっぱら業務の執行権のみを有していたが，株主総会の権限の縮小とともにその役割も変容していった。

　すなわち昭和25年の商法改正後は取締役の機能は次の2つになった。

①　取締役は取締役会における議決権を有する取締役会の構成メンバーである。

②　取締役会は代表取締役を選任し，業務執行を委任する。

③　取締役は代表取締役の業務執行を監視する義務がある。

　以上を要約すれば取締役には取締役会における議決権と執行に対する監督権があるということができよう。

　なお代表取締役の権限はオールマイティではなく，下記の重要事項については取締役会の決議によらなければならないと定められている（会362）。

①　重要な財産の処分・譲受（例：固定資産の売却や購入等）

②　多額の借財（例：借入れや債務保証等）

③　支配人や重要な使用人の選任や解任（支店長や部長，課長等の人事）

④　支店その他重要組織の設置，変更，廃止

⑤　社債引受の募集に関する重要な事項

⑥　内部統制整備に関する事項

⑦　定款の定めに基づく取締役の責任免除

　また内部統制整備は取締役会の専決事項であるが，大会社の場合には内部統制整備の決定は義務とされている（会362⑤）。

　なお，会社法における取締役の決議と監督の内容を一覧表にまとめると第2－1表のようになる。

第2－1表　取締役の決議・監督の内容

```
決  議 ┌ a  法令・定款の遵守
       └ b  経営判断の遵守（＊）
監  督 ┌ a  監視義務違反
       └ b  内部統制管理違反
 ＊ 経営判断の原則（p.251，Q99参照）とは，
   （ⅰ） 法令・定款に違反していないか。
   （ⅱ） 私利のための行為ではないか。
   （ⅲ） 合理的判断の基となる資料は保存されているか。
   上の決議 b は（ⅲ）の問題である。
```

　なお，取締役会を設けない株式会社の取締役には執行権があるが（会348），取締役会設置会社においては執行権は代表取締役およびその他の業務執行取締役が有している（会363）。したがって取締役会設置会社においてはヒラの取締役は執行権を有していないが，株主代表訴訟において賠償責任を負うことがしばしばある。

　それは一般にヒラの取締役で営業部長や総務部長等兼務する場合が多くみられ，部長職としては執行の委任を受けたものであるが，取締役としての監督責任を問われることによる。執行権がないからといって安心はできないのである。

## ④　監査役・監査役会の機能

### ①　監査役の基本的機能

　監査役は株主総会で選任され（会329），取締役および会計参与の職務の執行を監査することが法の基本的な要請である（会381）。また会社と監査役との関係は民法の委任の規定に基づくとしている（会330）。

　しかし会社法によれば非大会社（旧商法の中小会社）の場合には，まず監査役を置かない会社のスキームにするか否かを選択する必要がある。旧商法では監査役の設置は株式会社成立の必須条件であったが，会社法では監査役を置かないこともできるので会社のスキーム設計が必要となるのである（第1章2①②参照）。21世紀は遵法の時代であり法を無視したり軽視すれば長い目でみたと

き企業衰亡の道をたどることは必定であると思われるので，可能な限り監査役を設けておくべきであろう。

そこで監査役を設置することとした場合には，監査役は会社の規模を問わず「会計監査」と「業務監査」の両方を行うことになっている（会381）。

ただ例外として非公開会社（監査役会設置会社，会計監査人設置会社を除く）においては，定款に定めることにより監査役の業務範囲を会計監査のみに限定することが可能である（会389）。この場合，会社法では監査役設置会社と呼ばれないことを注意しておきたい（会2①9）。

なお旧商法の小会社の監査役は会計監査のみ行っていたが，会社法施行に伴う臨時措置で，定款に手当をしなくても引き続き会計監査のみを行うことが可能になった（整備法53）。ただし公開会社の場合には資本金のいかんを問わず会計監査に限定することはできないし，非公開会社でも監査役会設置会社及び会計監査人設置会社の場合には会計監査のみに限定することはできない（会389）。

監査役の人数については非大会社の場合は特に規定がないので従来と同じように1人以上ということであり，複数人を置くこともいっこうに差し支えない。

② **監査役会の基本的機能**

次に監査役会を設置した場合には監査役の人数は3人以上を必要とし，その半数以上は社外監査役でなければならない（会335）。ここで社外監査役とは過去10年間に会社または子会社の取締役，会計参与，執行役，支配人，その他の使用人となったことがない者等をいうとしている（会2①16）。

また監査役会設置会社においては常勤監査役を選任しなければならない（会390）。さらに監査役会設置会社においては取締役会を設置する義務があり，また公開の大会社では同時に会計監査人も置かなければならない（会327）。

なお監査役会の決議は監査役全員の過半数で決定し，議事録作成の義務を負う。その議事録が書面で作成されるときには出席者は署名または記名押印しなければならない，もし電磁的方法によるときは法務省所定の手続きにより署名または記名押印に代わる措置をとらなければならない（会393）。

なお議事録は本店に10年間備え置かなければならない（会394）。

### ③ 取締役の違法行為差止請求

取締役が会社の目的外の行為または法令・定款に違反する行為をなし，または行為をするおそれのある場合，それにより会社に著しい損害が生じるおそれのあるときは，取締役に対し監査役はその行為を止めるよう請求することができるとされており（会385），不祥事等を知ったときには監査役は看過することをせずに差し止めなければならない。この規定の意味を権利ととるのではなくむしろ義務と考えるべきであろう。もし不祥事を知りながら看過せば，監査役も時に株主代表訴訟の対象とされ責任の追及を受けることになる可能性が高いからである（会423，847）。

### ④ 監査役の独任制

監査役は明治32年に商法が制定されて以来独任制が認められてきた。監査役の独任制とは監査役一人一人が自分の考え方に基づいて行動することができることである。監査役は少人数であるため一人一人の監査役の考え方に従って監査を行う方が無理にまとめるよりは広角的で遺漏の少ない監査を期待し得ると考えられるところから独任制が生まれてきた。したがって監査役は一人一人が単独の意思に従って行動できる機関ということができる。

ところで平成5年の改正会社法で監査役会の設置が大会社に義務づけられ，多数決が監査役会の原則的決議の仕方として定められて今日に至っている。そこで問題となるのは監査役会の多数決と独任制の矛盾である。たとえば監査役会の決議に反対した監査役は独任制に従い自分の考えを実行し得るかという問題がある。それはまた独任制を優先させたとき多数決の意味はあるのかということでもある。現在までのところは賢明な監査役諸氏の優れた運用により問題となったケースを知らないが，本質的にはかなり問題を内蔵していると考えられるのである。

## 2　監査役監査の4つの基本的側面

### 1　業務監査

　会計を除く一般業務の監査をいうのであるが，監査役の基本的役割の中に取締役の執行状況を監査する立場がある。そこで一般業務そのものが直接経営にかかわる部分とその他従業員が執行の取締役から委嘱されて行う業務に分けることができる。監査役はこれらすべてを監査することになる。ここで注意すべきことは，会社法389条の適用を受けた非公開会社（監査役会設置会社及び会計監査人設置会社を除く）の監査役は会計監査のみを行うことになるので，業務監査は行わないことになる。

### 2　会計監査

　会計監査とは日常ならびに決算時に発生する会計事象のすべてを指すのであり，監査の重要な部分でもある。会社が問題とする第一のテーマは財産の日々の変動であり金銭にかかわる事象といえよう。この事象を捉えるものが会計であるから会計の監査は大変重要なことである。会社の財産の状態，収益の状況等は会計を通して財務諸表等の形態でみることができるが，これらの過程で粉飾が行われたり不正や誤謬や脱漏が行われたりすれば，株主や投資家や債権者に迷惑をかけることになり，倒産に至るような場合には得意先や従業員にも多大な迷惑をかけることになる。したがって会計監査は監査の基本であり最重要な部分であるといえるのである。

　大会社の場合には会計の専門家である会計監査人が会計監査を行うことになっている。

　しかし会計監査人の行った監査の経過と結果について監査役が相当であるとの結論をだす必要がある。会計の専門家である会計監査人の監査結果等について専門家ではない監査役が意見を述べることはおかしいという考え方があるが，現行法はそのようになっているのである。会計監査人はまったく外部の者であ

るが，監査役の場合には会社内部の経験者が含まれることが多いので純粋に会計技術の問題だけではなく，たとえば粉飾などの行われている事実を知っていることがあり，それが会計処理に反映されているか否かを会計監査人に確認することが可能となる。つまり会計監査人と監査役の連携によって，より確実な監査を法は期待したものと考えられるのである。

次に非大会社の監査役の場合は，会計監査人の監査がないために監査役は業務監査と会計監査の両方を行う必要があり大変なことである。

ただし，会計のプロである会計監査人や会計参与を任意に置くことは可能である。

なお，会計監査を通して発見された不祥事等について，会社に著しい損害を与えるおそれのあるものについては逡巡することなくトップに忠告・助言等を行うべきである。

### ③ 違法性監査

監査の別の面に違法性監査がある。監査役の監査の基本は違法性監査にあることは周知のことである。業務監査にしても会計監査にしても監査内容の基本は違法があるか否かの監査である。人によっては違法性監査が監査範囲のすべてであると言う人もいる。

ただこの意見には若干疑問をもつものである。その理由等については次の妥当性監査のところで述べたい。

### ④ 妥当性監査

違法性監査と対になる言葉に妥当性監査がある。妥当性監査とは違法ではないが問題となる場合であるから，その多くは経営判断に属すもので「会社の業績に著しい影響を与える」場合である。

監査役の守備範囲を違法性監査に限定する考え方は前述したが，一方，妥当性にまで及ぶとする考え方がある。ただ，妥当性監査をすべてに拡張すれば取締役の守備範囲とほぼ等しくなるので監査役の守備範囲とは考えにくい。それ

に監査役は人数も限られているから現実問題として不可能であろう。そうかといって妥当性監査をすべて守備範囲から外すわけにもいかないと考えられる。

会社法の中で次の条文等には妥当性の監査が要請されていることに注目したい。たとえば会社法384条に「監査役は，取締役が株主総会に提出しようとする議案，書類その他法務省令で定めるものを調査しなければならない。この場合において，法令若しくは定款に違反し，<u>又は著しく不当な事項があると認めるとき</u>は，その調査の結果を株主総会に報告しなければならない。」とあるが，後段の下線部分は妥当性監査が要求されていると考えられるのである。

このように会社法の中にも旧商法から引き継いだ妥当性監査の要請があるので妥当性監査は不要であると否定するわけにはいかない。結論としては監査役の守備範囲は違法性監査を主体とするが一部の会社に著しい損害を与えるおそれのある事項に関しては，妥当性監査に及ぶとすべきであろう。会計監査に限定する会社法389条適用の非公開会社の場合でも会計監査の中から発見された著しく会社に損害を及ぼすおそれのある事項については妥当性監査を行い会社に忠言すべきものと考えられる。

## 5 監査領域の結合

前述のように監査領域にはさまざまの側面があるのであるが，それらの領域は単独で存在しているのではなく相互に関連しあって監査領域を作り上げている。そこで業務監査と会計監査を縦に違法性監査と妥当性監査を横にとって，大・非大会社のそれぞれの監査領域についての概念図を示してみると第2-2図のようになる。

第2章 非大会社の監査役の役割　17

**第2−2図**

大　会　社

|  | 違法性監査 | 妥当性監査 |
|---|---|---|
| 業務監査 | ■ |  |
| 会計監査 | ■ |  |

非 大 会 社

|  | 違法性監査 | 妥当性監査 |
|---|---|---|
| 業務監査 | ■ |  |
| 会計監査 | ■ |  |

非公開会社の例外（会計限定）

|  | 違法性監査 | 妥当性監査 |
|---|---|---|
| 業務監査 |  |  |
| 会計監査 | ■ |  |

（会社法389条適用）

## 3　三様監査の連携

### 1　三様監査とは何か

　三様監査とは監査役による監査の他にしばしば説明の途中ででてきた会計監査人（公認会計士）および内部監査部門による監査を一般にこう呼んでいる。米国には監査役という制度がなく，これに代わるものとして取締役の中にできている監査委員会という組織がある。ヨーロッパには監査役制度をとりいれている国が多いのであるが，わが国が監査役制度を基本としているのは明治32年の商法制定のときにヨーロッパ法に倣ったからといわれている。今日ではグローバル会計の導入をはじめ監査制度のあり方について米国の影響が強く，日本も米国に倣う傾向が強い。

　ご存知のように平成14年5月（平成15年4月施行）成立の商法改正では米国式の監査委員会制度がとりいれられ，この方式によるときには監査役制度は廃止されることとなった。もっとも，従来型の監査役をもつ制度でいくか，新型の監査役をもたない監査委員会の制度でいくかは会社の選択によることになる。これらは後でもう少し詳細に述べたい。

　今日，三様監査の連携がいわれるのは，制度的にいくら充実してきても，取締役とりわけ代表取締役の権力が強すぎて監査が機能しにくい状況が取り沙汰されており，三者間の監査の連携の必要性がいわれているのである。

### 2　三様監査の連携

　よく観察してみると三様の監査にはそれぞれ特徴があって，個々の監査方式には長所と短所があることに気づくのである。

　監査役による監査では大会社では業務監査が主流であり，期待するところは取締役の業務執行についての十分な監視と違法行為に対する牽制または阻止に集約されよう。一方で会計監査人は主として会計処理の中に隠蔽された，または無意識の中で埋没された違法処理等を発見して修正・助言・阻止等をはかる

機能をもっているといえよう。他方，内部監査部門は一般にはトップを含む取締役からの依頼に基づき内部の不祥事を未然に防ぐことに主眼が置かれ，ときに事後発見ということもあり得るのである。一般に内部監査部門は比較的多くの人員を擁しており，きめ細かな監査が可能と考えられる。しかしトップに関連した不祥事を発見した場合に勧告等を行ったとすると，どんな結果が待ち受けているのであろうか。トップが知らない事項に関しては多分その勧告等が感謝され受け入れられることと思われる。しかしトップが承知している場合にはよけいなことと退けられよう。思うに一般的にはトップに関連するエリアの監査は予定されていないに相違ない。

このようにそれぞれの監査には特徴があるので（第2－3図参照），三者が連携することが望ましいと考えられる。たとえば粉飾の事実を情報として監査役が知ったとき会計監査人に会計処理の中から確認してもらうとか，会計監査人が会計の中で知り得た情報を監査役に相談してトップに両者が勧告するとか，内部監査部門が発見した不祥事を監査役に相談して監査役からトップに中止を申し入れるとか種々の方法が考えられるのである。

悶々と取扱いに悩むよりはふだんから三者の間で連携を深めておき，いざとなったときに十分な連携がとれるようにしておくことが望まれるのである。

### ③ 非大会社の連携はどうするか

非大会社の場合にはまず一般に会計監査人がいない。次に内部監査部門が存在していないこともかなりある。その場合には連携のとりようがない。こうしたときには独り悩むことなく，講習会や相談できる同業，異業種の交流のネットを作り，勉強し相談できるようふだんから心がける必要があろう。

監査役としては違法行為の中で何が一番会社にとって致命的なことか，または監査役自身にとって致命的なことなのかふだんから検討しておかなければならない。非大会社の監査役にとっては連携は欲してもなかなか相手がない場合が多いので監査の実効をあげる意味でさまざまの工夫が必要となってくる。

第2－3図
大　会　社

| 担当＼種類 | 業務監査 | 会計監査 | 経営監査* |
|---|---|---|---|
| 会計監査人 | | | |
| 監査役 | | | |
| 内部監査 | | | |

非　大　会　社

| 担当＼種類 | 業務監査 | 会計監査 | 経営監査* |
|---|---|---|---|
| 会計監査人 | | | |
| 監査役 | | | |
| 内部監査 | | | |

会社法389条適用の非公開会社

| 担当＼種類 | 業務監査 | 会計監査 | 経営監査* |
|---|---|---|---|
| 会計監査人 | | | |
| 監査役 | | | |
| 内部監査 | | | |

＊　業務監査のうち，特に取締役の業務執行にかかわる部分の監査を経営監査として一般の業務監査と分けてみた。

（注）非大会社においては会社の任意により会計監査人を置くことができる。

# 第3章 非大会社の監査役の権限・義務・責任

## 1 監査役制度の概観

### 1 大・非大会社の区分

大・非大会社の区分は資本金と負債総額で区分される。

会社法2条1項6号に「大会社」とは資本の額が5億円以上であること，または最終の貸借対照表の負債の部に計上した合計金額が200億円以上であることとしている。一方，大会社以外の株式会社（本書では非大会社という）についての規定はない。

したがって，従来の中会社，小会社，有限会社はすべて同じ非大会社の中で一括して取り扱われることになった。自由裁量で自己の規制を厳しくすることもできれば，緩めることもできる。しかしすべては自己責任で結果については決して甘くはなっていない。

また「みなし大会社」の制度もなくなった。その代り会社の規模を問わず会計監査人は任意でも設置できることとなった（会326②）。

なお，会計監査人を置かなくてはならない場合は，大会社と委員会設置会社（現，指名委員会等設置会社）及び監査等委員会設置会社である（会327，328）。

以上をまとめて第3−1表に示した。

第3－1表　非大会社の区分

| 資本金＼負債 | 最終貸借対照表の負債の部が ||
|---|---|---|
|  | 200億円未満 | 200億円以上 |
| 5億円未満 | 非大会社 | 大会社 |
| 5億円以上 | 大会社 | 大会社 |

（注）　非大会社＝旧商法の中・小会社および旧有限会社

## 2　員数・任期

　監査役の員数については非大会社に特段の規定がないので1名以上ということになる。ちなみに大会社（公開会社で監査役会設置会社および非公開会社で監査役会設置会社）の場合は3名以上を必要とし，大会社であっても非公開会社で監査役を置く場合は1名以上でよいとされている（会327, 328）。

　次に任期は4年であるが，非公開会社の場合には定款によって10年まで伸長することができる。なお，任期満了の前に退任した監査役の後任の場合には，退任した監査役の残りの任期満了までの期間とすることもできる（会336）。

## 3　常勤監査役・社外監査役

　従前の旧商法では常勤監査役や社外監査役は大会社のみに強制される事項であったが，会社法では監査役会の設置は公開大会社に義務付けられる（会328）他に会社の規模を問わず，定款の定めにより自由に監査役会設置が可能になった（会326）。

　したがって会社の規模とは関係なく，監査役会設置会社の場合には，必ず常勤監査役1名以上を選任しなければならず（会390），また監査役全員の半数以上の社外監査役を選任しなければならないことになった（会335）。

　なお，社外監査役とは，過去10年間において会社または子会社の取締役や使用人等でなかった者等をいう（会2①16）。

## ④ 監査役・監査役会

会社法では非大会社の場合前述したように監査役を置かないこととする選択もある。また，監査役会も公開大会社のみに必要とされる機関ではなく，会社の規模と関係なく設置することが可能となった。

どのように小規模の会社であろうと，法を守ることは会社存立の最低条件であることを経営者は十分に認識して健全な会社の成長を追求していただきたい。

## ⑤ 監査報告

中・小会社では監査役の独任制に従い一人一人の監査役が監査報告（旧商法の監査報告書）を作成することになるが，監査役が複数人いる場合で意見が一致すれば一通の監査報告でよいとされている。一方，監査役会設置会社の場合は監査役会で作成することになっているので，意見が一致すれば一通の監査報告を作成することになり，これが原則的方式でもある。ただ，監査役の中で反対する者がいたときは付記をすることになっている。この場合には貸借対照表・損益計算書は総会の報告事項ではなく決議事項となるので注意を要するところである。

以上は制度の主なアウトラインを述べたが，第3－2表に上述事項を含めた一覧表を掲げた。

第3－2表　大・非大会社の監査役・監査役会概要

| 規模<br>適用 | 非大会社<br>監査役会<br>（無） | 非大会社<br>監査役会<br>（有） | 大会社（非公開）<br>監査役会<br>（無） | 大会社（非公開）<br>監査役会<br>（有） | 大会社（公開）<br>監査役会<br>（義務） |
|---|---|---|---|---|---|
| 1　員　　数 | 1人以上 | 3人以上 | 1人以上 | 3人以上 | 3人以上 |
| 2　任　　期 | 4年(非公開の時10年まで伸長可) | 4年(非公開の時10年まで伸長可) | 4年(10年まで伸長可) | 4年(10年まで伸長可) | 4年 |
| 3　常勤監査役 | 不　要 | 1人以上 | 不　要 | 1人以上 | 1人以上 |
| 4　社外監査役 | 不　要 | 半数以上 | 不　要 | 半数以上 | 半数以上 |
| 5　欠格事由 | 有（会335） | 有（会335） | 有（会335） | 有（会335） | 有（会335） |
| 6　兼任禁止 | 有（〃） | 有（〃） | 有（〃） | 有（〃） | 有（〃） |
| 7　選任機関 | 株主総会（会329） | 株主総会（会329） | 株主総会（会329） | 株主総会（会329） | 株主総会（会329） |
| 8　監査報告 | 各自作成 | 1通作成 | 各自作成 | 1通作成 | 1通作成 |
| 9　登記事項 | 監査役氏名<br>監査役設置会社＊<br>（会911） | 監査役氏名<br>監査役会設置会社<br>（会911） | 監査役氏名<br>監査役設置会社＊<br>（会911） | 監査役氏名<br>監査役会設置会社<br>社外監査役<br>（会911） | 監査役氏名<br>監査役会設置会社<br>社外監査役<br>（会911） |

＊　会計限定の場合はその旨登記することを要する（会911③17）。

## 2　非大会社の監査役の権限

### 1　業務監査権と会計監査権

　非大会社の監査役については会社の規模にかかわらず業務監査と会計監査の両方が権利として与えられ（会381），特に旧小会社については監査役の権限が拡大された。しかし会社法389条により非公開会社（監査役会設置会社，会計監査人設置会社を除く）の場合は監査業務の範囲を会計に限定する旨を定款に定めることができるとされた。したがってこの場合には旧小会社と同様に種々の制約を受けることになっている。

## 2 株主総会決議取消の訴え

　会社法831条には，株主総会等の招集手続または決議の方法が法令定款に違反しまたは著しく不公正なとき，決議の内容が定款に違反するとき，または特別利害関係者の議決権行使により著しく不当な決議がなされたときに，株主をはじめ取締役や監査役設置会社における監査役等は総会後3か月以内に決議取消の訴えを起こすことができると定めている。会計限定の監査役の場合には従来と同様にこの規定は適用されない。というのは会社法831条における株主等の中に含まれる監査役は監査役設置会社の監査役としており，監査役設置会社の中には会計限定の監査役は含まれていないからである（会2①9）。

## 3 辞任監査役の総会での意見陳述権

　会社法345条に，①株主総会において監査役は監査役の選任・辞任・解任につき意見を述べることができる，②辞任した監査役は辞任後最初の株主総会で辞任した理由を述べることができる，③取締役は辞任した監査役に辞任後最初の株主総会招集の通知をしなければならない，と規定されており監査役を不当に辞任させる等の防止の手当てをしている。

## 4 取締役・会計参与業務執行の監査権

　会社法381条2項に，監査役はいつでも取締役，会計参与，支配人その他の使用人に対して事業の報告を求め業務および財産の状況を調査することができるとされている。この規定は監査役の調査の要請に対しては会社の中で調査や報告要請を拒否できないことを意味している。たとえ極秘の機密情報といえども監査役に対し隠しておくことはできない。もし監査役が機密情報を漏洩するようなことになれば監査役の守秘義務違反であり，元をただせば人選が誤っているのである。

　なお，会計限定の監査役に対しては会計事項に関してのみ取締役，会計参与等に報告を求めることができるとしている（会389④）。

## 5　子会社調査権

　会社法381条3項に，監査役はその職務を行うため必要があれば子会社に対し事業の報告を求め，または子会社の業務および財産の状況を調査することができるとしている。職務を行うために必要あるときというのは，親会社の業務調査に関連している場合であって親会社の業務と無関係な事項は含まれないことに注意しなければならない。なぜなら原則として子会社にも監査役がいるので，子会社の監査は子会社の監査役が行うからである。

　なお，会計限定の監査役に対しては親会社の調査に関連した会計事項に関してのみ子会社の調査が認められている（会389⑤）。

## 6　取締役の違法行為差止請求権

　会社法385条に，取締役が会社の目的外の行為その他法令・定款に違反する行為をし，または行為をするおそれがある場合において会社に著しい損害が生ずるおそれがあるときは，監査役はその取締役に対してその行為を止めるよう請求することができるとしている。

　なお，会計限定の監査役においては業務監査が対象外であるため差止請求権は与えられていない（会389⑦）。

## 7　取締役・会社間の訴えの会社代表

　会社の代表は代表取締役であり，会社の業務に関するいっさいの裁判上または裁判外の行為をする権限を有している（会349）。しかし監査役設置会社において取締役と会社の間に訴えが生じたときには監査役が会社を代表する（会386）こととしている。その主旨は利害関係のない監査役を代表にすれば公平性が保てるとの期待からである。

　一方，会計限定の監査役においては株主代表訴訟等における代表の行為が業務であるところから適用されないこととしている（会389⑦）。そこで誰が会社を代表するかが問題となる。会社法353条によれば株主総会で代表者を決めることができるとしている。また会社法364条では取締役会設置会社においては，

株主総会の定めがない限り取締役会で決定することができるとしている。したがって一般には取締役会で決定され代表取締役が会社を代表することになる。

### 8 取締役会の招集権

会社法383条2項および3項には，監査役は必要があるときには取締役に対し取締役会の招集を請求できるとし，請求した日から5日以内に請求日から起算して2週間以内の取締役会日の招集通知がない場合には監査役が自ら取締役会を招集できるとしている。

ただし会計限定の監査役には取締役会の招集権がないので（会389⑦），このような場合には株主が取締役の法令定款違反行為等の阻止等を目的として取締役会を招集できることになっている（会367）。

### 9 監査役の報酬協議権

会社法387条によれば，監査役の報酬等は定款にその額を定めていないときは株主総会で定める。また監査役が複数人いる場合に各人の個別報酬の額が定款または株主総会で決議されていないときは，監査役の協議により決定すると定められている。取締役の報酬等の決定（会361）とは切り離されており，監査役の報酬は監査役が自ら決定できる権限を法は与えている。

この場合協議とは監査役全員の同意を要件とするので注意を要する。

### 10 監査役選任議案等の監査役同意権・提案権

会社法343条によれば，監査役の選任議案には監査役または監査役会の同意が必要である。また監査役の選任を株主総会の目的とする請求または監査役の選任議案を総会に提出する請求が可能である。

旧商法ではこれらの権利は大会社の監査役だけに与えられていたが，会社法では会社の規模に関係なく監査役に与えられた。

## 11 会計監査人選任等の監査役同意権・提案権

会社法344条は，監査役設置会社（または監査役会設置会社）においては，会計監査人の選任，解任，不再任に関する議案等については監査役または監査役会の同意が必要であるとしていたが，平成26年の会社法改正で会計監査人の選任・解任・不再任に関する株主総会への提出議案の内容は，監査役（又は監査役会）が決定することとなった（会344）。

## 12 会計監査人報酬の監査役同意権

会社法399条によれば，取締役が会計監査人（仮会計監査人を含む）の報酬等を定める場合には監査役または監査役会の同意を得なければならないとしている。

ただし，報酬の決定に際し監査役（又は監査役会）が同意した理由を公開会社の場合は事業報告に記載しなければならない（施規126）。

以上監査役の権限の主なる事項を説明してきたが，これらを含めて一覧表にすれば第3-3表のようになる。

第3-3表　非大会社，大会社等の監査役の権限

| 摘要 | 規模 | 非大会社（＊は除く） | ＊会社法389条適用会社 | 大会社 |
|---|---|---|---|---|
| 1 | 業務・会計監査権 | あり（会381） | 会計のみ（会389） | あり（会381） |
| 2 | 決議取消提訴権 | あり（会831） | なし（会831,828②） | あり（会831） |
| 3 | 辞任・意見陳述権 | あり（会345） | 同左 | 同左 |
| 4 | 業務執行監査権 | あり（会381） | 会計のみ（会389） | あり（会381） |
| 5 | 子会社調査権 | あり（会381） | 会計のみ（会389） | あり（会381） |
| 6 | 違法行為差止請求権 | あり（会385） | なし（会389） | あり（会385） |
| 7 | 訴えの会社代表 | あり（会386） | なし（会389）cf.（会353,364） | あり（会386） |
| 8 | 取締役会招集権 | あり（会383） | なし（会389）cf.（会367） | あり（会383） |
| 9 | 報酬協議権 | あり（会387） | 同左 | 同左 |
| 10 | 監査役選任議案同意権等 | あり（会343） | 同左 | 同左 |
| 11 | 会計監査人選任議案決定権等 | あり（会344） | なし（会344） | あり（会344） |
| 12 | 会計監査人報酬同意権 | あり（会399） | 同左 | 同左 |

## 3 非大会社の監査役の義務

### 1 取締役会への出席義務・意見陳述義務

会社法383条に，監査役は取締役会に出席し必要ある場合には意見を述べなければならないとある。特に法令定款違反の事項を決議するような場合監査役が気付けばただちに意見をいう必要がある。ただ前もって資料等が渡されていない場合，取締役会で配付された資料と説明からただちに法令違反等を見抜くことは至難の業というべきであろう。このようなときには資料等を持ち帰ってよく検討し問題があれば訂正・取消等の意見を取締役に申し入れることも可能と考えられる。

ただし会計限定の監査役には取締役会へ出席し意見を陳述できる権利はない。これは旧商法から引き継がれている（会389⑦）。

### 2 取締役会・監査役会議事録へ署名

取締役会の議事録（書面）には出席した取締役および監査役は署名または記名押印する（会369③）。

なお議事録が電磁的方法による場合には法務省令の定めに従い署名に代わる措置をとる（同条④）。

また，議事録は10年間本店に備え置く必要がある（会371）。

次に監査役会の議事録には出席した監査役は署名または記名押印する（会393②）。また議事録は10年間本店に備え置くことになっている（会394）。

監査役の署名に関する条文は旧商法にはなかった。

監査役会を設置しない場合には署名に関する制約等はないので，議事録の作成も，署名等も任意でよく，後日のために常識的な対応をすればよいと考えられる。

## 3 違法行為等を取締役会へ報告

会社法382条によれば取締役の違法行為や違法行為に及ぶ可能性のあるときには監査役は取締役または取締役会に報告することを要すと規定している。

ここで会社法389条適用の非公開会社の会計限定の監査役の場合はその必要はない。とはいえ会計監査の中でこのようなことを知ったときでも必要ないといえるであろうか。一般にこのような事項は業務監査の中で発生する確率が高いのであるが，会計監査で知ったときは当然になんらかの形で報告すべきものと考えられるのである。たとえば取締役会でなくとも代表取締役に報告してもよいのではなかろうか。

なお付言すれば，ちょうど監査役と取締役の立場を入れ換えた規定が会社法357条にある。つまり取締役が会社に著しき損害を与えるおそれある事実を知ったときには監査役に報告することを要すとなっている。したがってこの規定のあることを監査役は取締役に知らしめておく必要があろう。しかしここでも会社法389条適用会社は除外され，取締役は株主に報告することになる（会357）。

## 4 総会議案等調査と総会への報告

会社法384条によれば総会への提出議案および書類を調査して法令・定款に違反しているかまたは著しく不当な事項があれば監査役は総会において報告しなければならない。したがって違反等がなければ報告の必要はない。

一方で会社法389条適用の会計限定の監査役の場合は会社法389条3項で取締役が総会に提出しようとする会計に関する書類を調査して株主総会にその意見を報告しなければならないと定めている。つまり会計限定の監査役は必ず総会で監査の意見を述べる必要がある。他方，その他の監査役は違反等がなければ報告の必要はない。なお会社法384条の規定は会計限定の監査役では会社法389条7項で除外されているので注意を要する。

一般に監査役が総会で監査報告を行っているのは法的な要請に基づくものではなく慣習的なサービスと考えられる。

### 5　株主総会出席

監査役は株主総会へ出席する義務があるかについては一般に出席義務があるといわれている。それは会社法314条で取締役，会計参与，執行役および監査役は総会で株主からでた質問事項には答えなければならないとされているからである。その説明義務を果たすためには出席することが必要というわけである。また会計監査人も総会で説明を求める決議がある場合には説明せねばならないとされている（会398②）。

そこで会計監査人は総会でしかるべき場所に待機しているのである。

### 6　株主総会議事録署名

株主総会の議事録に監査役は署名する必要があるのか。旧商法244条によれば総会に出席した議長および取締役は総会議事録に署名することを要すとなっており，どこを探しても監査役の署名要求はないのである。一説によれば立法の段階で監査役を入れるのを忘れてしまったということである。会社法においては，署名等の規定はなくなったので署名等を行うか否かは会社の自由裁量に委ねられることになる。

以上を第3－3表にまとめれば次のようになる。

第3－3表　非大会社，大会社等の監査役の義務

| 摘　要＼規　模 | 非大会社（＊は除く） | ＊会社法389条適用会社 | 大　会　社 |
|---|---|---|---|
| 1　取締役会への出席義務・意見陳述義務 | 要す（会383） | 不要（会389） | 要す（会383） |
| 2　取締役会・監査役会議事録へ署名 | 要す（会369，393） | 不要（会389） | 要す（会369，393） |
| 3　違法行為等を取締役会へ報告 | 要す（会382） | 不要（会389） | 要す（会382） |
| 4　総会議案等調査と総会への報告 | 要す（会384） | 不要（会389） | 要す（会384） |
| 5　株主総会出席 | 要す（会314） | 要す（会389） | 要す（会314） |

## 4　非大会社の監査役の責任

### [1]　基本的な責任

　取締役の責任が第一次責任(執行責任)といわれるのに対し監査役の責任は第二次責任(監視責任)といわれているが，具体的には次のように理解される。

　まず第一に，現実に発生している法令違反等の事実を知っていながらなんの行動も起こさず看過してしまう場合に任務懈怠の責任(会423)を問われる。

　第二に，通常の注意をもってすれば当然知り得たはずであるのに注意を怠ったために知ることができなかった場合に重過失が推定され，責任を問われることになる。

　元来監査役は人数も少なく，よほどアンテナを高くしておかないと見過ごすことになりかねないので十分に注意をしておかなくてはならない。監査役以外には社内では大部分の人が知っていた場合等は重過失の責任を免れることはできないと思われる。一方，ごく一部の幹部だけが秘密裡に行っていた粉飾決算等は免責となろう。

　それと，もしいったん不祥事を知ったり，不祥事の原因に十分なり得る事実を摑んだ場合には万難を排してトップに忠告ないし撤回を求める行動を起こさなくてはならない。臆病と不実行の先には罪を被る大変な結果が待ち受けているものと思うべきであろう。

　ただ，特に小会社の場合は協力体制がとりにくいので苦労が大きいに違いない。しかし監査役だけでは実効性にとぼしいと考えるならば，顧問や内部監査部門や会計監査人等の協力も要請すべきであろう。

### [2]　会社法389条適用会社業務の監視責任

　会計限定の監査役の場合，その業務の監視責任はどこにあるのだろうか。監査役の責任は会計監査に限定されているので業務の監査にまでは及ばない。会社法362条2項によれば取締役の基本的責任は業務執行の決議と監督にあると

第3章 非大会社の監査役の権限・義務・責任

されている。このことから業務の監視監督責任は取締役にあるのである。上記以外の監査役には業務監査からくる責任があるが，この場合であっても取締役の基本的な監視監督責任があることを忘れてはならない（P214Q34参照）。

### ③ 任務懈怠の責任

会社法423条によれば，取締役，会計参与，監査役，執行役または会計監査人はその任務を怠ったときは，株式会社に対し，これによって生じた損害を賠償する責任を負うとされた。旧商法266条に規定されていた無過失責任の具体的例示等はなくなり，過失責任が会社法の基本であるとして会社法423条の規定となった。

ただ，過失責任という場合には，過失を犯した当事者が処罰の対象となると考えがちであるが，取締役会決議に賛成した取締役も訴訟等になれば自ら無過失または軽過失であることを立証する責任があるので注意する必要がある。

### ④ 第三者に対する責任

会社法429条に「役員等がその職務を行うについて悪意又は重大な過失があったときは，当該役員等は，これによって第三者に生じた損害を賠償する責任を負う。」と定めている。ここで法律用語で悪意という場合は「事実を知っている」ことをいい，善意という場合は「知らなかった」ことを意味するので注意を要する。たとえば監査報告にはすべて法令・定款に違反なく適正であるよう記述しておいて，一方で重大な粉飾決算が発覚したため会社が倒産したとすれば，監査報告を信じて取引した第三者には監査役も損害賠償の責めに任じなければならないことになる（会429②3）。

### ⑤ 監査役の賠償責任額の軽減

平成14年5月施行の改正商法で取締役および監査役の賠償責任額の軽減規定が設けられたが，ほぼそのまま会社法に引き継がれた。概略としては代表取締役は年収の6年分，代表取締役以外の業務執行取締役は4年分，非業務執行取

締役，監査役，会計参与または会計監査人は2年分まで総会の決議等により賠償支払額を軽減できるとするものである。

会社法425条および施行規則に従えば次のような式になる。

　　最高賠償免除額＝賠償すべき金額－最低責任限度額
　　最低責任限度額＝(a)＋(b)＋(c)
　(a)＝役員等の在職中の事業年度の年間報酬総額の中でもっとも高い額の6年分（または4，2年分）（施規113）
　(b)＝退職慰労金およびその性質を有する財産上の利益の合計額と同合計額を在職年数で除した額に6（または4，2）を乗じた額とを比較していずれか低いほうの額（施規113）
　(c)＝ストックオプション（新株予約権）を行使した場合の時価相当額と払込額等との差額および売却益の合計額（施規114）

法律は左辺の賠償免除額の最高限度を定めているので，右辺の賠償支払額は最低の限度となる。世間では最高の支払限度額と誤解する向きがあるので注意を要するところである。なお監査役の場合は常勤と非常勤とを問わず最低の賠償額は2年分である。ただ理論上は2年分以上の賠償額もあり得ることであるから安心は禁物である。

なお，軽減措置を行う手続きとしては，善意・軽過失の場合，株主総会の特別決議（会309②8）により軽減する場合（会425）と，定款に軽減条項を定め，後は取締役会の決議で軽減する場合（会426）とがある。ただし後者の場合は総議決権数の3％以上所有の株主が反対すれば取締役会の決議は効力を失う（会426⑤）。さらにつけ加えれば，定款で取締役（業務執行取締役を除く），会計参与，監査役または会計監査人の軽減条項を定めることができる（会427）。

## 6　和解の明文化

従来株主代表訴訟においては裁判実績の中に和解があったが，旧商法266条5項があって，「取締役の責任の免除には総株主の同意が必要」であった。したがって従来の和解は当事者間では有効であったが，別の株主が賠償すべき金

額から和解の額を引いた残額についてさらに訴訟を起こし得る余地があった。しかし旧商法268条5項で和解をなす場合は旧商法266条5項は適用しないと明言した（平成14年5月施行）。したがって以後は和解が行われればその後の追加訴訟等はすべて無効となった。

　会社法においては和解の条文は850条に引き継がれている。この場合に取締役の責任免除には総株主の同意が必要であるとする会社法424条は適用しないこととしている（会850④）。ただし和解はすべてに可能ではなく，総会屋に対する利益供与や剰余金の違法配当等いくつかの項目については和解が許されないので注意を要する（会850④）。

　なお付言するならば，株主代表訴訟等においては見かけ以上に重いと考えられる5で説明した軽減措置よりも，和解で決着する場合が多くなるであろうと推測するものである。

# 第4章 非大会社監査役の定常的監査業務

## 1　非大会社監査役の定常的監査業務年間フロー

### 1　新年度方針・計画・業務分担

　3月決算を想定した場合には，3月か4月の初めころ新年度の計画を立てることになる。

　非大会社では監査役が1名である場合も多いので計画も立てにくいとも考えられるが，特に新年度の重点監査項目等を決めておくほうがよいと考えられる。また往査の場所・内容についても構想を練っておくほうがよい。

　監査役の監査の中でもっとも考慮すべきことは危機管理項目の認識であろう。企業不祥事の中で会社に致命傷を与える可能性のある項目は当社では何か。この視点で問題認識をもち，監査の重点的項目としてできるだけ早くとりこむことが最重要課題であると考えている。特に会社法では内部統制の充実（ex. 会348④）に相当力点を置いているので注目されたい。

### 2　総会までの法定スケジュール

　4月に入れば株主総会が視野に入ってくるので，総会までの法定要件を満たしつつ業務スケジュールが組まれることになる。監査役としては担当部門で作成したスケジュールを監査しておかなければならない。

### ③ 監査調書と監査報告作成

監査を行う場合には監査を行った証拠を残す必要がある。この監査の実施証拠を監査証跡と呼んでいるが，監査証跡はどのようにして作成するのか。その１つの考え方は監査調書である。特に中・小会社の監査役は会計監査人等に依存できないので，自ら会計監査に関する監査調書を作成しておく必要がある。監査調書のサンプルは次章に示すこととして，この監査調書を基に監査報告を作成することになる。

(注) 会社法では監査報告書のことを監査報告と表現している。

### ④ 総会提出議案・書類の監査

多くの場合は監査報告が作成された後に総会提出議案・書類が作成されることになる。そこでこの監査を行うことになるが，特に実際に株主総会を書類上の形式で行うような場合には内容の監査をしっかりと行っておく必要がある。

### ⑤ 総会後法定事項の監査

総会終了後とりあえず監査は終了となるのでなにも行いたくないが，法定事項が守られているか否かのチェックが必要となる。たとえば会社法442条で取締役会設置会社の場合は定時総会の２週間前から計算書類および監査報告を５年間本店に，その謄本を３年間支店に備え置くことが必要である。他方，取締役会を設置しない場合については総会の１週間前から計算書類および監査報告を５年間本店に備え置く必要があるとしている。したがってこれらの法定要件が満たされているかをチェックしておかねばならない。

### ⑥ 総会後監査役の報酬・退職慰労金の協議

株主総会後には総会の決議に基づき個人別の報酬や退職慰労金を監査役の間で協議決定することになっている。それは会社法387条に基づくものであるが，監査役が１人のときにはどう対応すべきかという問題がある。しかし１人であっても監査役としては協議書を作成して監査役の意思を議事録に残しておく

べきものと思われる。一般に協議書は代表取締役宛に提出されることになっている。

第4－1表　非大会社の監査役監査の全体概観図（3月決算）

| 新年度業務 | 旧年度業務 | 摘　　要 |
|---|---|---|
| 4月〜<br>新年度監査方針・計画等<br>↓<br>（期中監査）<br>↓<br>個別監査報酬協議<br>退職慰労金協議 | （期末監査）<br>↓<br>総会までの決定スケジュール監査<br>↓<br>監査調書作成<br>↓<br>監査報告作成<br>↓<br>株主総会 | 期末棚卸実地監査<br>期中監査<br>計算書類監査<br><u>事業報告監査</u><br><u>附属明細書監査</u>（*）<br><u>総会提出議案監査</u><br><u>取締役忠実義務監査</u><br>等<br><br>株主総会直後 |
| 7月〜<br>新任監査役業務引継ぎ<br>新年度監査方針・計画の追認または改定<br>↓<br>（期中監査）<br>↓<br>中間決算監査<br>↓<br>（期中監査）<br>↓<br>翌年3月 | 総会後法定事項監査 | （注）　上記下線部分の調書は会社法389条適用の監査役には不要<br>　＊　また同監査役には事業報告の附属明細書の調書は不要 |

（注ⅰ）　計算書類は貸借対照表，損益計算書，株主資本等変動計算書および個別注記表をいう。旧商法の利益処分案は廃止された。また営業報告書は事業報告と改称の上計算書類からは外された。
（注ⅱ）　会社法389条の会計限定の監査役は監査報告の中で事業報告を監査する権限がないことを明らかにしなければならない（施規129②）。

以上をベースに年間の監査業務をフローに描けば概略前頁の第4－1表のようになろう。

### 7 会計期間と監査期間のズレ

監査役が最初にとまどう問題の1つは会計期間と監査を行う期間のズレの問題である。第4－1表でみたように，3月決算でいえば監査役に就任するのは株主総会後であるから実務的には7月になる。監査役としては7月からスタートして翌年の株主総会までが1サイクルとなるのである。つまり監査の対象期間がN年4月から(N＋1)年3月であるのに対して監査を実際に行う実務期間はN年7月から(N＋1)年6月（総会）までということになる。就任した後は第4－1表のように4月から6月総会までは新旧の業務が混在することになるので一応は問題ない。ただし退任するときには当然のことながら3月の監査対象期間（会計期間）で会社をやめるわけにはいかず，株主総会まで業務を続け新監査役に引き継ぐことになる。こうしたズレのためにさまざまな疑問が生ずることになる。たとえば新任監査役はすでに始まっている新年度の4月から6月総会までの間は結果として無監査の状態にあったといえなくもない。また一方で監査役に就任してから遡って4月から6月までの監査を行えば自己監査になるのではないかという疑念も生ずる。しかし総会までの監査は旧監査役が行っており，7月に入ってから引継ぎを行えば十分とされている。

## 2　非大会社監査役の月次定常的監査業務

ここでは3月決算会社をモデルに月別の監査業務の主な事項を第4－2表にまとめてみた。特に小会社の場合にはやや煩わしい部分もあるので各社で特有の事情を考慮し，急所だけは外さないようにすればよいと思う。

第4章 非大会社監査役の定常的監査業務

### 第4−2表（Ⅰ，Ⅱ） 定常的監査業務一覧（月次）

```
基本事項：◎  監査役会決議事項
         ○  監査役協議事項（協議とは全員同意の決議を含む）
         △  報告・検討ないし行動事項
         ＜　＞　原則として大会社適用事項
```

#### 第4−2表のⅠ　6月総会後〜12月

| 月 | 主な監査業務 | 非大会社* | 会389条適用会社 | 大会社** | 摘　要 |
|---|---|---|---|---|---|
| 6月 | ＜監査役会議長　互選＞<br>＜常勤監査役　互選＞<br>監査役報酬（賞与を含む）配分および退職慰労金　協議 | −<br>−<br>○ | −<br>−<br>○ | ○<br>◎<br>○ | 会390<br>会387 |
| 7月 | 新任監査役業務引継<br>監査方針・計画・業務分担　追認ないし改定<br>往査構想・計画　検討<br>総会後法定事項監査 | ○<br>○<br>△<br>△ | ○<br>○<br>△<br>△ | ○<br>◎<br>△<br>△ | 新旧交代のとき（注1）<br>会390<br>（注2） |
| 8月 | 往査計画　決定<br>＜監査役会日程表（10〜3）＞ | ○<br>− | ○<br>− | ○<br>○ | （注3） |
| 9月 | ＜会計監査人監査計画概要書　受領承認＞<br>往査開始<br>中間棚卸実地監査 | −<br>△<br>△ | −<br>△<br>△ | ○<br>△<br>△ | （注4） |
| 10月 | 中間決算説明（会計部門）と承認 | ○ | ○ | ○ | （注5） |
| 11月 | 次期監査要領　意見交換<br>＜監査役会日程表（1〜6）＞ | △<br>− | △<br>− | △<br>○ | （注6）<br>（注3） |
| 12月 | 監査役賞与配分　協議<br>定期監査業務報告内容（6〜12）決定 | ○<br>○ | ○<br>○ | ○<br>○ | （注7） |

\*　会社法389条適用会社を除く。
\*\*　非公開会社，監査等委員会設置会社又は指名委員会等設置会社を除く大会社は監査役会を設置しなければならない。しかし，会社の規模に関係なく監査役会は任意に設置できる。

第4－2表のⅡ　翌年1月～6月総会

| 月 | 主な監査業務 | ＊<br>非大会社 | 会389条<br>適用会社 | ＊＊<br>大会社 | 摘　　要 |
|---|---|---|---|---|---|
| 1月 | 定期監査業務報告（6～12） | △ | △ | △ | （注7） |
| 2月 | 次期監査方針・計画・業務分担<br>　意見交換 | △ | △ | △ | |
| | ＜監査役会日程表（4～9）＞ | － | － | ○ | （注3） |
| 3月 | 次期監査方針・計画・業務分担<br>　決定 | ○ | ○ | ◎ | （注1）<br>会387 |
| | 次期監査要領　決定 | ○ | ○ | ○ | （注6） |
| 4月 | 期中監査結果報告　承認 | ○ | ○ | ○ | |
| | ＜計算書類受領　承認＞ | － | － | ◎ | （注8） |
| | ＜事業報告受領　承認＞ | － | － | ◎ | 会436 |
| 5月 | 計算書類受領　承認 | ○ | ○ | － | （注8） |
| | 事業報告受領　承認 | ○ | ○ | － | 会436 |
| | ＜附属明細書受領　承認＞ | － | － | ◎ | （注9）<br>会436 |
| | ＜会計監査人監査報告書受領承認＞ | － | － | ◎ | 会436 |
| | ＜期末監査結果（監査調書）報告<br>　承認＞ | － | － | ○ | （注10） |
| | ＜監査報告書作成　提出＞ | － | － | ◎ | （注11）<br>会436 |
| | 監査計画(重要項目を含む)実施結果<br>　報告　承認 | ○ | ○ | ◎ | |
| | ＜監査役会日程表（7～12）＞ | － | － | ○ | （注3） |
| 6月 | 附属明細書受領　承認 | ○ | ○ | － | （注9）<br>会436 |
| | 監査調書作成　承認 | ○ | ○ | － | （注10） |
| | 監査報告書作成　提出 | ○ | ○ | － | （注11）<br>会436 |
| | 定時総会口頭報告者　決定 | ○ | ○ | ○ | |
| | 定時総会口上書　決定 | ○ | ○ | ○ | |
| | 定期監査業務報告内容（1～6）決定 | ○ | ○ | ○ | （注7） |
| | 定期監査業務報告（1～6） | △ | △ | △ | （注7） |
| | ＜会計監査人再任　決議＞ | － | － | ◎ | （注12） |
| | 定時総会提出議案等監査　承認 | ○ | ○ | ○ | （注13） |

(注1) 監査方針・計画等は大会社では会390で監査役会が決定する事例にあげられているが，3月頃次期の監査方針等を定め，新任監査役が参加する7月に追認または改定を行うとする考え方である。
(注2) 総会後法定事項の監査は7月に限定することはなく，支店備置の書類等は支店往査のときに行ってもよい。
(注3) 監査役会日程表は2か月先から半年分の監査役会の日程と議題の内容を知り得る範囲であらかじめ知らせておくものである。
　　　　監査役会では必ずしも決議事項がなく報告事項だけ取り扱ってもよいと考える。なお次回の日程表と重なる部分がでるが，近い月の内容が変わったり追加事項がでてきたりするのでまったく不都合はない。
(注4) 中間決算の棚卸は実施しない会社もあるので実情に応じて対処してもらうのがよい。
(注5) 中間決算の担当部門からの説明を10月と仮定したが，実際はもっと大きく遅れることが多いようである。この項目も1つのサンプルに過ぎないので実情にあわせて対処すべきものである。
(注6) このテキストにおける監査の証拠（監査証跡）は，後述する監査要領とその監査要領に従って監査を行った結果をまとめた監査調書を作成することによって，監査の証拠ないし説明責任の根拠とする考え方をとっている。
(注7) 定期監査業務報告とは半年に一度監査の実績の概要を取締役会で報告しようという試みである。特に法的な要請があるわけではないが取締役に監査役の仕事や立場を理解してもらう一助とする目的で行うものである。
(注8) 計算書類及び事業報告の受領は大会社と非大会社では微妙に受領のタイミングが違うように思われる。非大会社のほうがやや法的にも緩やかであるから，表の中でも非大会社は遅くしてあり，大会社とは分けることにした。
(注9) 附属明細書の受領のタイミングについても計算書類と同様に大会社と非大会社とを区分した。
(注10) 監査調書作成も受領書類と連動するから同様に大会社と非大会社とを区分した。
(注11) 監査報告についても監査調書との連動を考慮し大会社と非大会社とを区分した。
(注12) 会計監査人は最初の総会で選任されると後は解任等がなく，そのまま継続依頼するのであれば再任の手続き等は不要である。しかしそのことを確認する意味で毎年再選の決議をすることとしてある。
(注13) 特に会389条適用会社では会計に関連する事項があれば監査しておく必要があると考えられるので一通りはみておくべきであろう。

## 3 非大会社監査役の期末から定時総会までのスケジュール

### 1 全体的な総会までのスケジュールの主要項目

会社法では計算書類の承認から株主総会までのタイムスケジュールに関しては会社の自主性に任せる部分が多くあり，内容はかなり柔軟化している。そのもっとも大きな変化は計算書類の提出期限を廃止したことにみられる。その意図するところは，提出期限を定めないことによって全体のスケジュールが早められ株主総会を会社の自由裁量で早めることができることにあるといわれている。

次に全体的なスケジュールの主な項目を示してみよう。

第4-3表 期末から総会までの法的スケジュール

| 項　目 | 非　大　会　社 | 大　会　社 |
|---|---|---|
| 1　株主提案権行使期限（会303） | 総会の8週間前 | 総会の8週間前 |
| 2　計算書類等の提出と監査報告作成 | 次の「計算書類等と監査報告作成等のスケジュール」参照 | 次の「計算書類等と監査報告作成等のスケジュール」参照 |
| 3　計算書類・監査報告等の備置（会442） | 取締役会設置会社<br>2週間前の日から<br>（非設置1週間前の日）<br>　本店　5年間備置（正）<br>　支店　3年間備置（写）<br>　（注）電磁的措置あり | 取締役会設置会社<br>2週間前の日から<br>（非設置1週間前の日）<br>　本店　5年間備置（正）<br>　支店　3年間備置（写）<br>　（注）電磁的措置あり |
| 4　招集通知発送（会299） | 公開会社　　2週間前<br>非公開会社　1週間前 | 公開会社　　2週間前<br>非公開会社　1週間前 |
| 5　要旨公告等（会440） | 定款記載（経済紙，官報）の時：要旨（B／S）<br>電磁的の時：全部を5年間（B／S）<br>その他の時：全部（B／S） | 有報提出会社：不要<br>定款記載（経済紙，官報）の時：要旨（B／S，P／L）<br>電磁的の時：全部を5年間（B／S，P／L）<br>その他の時：全部（B／S，P／L） |

## 2 計算書類等と監査報告作成等のスケジュール

　計算書類やその附属明細書等を受領し，その後会計監査人や監査役が監査報告を作成し特定取締役等に提出する一連のスケジュールは流動的である。そのスケジュールの内容は会計監査人設置会社か否かによって区分されているので注意されたい。また内容が流動的でやや複雑であるため，第4－3表には記載せずそのスケジュール表を例示とともに別（第4－4表，第4－5表）に示すこととした。

　なお招集通知については公開会社は2週間前（非公開会社は1週間前）までに株主に発送しなければならないので注意を要する。

　以下順を追って説明しよう。

### ① 計算書類とはなにか

　計算書類とは貸借対照表，損益計算書，株主資本等変動計算書（計規96），注記表（計規97）をいう。旧商法の営業報告書と利益処分案は計算書類からはなくなった。営業報告書は事業報告と改称され計算書類からはずされた。利益処分案は廃止となった。

### ② 監査および取締役会承認の手続きの変更

　旧商法の方式と異なりまず計算書類の監査が行われ，次に取締役会で承認を受けることとした（会436）。しかし実務的にはこの後で監査報告が作成され，その間に多少の修正等も加えられて再度取締役会の承認手続が行われるものと考えられる。

### ③ 株主総会までのタイムスケジュール

#### 1) 会計監査人非設置会社

第4－4表

| 提　出　期　限 | 提　出　先 | 提出内容 |
|---|---|---|
| 特定監査役（計規124）<br>計算書類（含臨時）受領日 → 4w*経過日 ⎫<br>附属明細書受領日 → 1w経過日　　　⎬ もっとも遅い日<br>特定取締役，特定監査役 → 合意日　　⎭<br>　　　　　　　　　　　　　　＊w＝週間 | 特定取締役 | 監査報告の内容通知 |

2） 会計監査人設置会社

第4－5表

| 提 出 期 限 | 提 出 先 | 提 出 内 容 |
|---|---|---|
| 会計監査人（計規130）<br>〔単 体〕<br>計算書類受領日 ──────→ 4w*経過日 ┐<br>附属明細書受領日 ─────→ 1w経過日 ├ もっとも<br>特定取締役，特定監査役　　　　　　　　　　遅い日<br>および会計監査人の ─────→ 合意日 ┘ *w＝週間<br>〔連 結〕<br>連結計算書類受領日 ────→ 4w経過日<br>特定取締役，特定監査役<br>および会計監査人の ─────→ 合意日（優先） | 特定取締役<br>特定監査役<br><br><br><br><br>特定取締役<br>特定監査役 | 会計監査報告<br>の内容通知<br><br><br><br><br>会計監査報告<br>の内容通知 |
| 監査役（計規132）<br>〔単 体〕<br>会計監査報告受領日 ─────→ 1w経過日 ┐ もっとも<br>特定取締役，特定監査役 ──→ 合意日 ┘ 遅い日<br>〔連 結〕<br>会計監査報告受領日 ─────→ 1w経過日<br>特定取締役，特定監査役 ──→ 合意日（優先） | 特定取締役<br>会計監査人<br><br>特定取締役<br>会計監査人 | 監査報告の内<br>容通知<br><br>監査報告の内<br>容通知 |

（注 i ）　特定取締役：計算書類作成の職務を行った取締役または監査報告の通知を受ける取締役（計規124）
　　　　　特定監査役：監査報告の通知をすべき監査役（計規124）
（注ii）　特定取締役が監査報告の内容の通知を受けた日に監査役の監査を受けたものとし（計規124②），当該通知をすべき日までに通知しない場合には計算関係書類については監査役の監査を受けたものとみなす（計規124③）。同様の規定が会計監査人設置会社の計算書類に関する監査報告についても設けられている（計規132②，③）。

3） 招集通知の発送

　株主総会の2週間前（非公開会社は1週間前）までに株主に招集通知を発送しなければならない（会299）。

④　期末から株主総会までのスケジュールのサンプル（単体）

〔例１〕　会計監査人非設置会社（非公開会社１）

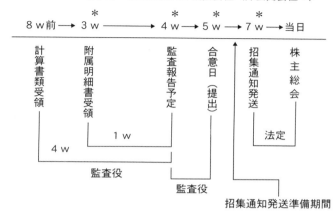

〔例２〕　会計監査人非設置会社（非公開会社２）

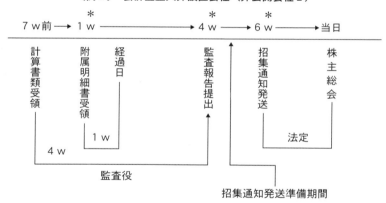

（注ⅰ）　＊はそれぞれ各例の８ｗ前，７ｗ前を起点としている。
（注ⅱ）　公開会社の場合，招集通知発送は２週間前までである（会299）。

⑤　スケジュールの運用に際しての問題点

１）　会社法による株主総会へ向けてのスケジュールは旧商法のスケジュールをそのままあてはめても運用は可能である。取締役，監査役等の合意した日というのはなかなか所定の日に間に合わないため後へ延ばすときに利用され

ると思われる。決算事務はますます複雑化しているので法の期待するほど早く計算書類等ができるとは考えられない。したがって従来と比較して大幅に早くなるとは考えにくい。

2） 法定の期限までに計算書類等がでてこなかった場合には，期限の日に監査を受けたものと見做すということであるが未監査の計算書類を株主総会にかけて通した後で粉飾や虚偽記載によって第三者が損害を被ったようなとき，誰が責任を負うのか疑問である。そもそも法定期限に間に合わないという想定を法律が行うことに疑問がある。また監査が完了していないものを認めるとなれば監査の必要性とはいったい何なのか非常に不可解な条文といわざるを得ない（計規124③，132③）。

# 第5章
# 株主代表訴訟と監査役の対応

## 1 株主代表訴訟とは何か

### 1 株主代表訴訟とは何か

　取締役が不祥事を発生させ会社に損害を与えた場合，他の取締役は不祥事を起こした取締役に対し会社にその損害を賠償させるように行動しなければならない。しかし同じ仲間である取締役を訴えるなどの行動は起こしにくいことも考えられる。場合によっては見過ごされてしまうかもしれない。そこで株主にも訴えを起こす機会を与えることとしたのが会社法847条の株主代表訴訟の規定である。ここでいう代表とは誰を代表するのかを知っておく必要があろうかと思う。一見して株主を代表して訴えを起こすのが株主代表訴訟と考えがちであるがそうではない。よく考えてみれば1株でも訴訟を起こす権利はあるので，訴訟を思い立った1株株主が全株主を代表する権利があるというのも変なことではある。

　実は前述のように取締役の追及を補う意味であるから，この場合の代表とは取締役に代わって会社を代表する意味であると一般にいわれている。

### 2 印紙代13,000円で訴訟が起こせる

　株主代表訴訟を起こすには，以前は訴訟の額に応じて印紙を貼る必要があり，訴訟額が大きいと高額の印紙代を払わねばならなかったので，株主代表訴訟が

起こされることは少なかった。そこで部分訴訟といって，発生した損害額の一部分を訴訟の対象とするケースなどがみられた。しかし株主代表訴訟は高額の印紙を貼ってみても，勝訴した場合その賠償金はすべて会社に入るものである。そこで平成5年に株主代表訴訟は株主に帰属する経済的効果がない非財産上の請求とみなし，ベースを95万円として一律8,200円の申立手数料（印紙代）に改められた。しかし非財産上のベース価額が160万円に改定されたため，平成16年4月より再度一律13,000円に改められた。

そして平成5年以降多くの株主代表訴訟が起こされて今日に至っている。

## ③ 株主代表訴訟の手続き

非大会社の場合，まず株主代表訴訟を起こすにあたっては株式を取得してから引き続き6か月間株主である株主は監査役に訴えを起こすように請求する。なぜなら会社法386条で株主代表訴訟のような場合には監査役が会社を代表すると規定されているからである。その請求があってから60日間監査役が検討することになっている。この60日間に監査役は事実関係や諸般を検討し，訴えを起こすか否かの結論をだす。もし訴えを起こさない場合には，当該株主から請求があれば提訴しない理由を書面で通知しなければならない（会847④）。一方，60日間を過ぎて監査役が訴えを起こさない返答があったか，またはなんの返答もないときには株主が改めて裁判所に訴えを起こす手順になっている（会847）。従来監査役の考慮期間は30日であったが平成14年5月から60日に改められたので，考慮期間が短くて十分検討できなかったという言い訳はできなくなったといわれている。したがって従来と違い60日経っても株主になんの返事もしないとなれば，任務懈怠で監査役も訴訟の対象に加えられる可能性があるので注意しなければならない。

次に会社法389条適用会社の場合には会社法364条または353条により会社と取締役間の訴えについては取締役会または株主総会で定める者となっているので，一般には代表取締役宛に訴訟提起の請求が株主から行われる。請求先が監査役設置会社（会2①9，386）と異なるので注意を要する。

### ④ 株主代表訴訟で変化した内容

（ⅰ）　6か月前から引き続き株主であることが原則であるが，定款で6か月より短い期間を定めることができるようになった（会847）。

（ⅱ）　従前は書面による提訴請求のみが認められたが，会社法では電磁的方法による提訴も可能となった（施規217）。

（ⅲ）　責任追及の訴えが当該株主または第三者の不正な利益を図り，または会社に損害を与えることを目的とする場合には，訴訟は認められないとの条文が新しく加えられた（会847①ただし書）。

（ⅳ）　提訴請求を株主から受けた後60日以内に提訴されないときには，株主等から請求があれば不提訴理由書（または電磁的方法によるもの）を監査役等は株主等に通知しなければならなくなった（会847④，施規218）。

　なお，平成21年4月の施規改正218条では不提訴とする判断の他にその理由を書面で通知することとした。

（ⅴ）　関連事項として付け加えるならば，従来社外取締役につき定款で損害賠償の軽減条項をあらかじめ定めておくことができたが（旧商法266⑲），会社法（平成26年改正）ではその範囲が取締役（業務執行取締役等を除く），監査役，会計参与および会計監査人にまで拡げられた（会427）。

（ⅵ）　会計監査人も株主代表訴訟の対象に加えられた（会847）。

## 2　経営判断の原則

### ① 経営判断の原則の由来

　訴訟の盛んな米国では株主代表訴訟の歴史は100年を遡るといわれており，長い歴史の中でさまざまの工夫がなされてきた。経営判断の原則もその中の有名な例といえる。

　経営判断の原則は Business Judgement Rule の邦訳であるが，株主代表訴訟のような経済行為に起因する問題は裁判官の得意な分野ではなく，よく分からないので内容には立ち入りたくないというところからスタートしている。そこ

でこれをまとめるとおおむね3つの外形規準となる。これが有名な Business Judgement Rule で，わが国でも最近盛んにとりいれられるようになった。

次にその内容を説明する。

## 2 経営判断の原則

経営判断の原則(注)は概略次の3つの原則から成り立っている。
① 法令・定款に違反しているか否かを判定する。
② 自己の利益をはかって行為したことか否かを判定する。
③ ①，②をクリアした場合，行為を決定する根拠となった資料が整っていてその資料から合理的判断が下されたか否かを判定する。

以上が経営判断の原則のアウトラインであるが，まず法令・定款に違反している場合と自己の利益をはかったものである場合のいずれかに該当すれば敗訴必定といわれている。いずれもクリアした場合に待っているのが根拠資料の問題である。担当段階で当初は十分と思われる資料をもっていても，ときが経つにつれ担当者が交代したりしてしだいに資料が散逸してしまうことがあるので，重要案件に関する資料はその保管に注意しなければならない。訴訟の時効10年を考えるとよほどふだんから資料の保管に会社をあげて取り組む必要があるのではないかと思う。資料が紛失してしまえば，確かにあったのだがと主張しても第三者を説得することができない。またたとえ資料が残っていても杜撰とみられては勝ち目がない。したがって最初の段階で資料作りには十分心血を注ぐべきである。たとえば取締役会において配付される資料はダイジェストしたものが多く，必ずしも裁判官を説得するに足る資料といえない場合が多いように思われる。もしそうだとすれば担当部署で所有している基礎資料はどう永続保管するのか真剣に対処する必要がある。そして気がついたときただちに行動を起こさないと後でしまったということになりかねない。資料保管は危機管理の重要な一項目である。

　（注）　経営判断原則とは，狭義には「前提となった事実の認識に重要かつ不注意な誤りがなく，意思決定の過程・内容が不合理・不適切ではない」ことを意味してい

るが，取締役会の運営には上記の①〜③に纏めておくと便利である。

## 3　消滅時効と遺族への影響

### 1　消滅時効

　株主代表訴訟に関する請求権は民法167条の一般債権を適用し，消滅時効は10年といわれている。したがって取締役あるいは監査役を退任して後10年間は無罪放免とはならない。

　特に悲劇なのは消滅時効とならない期間中に取締役本人が死亡した場合である。遺族の者は仕事の内容等まったく分からないだけに悲劇なのである。そのことは次に触れたい。

### 2　遺族への影響と限定承認

　取締役および監査役が退任してから10年を経過しなければ消滅時効にならないので，本人がその間で死亡したような場合にもしも株主代表訴訟が起き有罪ともなれば遺族に賠償請求がなされる。その場合，取締役から受けた相続遺産の範囲にとどまらないので注意を要する。それではなにも対策は立てられないのかというと，たった一つの救いの道がある。

　民法922条〜927条に限定承認の規定がある。限定承認とは相続で得た財産を限度にしてその後発生した場合の債務，賠償等の弁済に応じることを留保して相続を承認することで，本人が死亡した後3か月以内に行う必要がある。よく問題が発生したら遺産相続を放棄すればよいのではないかという人がいるが，相続放棄も死亡後3か月以内であるため多くの場合は間に合わない。

　このように限定承認をしておけば相続遺産を自由に使用，収益，処分できて万が一賠償問題が遺族に及んでも相続遺産の範囲内であるため一応納得はいくというものであろう。

## 4　日本サンライズ事件と福岡県魚市場事件

### 1　日本サンライズ事件

　日本サンライズは貸し室の賃貸業を唯一の営業内容とする会社で，昭和63年当時資本金はわずか960万円の小会社であった。ところがビルの老朽化がすすみ新築のため3億円強の借入れを行った。そこで有価証券売買を定款の目的に加え株式等による儲けを試みた。株式投資等のため平成2年には借入金が7億円弱に達した。途中，営業の取締役が中止するよう勧告したが受け入れず，結局3億円弱の投資損失が発生してしまった。そこで株主代表訴訟となり東京地裁で社長が1億1千万円，他の2人の取締役がそれぞれ1千万円で和解となった。以上が事件の概略であるがこの事件にはいくつかの教訓が含まれている。以下にそのポイントを記してみよう。

① 　資本金が1千万円程度の会社で7億円ものリスキーな株式等の運用を行うのは健全な経営姿勢ではない。

② 　途中で儲けたこともあったが借入金の返済にまわさないで取締役の間で分配した。これも忠実義務違反である。

③ 　当時貸室に空室もあり，満室にする努力や値上げの努力等行うべきだが，そうした努力の形跡がみられない。等

　以上は判決の中からピックアップして要約したものであるが，注目すべきは取締役2人に対する判決である。1人は投資運用の当事者であるから当然として，もう1人の営業の取締役はそばにいて途中で止めるよう進言したが聞き入れなかった。この取締役は暴走を止められなかったので同罪とされた点に注目したい。経営に忠実義務が課せられているばかりでなく他の取締役の監視義務がある点で取締役の責任は重いのである。

### 2　福岡県魚市場事件

　これは福岡県魚市場という会社が潰れそうな子会社に対し融資や債務保証を

行ったが，結局子会社は倒産してしまったことから始まる。そこで株主代表訴訟となったが昭和55年に福岡高裁は取締役側を勝訴とした。この判決にも参考となるところがたくさんあるのでそのポイントを以下に記しておきたい。

① 検討したプロセスを示す資料がきちっと残されており，そこには融資を行ったときの効果はどうかという積極案と同時に融資を行わなかったため子会社が倒産し放置したとき，親会社と取引銀行や取引先等に対する影響等を検討した消極案と両面から検討がなされている。

② 当時専門家の意見も聴取している。

この事例はまさに経営判断の原則の第3番目の，説得できる合理的判断を導く資料が残されているよいサンプルである。それと専門家の意見を聞いておくことも有力な支援材料となるので難しい経営判断にはぜひ専門家の利用をお勧めしたい。

## 5 小会社でも株主代表訴訟は起きる

### 1 社会的背景の変化

今日では欧米の影響が色濃く，21世紀はまさに訴訟社会へ移っていく様相を呈している。特に外国人の増加，外人株主の増加等がこの傾向に拍車をかけているといえよう。一方で社員には会社への帰属意識が薄くなりつつあり，内部告発が盛んな今日になってきたこともあげられよう。今日外に知れる可能性のないはずの会社の不祥事が漏れ問題となったケースの99％が内部告発によるといわれている。

もはや今日では会社の外からみえない情報はないといっても過言ではない。つまり遵法は会社存続の最低必要条件でありガラス張り経営はいつでも経営者の心の中にもち続けなければならない基本哲学なのである。そうしなければ21世紀に会社が生き残ることはできない。

## 2　小会社でも株主代表訴訟は起きる

　小会社には株主代表訴訟は起こり得ないと考える向きもあるがそれは大変な誤りである。株式が公開されていない閉鎖会社では一見株主代表訴訟など起こりそうにみえないが，よく考えればやはりあり得るとの結論になるのである。たとえ閉鎖会社であっても株主が1人ということは稀であろう。したがって取締役が会社に損害を与えた場合，利害のからむ株主の誰かが訴訟を起こすことは十分に考えられるのである。身内の争いから代表訴訟に発展することもあるであろうし，ライバルを失脚させるために訴訟に持ち込むこともあるに違いない。

　非大会社の場合には代表取締役に対してほとんどブレーキがあっても機能し得ないし，特に小会社にはブレーキそのものが見当たらないように思われる。

　小会社の場合には監査役は会計監査のみが守備範囲であることが多いため，トップに対するブレーキにはなりにくい。そこで会計監査の中から発見された不祥事あるいは不祥事に発展しそうな事項に対してはぜひ監査役が忠言ないしブレーキをかけていただきたい。会計限定の監査役（会389）の場合は会計事象の中にほとんどすべての事業内容が反映されると思われるので，監査役にぜひとも期待をかけたいのである。

　経営者はときに冷静さを失ったり，法を犯して目先の利益に走ったりしやすい。特に最近の経営には非常な難しさがあるので，この傾向は増すばかりであろう。そこに冷静なナンバーツーかお目付役が必要なのである。本当は会計限定の監査役も取締役会に出席して一部始終をチェックできるとよいのだが，現在では取締役会には出席する権利はない。ただ，取締役側から出席の要請があればぜひ出席していただきたい。

　トップはつねに前もって危機を想定し，日の高いうちから手をうっておかねばならない。その意味からも監査役を活用し社内に遵法体制を早いうちから徐々に作り上げていくことが肝要ではないかと思う。

## 6 損害賠償に対する最近の法律

### ① 損害賠償額の軽減

株主代表訴訟に対する軽減措置が平成14年5月施行の改正商法に定められ，平成18年5月施行の会社法に引き継がれた。しかし一般に誤解されている部分があるので簡単に述べておきたい。

まず悪意・重過失の場合には従来と同じく賠償額に制限はない。つまり青天井であることを認識しておいていただきたい。

次に善意・軽過失の場合には株主総会等の特別決議等によって軽減が可能となった。

① 代表取締役は年収の6年分まで軽減できる。
② 取締役（業務執行取締役等で代表取締役は除く）は年収の4年分まで軽減できる。
③ 取締役（①，②は除く），監査役，会計参与又は会計監査人は年収の2年分まで軽減できる。

と会社法425条に規定された。

しかし会社法の定めは，

　　最高賠償免除額＝賠償すべき額－最低責任限度額

となっており，左辺の賠償免除の最高を規定したものである。たとえばある不祥事で10億円の損害が発生したとしよう。ここで代表取締役の年収を5千万円とすれば年収の6年分，つまり3億円まで免除の最高額を認めるとするもので，上式にあてはめれば，

　　7億円＝10億円－3億円

となるので免除額の最高は7億円，したがって賠償支払額のもっとも低い額は3億円ということになる。ここで7億円までは免除できない，6億円を免除額とすると総会決議で決めれば，

　　6億円＝10億円－X億円

となり，X＝4億円となってたちまち3億円から増額してしまうこともあり得るのである。

### 2 和解と補助参加

従来は和解の条文がないため商法266条5項で損害額の免除には株主全員の同意を必要とする条文がそのまま立ちはだかり，和解を困難にしていた。しかし平成14年5月施行の改正商法により商法268条で和解が明文化され，会社法850条に引き継がれているので，今後は和解による解決が増えてくると考えられる。

もう一つの問題は会社の補助参加の問題である。従来は訴えられる取締役と会社は対敵関係になるので会社が取締役側に味方することは理論的に矛盾であるとする考え方が多くあり，会社が取締役側に味方することには躊躇があった。しかし改正商法268条8項で会社が取締役側に補助参加することが認められ，会社法849条に引き継がれた。ただ，基本的には上述の矛盾があることから監査役全員の同意を必要とすることにした。つまり中立的な立場にある監査役がよしと認めることを条件にしたのである。ただ，監査役の同意は必要条件であり，最終の判断は裁判所にあることをつけ加えておきたい。

## 7 民事訴訟法と株主代表訴訟への影響

### 1 民事訴訟法平成10年改正の趣旨

平成10年に70年ぶりの改正といわれた民事訴訟法の改正が行われた。その趣旨は裁判の迅速化，簡素化，経済化等いずれも結構な内容であるが，そもそも主な狙いは訴訟を行う側に有利に改正したものであり，裏を返せば会社にとっては不利な内容といえるのである。その主な内容は，

#### ① 裁判時に私文書以外は提出命令の対象

手帳やメモ等の私文書以外はすべて裁判時には提出命令の対象となる。従来は原則提出命令の対象外であったものが百八十度転換してほとんど全部提出を

余儀なくされることとなった。したがってクレーム処理のメモ等社内の文書はすべて提出の対象として検討しておく必要があると思われる。

### ② 当事者照会制度

従来は裁判が開始されるまでは活動はできなかったが、改正後は裁判所で訴訟事案が受理されるとただちに原告が被告側に裁判に必要な資料を求めることができるようになった。これが当事者照会と呼ばれるものである。

### ③ 裁判所による損害額の認定

従来特許権や商標権等の知的財産権の訴訟では原告側で損害額の査定を行う必要があったが、改正後はたとえ損害額の算出ができなくても裁判所で損害額を算出できることとした。したがって原告側にとっては知的財産権の侵害等の訴訟が起こしやすくなった。

### ④ 少額裁判の迅速化

1件60万円以下の少額訴訟に対しては、簡易裁判所で裁判を行うことができる。そして原則として裁判は1日で終了することになった。少額裁判は一見大した問題には思えないが、大量消費商品の場合等では我も我もと後からどんどん訴訟を起こされるようなことになれば大変大きな額になる恐れがあるのでばかにはできない。

以上はきわめて主なものを列挙した。

## 2 民事訴訟法と株主代表訴訟への影響

経営判断の原則で裁判になったときには平成10年改正の民事訴訟法は被告側にとって不利であり、被告側の敗訴が増えるのではないかといわれている。そこでふだんから対策を考えておくことが必要である。

① 社内文書規程をもう一度見直し、時効10年との整合性等を検討しなおす必要がある。

② 社内で作成されるすべての文書には裁判所へ提出命令が出されたときの視点で作成する。

③ 事故報告書や消費者からのクレーム調査書等は外部に出たときどのよう

な結果を招くか等の視点を入れて整理しておく。
④　コピーの配付先等はよく整理しておき，不必要なところへは極力配付しないようにしたい。
⑤　フロッピーディスクの取扱い等も日の高いうちに検討しておきたい。フロッピーディスクも準文書扱いとなったが，提出となった場合，必要部分の他によけいなものまでみられることになるので，重要と思われる部分についてはハードコピーにして別に保管しておく等の工夫が必要であろう。
⑥　なによりもまず取締役会で決議した重要案件の資料は総務部等の1か所へ集中保管をし，資料が会社として散逸しないように工夫することが真っ先に実行しなければならないことではないかと思う。

## 8　株主代表訴訟へのふだんからの心がけ

　株主代表訴訟に対してはふだんから心がけを怠ってはならない。
　すでに対応策について随所で触れてきたが，あえてまとめてみれば次のようになるであろう。
①　重要案件の決議を行った基礎資料は10年間は完全に保存しておく。また必要であればその体制を作る。
②　重要案件の決議に係る書類等は，できることなら総務部等一か所で総合して保存しておくことが望ましい。何となれば各部署で保管する場合は，部署長の交代引継のときに紛失するおそれがあるからである。
③　社内文書は裁判所へ提出命令が出たときの視点で作成する習慣をつける。
④　リスク項目を洗い出し，発生すれば会社を潰すような案件には内部牽制組織を作る。またすでにできている場合には十分に機能しているかを検査する。
⑤　トップが遵法精神をもち，社内にその風潮を作り上げる。
⑥　会社法で内部統制組織の構築と充実を規定している（会348④，362④六）ので，内部統制の充実等をはかるようにしたい。等

# 第6章
# 監査要領と監査調書

## 1　監査証跡の作り方

　監査を実施したとき監査を行った証拠資料をいつでも第三者に示せるようにしておく必要がある。この証拠資料を監査証跡と呼んでいる。ここで監査証跡としては特に定型はなく，各社各様，各自各様といった具合で，これがベストだといったものはないといってよい。

　ただ，そうはいいながらも何か工夫する必要があるので，監査の結果を監査調書という形にまとめておくことを提案したい。監査調書といっても漫然と書き綴るのではなく，いくつかのブロックに分割して明瞭性を期したい。ここで何を監査するのかを細部にわたってあらかじめ用意したものが監査要領である。つまりあらかじめ用意しておいた監査要領に基づき，期中および期末に監査を行いその結果を監査調書にまとめるのである。

　ここで監査ブロック別の監査要領を用意するにあたり，会社法を調べてみると436条に監査役設置会社（監査役の監査の範囲を会計に関するものに限定する旨の定款の定めがある株式会社を含み，会計監査人設置会社を除く）においては計算書類および事業報告ならびにこれらの附属明細書は，法務省令（計規121〜123）の定めるところにより監査役の監査を受けなければならない，とあり436条2項における会計監査人設置会社においても監査役の監査対象はほぼ同じであるところから特に区別はしないことにした。

なお事業報告の内容（施規118）には内部統制の整備につき記述するよう要請されているので，これを加味して監査要領・調書を次のように作成することにした。

＜対象は監査役設置会社中心＞
① 期中会計監査実施要領・調書
② 貸借対照表・損益計算書監査実施要領・調書 ⎫
③ 株主資本等変動計算書監査実施要領・調書　　⎬ 計算書類
④ 個別注記表監査実施要領・調書　　　　　　　⎭
⑤ 事業報告監査実施要領・調書
⑥ 附属明細書監査実施要領・調書
⑦ 内部統制構築・運用監査実施要領・調書
⑧ 継続企業の前提監査実施要領・調書
⑨ 取締役忠実義務違反監査実施要領・調書
⑩ 株主総会提出議案監査実施要領・調書
⑪ 株主総会後法定事項監査実施要領・調書
⑫ 剰余金と分配可能額の計算（参考）

## 2　期中会計監査実施要領

3月決算の会社でいえば，4月以降は株主総会へ向かって監査事項の整理と監査報告書の作成等で忙殺される。そこで期末の会計監査はどうしても形式監査になりやすい。しかし期中であれば時間的にも余裕があるので項目ごとの監査内容あるいはその深度を深めることが可能になると考えられる。そこで中間の監査は実質監査ないしは内容に重点を置いた監査とすることを提案している。そのサンプルを示せば次の第6－1表のようになる。なお実施のタイミングはどこでもよいが，中間決算あたりが自然で資料も多いのでよいタイミングと思われる。

第6－1表　期中会計監査実施要領

| 監　査　内　容 |
|---|

Ⅰ　定常的監査項目
　1　現金預金
　　（ⅰ）出金手続きは内部牽制が十分働くシステムか。
　　（ⅱ）残高は残高証明（実物）と突合してあっているか。
　＊（ⅲ）印鑑・書損じ証書等は適切に保管されているか。
　2　売掛金
　　（ⅰ）売掛金残高と確認書との突合で異常はあるか。
　　（ⅱ）売掛金残高の年齢調べで異常なものはないか。
　　（ⅲ）売掛金の回収率や回収条件遵守に問題はないか。
　3　受取手形
　　（ⅰ）受取手形の実際残高と帳簿残高は一致しているか。
　　（ⅱ）受取手形の期日は契約条件どおりになっているか。
　＊（ⅲ）不渡手形の発生はあるか。
　4　棚卸資産
　　（ⅰ）実地棚卸と帳簿残高は一致しているか。
　＊（ⅱ）棚卸数量・金額に異常な増減はないか。
　　（ⅲ）評価損・廃棄損・減耗損等は適切に処理されたか。
　5　支払手形
　　（ⅰ）支払手形の実際残高と帳簿残高は一致しているか。
　＊（ⅱ）支払手形を振込化する等改善が行われているか。
　＊（ⅲ）融通手形の発行はないか。
　6　固定資産
　　（ⅰ）償却・除却・付保等は適切に行われているか。
　＊（ⅱ）稟議書，見積書，契約書等に問題はないか。
　　（ⅲ）リース管理，会計処理に問題はないか。
　7　売上
　　（ⅰ）販売価格，値引条件等は規準どおり行われているか。
　　（ⅱ）異常な売上や知られない簿外売上はないか。
　　（ⅲ）与信限度の遵守状況に問題はないか。
Ⅱ　非定常的監査
　＊1　重大な法令・定款違反の可能性のある事実を知ったときその調査
　＊2　会社の財産または損益に重大な影響を及ぼす事実を知ったときその調査
　＊3　会社法362条関係の取締役会の決議の調査
　　4　会計監査に付随して発見された会社の財産または損益に重大な影響を及ぼす事実を知ったときその調査
　　（注）＊印の項目は会計限定の監査役には適用しない。

作成　平成　年　月　日

監査役　　氏名　　　　印

## 3　期中会計監査調書

期中会計監査実施要領に基づき監査の結果を監査調書にまとめたサンプルを示すと第6-2表のようになろう。

第6-2表　期中会計監査調書

| 監　査　内　容 | 監査結果 |
|---|---|
| I　定常的監査項目 | |
| 　1　現金預金 | |
| 　　（i）　出金手続きは内部牽制が十分働くシステムか。 | 問題なし |
| 　　（ii）　残高は残高証明（実物）と突合してあっているか。 | あっている |
| 　　（iii）　印鑑・書損じ証書等は適切に保管されているか。 | 適切保管 |
| 　2　売掛金 | |
| 　　（i）　売掛金残高と確認書との突合で異常はあるか。 | なし |
| 　　（ii）　売掛金残高の年齢調べで異常なものはないか。 | 同上 |
| 　　（iii）　売掛金の回収率や回収条件遵守に問題はないか。 | 同上 |
| 　3　受取手形 | |
| 　　（i）　受取手形の実際残高と帳簿残高は一致しているか。 | 一致 |
| 　　（ii）　受取手形の期日は契約条件どおりになっているか。 | 条件どおり |
| 　　（iii）　不渡手形の発生はあるか。 | なし |
| 　4　棚卸資産 | |
| 　　（i）　実地棚卸と帳簿残高は一致しているか。 | 一致 |
| 　　（ii）　棚卸数量・金額に異常な増減はないか。 | なし |
| 　　（iii）　評価損・廃棄損・減耗損等は適切に処理されたか。 | 適切処理 |
| 　5　支払手形 | |
| 　　（i）　支払手形の実際残高と帳簿残高は一致しているか。 | 一致 |
| 　　（ii）　支払手形を振込化する等改善が行われているか。 | 改善なし |
| 　　（iii）　融通手形の発行はないか。 | なし |
| 　6　固定資産 | |
| 　　（i）　償却・除却・付保等は適切に行われているか。 | 適切処理 |
| 　　（ii）　稟議書，見積書，契約書等に問題はないか。 | 問題なし |
| 　　（iii）　リース管理，会計処理に問題はないか。 | 同上 |
| 　7　売上 | |
| 　　（i）　販売価格，値引条件等は規準どおり行われているか。 | 規準どおり |
| 　　（ii）　異常な売上や知られない簿外売上はないか | なし |
| 　　（iii）　与信限度の遵守状況に問題はないか。 | 問題なし |

| | | |
|---|---|---|
| Ⅱ | 非定常的監査 | |
| | 1　重大な法令・定款違反の可能性のある事実を知ったときその調査 | 事実なし |
| | 2　会社の財産または損益に重大な影響を及ぼす事実を知ったときその調査 | 同上 |
| | 3　会社法362条関係の取締役会の決議の調査 | 問題なし |
| | 4　会計監査に付随して発見された会社の財産または損益に重大な影響を及ぼす事実を知ったときその調査 | 事実なし |
| | （注）　＊印の項目は会計限定の監査役には適用しない。 | |
| Ⅲ | 改善提案 | |
| | 　　5の（ⅱ）の支払手形については印紙代節約のためできる限り期日振込にすることを得意先に働きかけるよう営業担当の甲取締役に文書で改善の提案を行った。 | |
| 作成　平成　　年　　月　　日 | | |
| | 　　　　　　　　　　　　　　　　　　監査役　　氏名　　　　　　　印 | |

# 4　貸借対照表・損益計算書監査実施要領

　貸借対照表・損益計算書監査実施要領は会計監査の中でももっとも重要な部分である。その上でどの程度細部にわたり監査を行うかは各社の事情によって異なる。しかし中・小会社においては，最初は重要項目を少なめに選定し，馴れてきたら範囲を広げていくよう考えるのも一策ではないかと思う。粗くも細かくもない中間的試案を第6－3表にかかげてみた。

　なお，貸借対照表と損益計算書の様式は改められた。たとえば貸借対照表では資本の部が純資産の部となり内容も変わった。また損益計算書では売上総利益金額が新設され，その他営業利益金額，当期純利益金額等と，金額という言葉がつけ加えられた。これら貸借対照表・損益計算書の新しい様式は70頁～72頁に示したのでご覧いただきたい。

第6-3表　貸借対照表・損益計算書監査実施要領

| 監　査　内　容 |
| --- |
| Ⅰ　貸借対照表<br>　1　継続性<br>　　（ⅰ）　会計処理等に関して継続性の変更があったか。<br>　2　対前期比較<br>　　（ⅰ）　前期と比較して差額の大きな科目を調査する。<br>　3　後発事象<br>　　（ⅰ）　先行き業績に影響を与える後発事象を調査する。<br>　4　現金預金<br>　　（ⅰ）　帳簿残高は実物または残高証明と突合してあっているか。<br>　5　売掛金<br>　　（ⅰ）　売掛金残高と確認書との突合で異常はあるか。<br>　　（ⅱ）　売掛金残高の年齢調べで異常なものはないか。<br>　　（ⅲ）　売掛金の回収率や回収条件遵守に問題はないか。<br>　6　受取手形<br>　　（ⅰ）　受取手形の実際残高と帳簿残高は一致しているか。<br>　7　棚卸資産<br>　　（ⅰ）　実地棚卸と帳簿残高は一致しているか。<br>　　（ⅱ）　棚卸数量・金額に異常な増減はないか。<br>　　（ⅲ）　評価損・廃棄損・減耗損等は適切に処理されたか。<br>　8　リース資産<br>　　（ⅰ）　リース資産は固定資産（期間1年以内流動資産）に計上されているか。<br>　9　株式等評価差額金<br>　　（ⅰ）　資産につき時価を付する場合，その評価差額金は資本の部に「株式等評価差額金」の部を設け記載したか。<br>　10　自己株式<br>　　（ⅰ）　自己株式は資本の部に自己株式の部を設け控除する形式で記載したか。<br>　11　関係会社株式等<br>　　（ⅰ）　関係会社の株式等は他の株式と区分されているか。<br>　12　繰延資産<br>　　（ⅰ）　繰延資産がある場合「繰延資産」の区分を設けて計上しているか。<br>　13　固定資産<br>　　（ⅰ）　減価償却累計額は適切に表示されているか。<br>　14　取立不能見込額<br>　　（ⅰ）　金銭債権の取立不能見込額は控除の形式で記載されているか。<br>　15　負債性引当金<br>　　（ⅰ）　負債性引当金は適正に計上されているか。 |

16　退職給付引当金
　　（ⅰ）　退職給付引当金は適正に計上されているか。
17　税効果会計
　　（ⅰ）　繰延税金資産（または負債）は適正に計上されているか。
18　純資産の部
　　（ⅰ）　純資産の部は適正に表示されているか。
Ⅱ　損益計算書
　1　継　続　性
　　（ⅰ）　会計処理等に関して継続性の変更があったか。
　2　対前期比較
　　（ⅰ）　前期と比較して差額の大きな科目はあったか。
　3　後発事象
　　（ⅰ）　先行き業績に影響を与える後発事象はあったか。
　4　売　　　上
　　（ⅰ）　売上高に異常な増減はないか。
　5　売上原価
　　（ⅰ）　売上原価に異常な増減はないか。
　6　特別利益（または損失）
　　（ⅰ）　特別利益（または損失）は内容を示す科目で計上しているか。
　7　当期純利益金額
　　（ⅰ）　前期と比較して異常性はないか。
　　（ⅱ）　税引前当期純利益金額と比較して異常性はないか。
　8　法人税等
　　（ⅰ）　法人税等の計上額に異常性はないか。
　9　税効果会計
　　（ⅰ）　税効果会計の結果は法人税等調整額等の科目により適正に処理されているか。

| 添付資料 |
| --- |
| 　　　　貸借対照表，損益計算書，決算短信 |

| 作成　平成　年　月　日　　　　　　　　　　　　　　監査役　氏名　　　　　　印 |
| --- |

（注）　Ⅰの7棚卸資産については企業会計基準第9号（平成18年7月5日）により，平成20年4月1日以降開始事業年度より低価法（時価が簿価を下回ればその差額を評価損とする）が強制適用となるので，低価法の項目を入れるのもよいと考えられる。

## 5　貸借対照表・損益計算書監査調書

貸借対照表・損益計算書監査調書の作成は監査役が自ら行うことがかなり大変であるから，経理部門や会計監査人に尋ねたほうがより効果的である。次に第6－4表に監査調書のサンプルを示した。

第6－4表　貸借対照表・損益計算書監査調書

| 監　査　内　容 | 監査結果 |
|---|---|
| I　貸借対照表 | |
| 　1　継続性 | |
| 　　（i）　会計処理等に関して継続性の変更があったか。 | 変更なし |
| 　2　対前期比較 | |
| 　　（i）　前期と比較して差額の大きな科目はないか。 | 事情聴取済 |
| 　3　後発事象 | |
| 　　（i）　先行き業績に影響を与える後発事象はないか。 | なし |
| 　4　現金預金 | |
| 　　（i）　帳簿残高は実物または残高証明と合致しているか。 | 一致 |
| 　5　売掛金 | |
| 　　（i）　売掛金残高と確認書との突合で異常はあるか。 | 異常なし |
| 　　（ii）　売掛金残高の年齢調べで異常なものはないか。 | 同上 |
| 　　（iii）　売掛金の回収率や回収条件遵守に問題はないか。 | 問題なし |
| 　6　受取手形 | |
| 　　（i）　受取手形の実際残高と帳簿残高は一致しているか。 | 一致 |
| 　7　棚卸資産 | |
| 　　（i）　実地棚卸と帳簿残高は一致しているか。 | 一致 |
| 　　（ii）　棚卸数量・金額に異常な増減はないか。 | なし |
| 　　（ii）　評価損・廃棄損・減耗損等は適切に処理されたか。 | 適切 |
| 　8　リース資産 | |
| 　　（i）　リース資産は固定資産（期間1年以内流動資産）に計上されているか。 | 適正 |
| 　9　株式等評価差額金 | |
| 　　（i）　資産につき時価を付する場合，その評価差額金は資本の部に「株式等評価差額金」の部を設け記載したか。 | 記載あり |
| 　10　自己株式 | |
| 　　（i）　自己株式は資本の部に自己株式の部を設け控除する形式で記載したか。 | 記載あり |
| 　11　関係会社株式等 | |
| 　　（i）　関係会社の株式等は他の株式と区分されているか。 | 区分あり |

| | | |
|---|---|---|
| 12 | 繰延資産 | |
| | （ⅰ）繰延資産がある場合「繰延資産の部」を設けて計上しているか。 | 該当なし |
| 13 | 固定資産 | |
| | （ⅰ）減価償却累計額は適切に表示されているか。 | 適切 |
| 14 | 取立不能見込額 | |
| | （ⅰ）金銭債権の取立不能見込額は控除の形式で記載されているか。 | 控除記載 |
| 15 | 負債性引当金 | |
| | （ⅰ）負債性引当金は適正に計上されているか。 | 該当なし |
| 16 | 退職給付引当金 | |
| | （ⅰ）退職給付引当金は適正に計上されているか。 | 適正 |
| 17 | 税効果会計 | |
| | （ⅰ）繰延税金資産（または負債）は適正に計上されているか。 | 適正 |
| 18 | 純資産の部 | |
| | （ⅰ）純資産の部は適正に表示されているか。 | 適正 |
| Ⅱ 損益計算書 | | |
| 1 | 継続性 | |
| | （ⅰ）会計処理等に関して継続性の変更があったか。 | 変更なし |
| 2 | 対前期比較 | |
| | （ⅰ）前期と比較して差額の大きな科目はあったか。 | 事情聴取 |
| 3 | 後発事象 | |
| | （ⅰ）先行き業績に影響を与える後発事象はあったか。 | なし |
| 4 | 売上 | |
| | （ⅰ）売上高に異常な増減はないか。 | 異常なし |
| 5 | 売上原価 | |
| | （ⅰ）売上原価に異常な増減はないか。 | 異常なし |
| 6 | 特別利益（または損失） | |
| | （ⅰ）特別利益（または損失）は内容を示す科目で計上しているか。 | 適法 |
| 7 | 当期純利益金額 | |
| | （ⅰ）前期と比較して異常性はないか。 | 異常あり |
| | （ⅱ）税引前当期純利益金額と比較して異常性はないか。 | 異常なし |
| 8 | 法人税等 | |
| | （ⅰ）法人税等の計上額に異常性はないか。 | 異常なし |
| 9 | 税効果会計 | |
| | （ⅰ）税効果会計の結果は法人税等調整額等の科目により適正に処理されているか。 | 適正処理 |

添付資料
　　　貸借対照表，損益計算書，決算短信，上記7（ⅰ）の説明書

作成　平成　年　月　日

　　　　　　　　　　　　　　　　　　　　　　監査役　氏名　　　　　印

第6-5表　貸借対照表（××年×月××日）

| （資産の部） | | （負債の部） | |
|---|---|---|---|
| 流動資産 | | 流動負債 | |
| 　　現金及び預金 | ××× | 　　支払手形 | ××× |
| 　　受取手形 | ××× | 　　買掛金 | ××× |
| 　　売掛金 | ××× | 　　短期借入金 | ××× |
| 　　製品 | ×× | 　　未払金 | ×× |
| 　　原材料 | ×× | 　　未払費用 | ×× |
| 　　繰延税金資産 | ×× | 　　未払法人税等 | ×× |
| 　　…… | | | |
| 　　…… | | 固定負債 | |
| 　　貸倒引当金 | △　×× | 　　社債 | ××× |
| | | 　　長期借入金 | ××× |
| 固定資産 | | 　　繰延税金負債 | ×× |
| 　有形固定資産 | | 　　退職給付引当金 | ×× |
| 　　建物 | ××× | | |
| 　　機械装置 | ××× | （純資産の部） | |
| 　　工具器具備品 | ×× | 　株主資本 | |
| 　　土地 | ××× | 　　資本金 | ××× |
| 　　……………… | | 　　新株式申込証拠金 | ×× |
| 　無形固定資産 | | 　　資本剰余金 | |
| 　　商標権 | ×× | 　　　資本準備金 | ××× |
| 　　ソフトウェア | ×× | 　　　その他資本剰余金 | ×× |
| 　　……………… | | | |
| 　投資その他の資産 | | 　　　　（別紙） | |
| 　　投資有価証券 | ×× | | |
| 　　関係会社株式 | ×× | | |
| 　　……………… | | | |
| 繰延資産 | | | |
| 　社債発行差金 | ×× | | |
| 　　　合　　計 | ×××× | 　　　合　　計 | ×××× |

第6－6表　貸借対照表「純資産の部」の記載例

| （個別貸借対照表の該当部分の記載例） | （連結貸借対照表の該当部分の記載例） |
|---|---|
| 純資産の部<br>Ⅰ　株主資本<br>　1　資本金<br>　2　新株式申込証拠金<br>　3　資本剰余金<br>　　(1)　資本準備金<br>　　(2)　その他資本剰余金<br>　　　　　　　　　資本剰余金合計<br>　4　利益剰余金<br>　　(1)　利益準備金<br>　　(2)　その他利益剰余金<br>　　　　××積立金<br>　　　　繰越利益剰余金<br>　　　　　　　　　利益剰余金合計<br>　5　自己株式<br>　6　自己株式申込証拠金<br>　　　　　　　　　　株主資本合計<br>Ⅱ　評価・換算差額等<br>　1　その他有価証券評価差額金<br>　2　繰延ヘッジ損益<br>　3　土地再評価差額金<br><br>　　　　　　　　評価・換算差額等合計<br>Ⅲ　新株予約権<br><br>　　　　　　　　　　　純資産合計 | 純資産の部<br>Ⅰ　株主資本<br>　1　資本金<br>　2　新株式申込証拠金<br>　3　資本剰余金<br><br><br><br><br>　4　利益剰余金<br><br><br><br><br><br>　5　自己株式<br>　6　自己株式申込証拠金<br>　　　　　　　　　　株主資本合計<br>Ⅱ　評価・換算差額等<br>　1　その他有価証券評価差額金<br>　2　繰延ヘッジ損益<br>　3　土地再評価差額金<br>　4　為替換算調整勘定<br>　　　　　　　　評価・換算差額等合計<br>Ⅲ　新株予約権<br>Ⅳ　非支配株主持分<br>　　　　　　　　　　　純資産合計 |

第6－7表　損益計算書（自×年×月××日　至（×＋1）年×月××日）

| | | |
|---|---|---|
| 売上高 | | ×××× |
| 売上原価 | | ×××× |
| 　売上総利益金額＊ | | ××× |
| 販売費及び一般管理費 | | ×× |
| 　営業利益金額＊ | | ××× |
| 営業外収益 | | |
| 　受取利息配当金 | ×× | |
| 　………………… | ×× | |
| | ×× | ×× |
| 営業外費用 | | |
| 　支払利息割引料 | ×× | |
| 　………………… | ×× | ×× |
| 　経常利益金額＊ | | ××× |
| 特別利益 | | |
| 　固定資産売却益 | ×× | ×× |
| 特別損失 | | |
| 　投資有価証券評価損 | ×× | ×× |
| 税引前当期純利益金額＊ | | ××× |
| 法人税，住民税及び事業税 | ×× | |
| 法人税等調整額 | ×× | ×× |
| 当期純利益金額＊ | | ××× |

＊（注）　2007年2月9日「会社法施行規則及び会社計算規則による株式会社の各種書類のひな型」（経団連）によれば「金額」がとれており（例：営業利益金額→営業利益），経団連のひな型に従う会社が多いようである。

## 6　株主資本等変動計算書監査実施要領

　会社法は計算書類の一つとして株主資本等変動計算書を設けた。従来は損益計算書の当期利益の下に前期繰越利益，中間配当，留保利益の目的内取崩し等が記載され当期未処分利益として利益処分案に引き継がれていたが，これらは純資産の変動の一部でありこのたびは純資産のすべての変動を記載する株主資本等変動計算書に移されたので，損益計算書の前期繰越利益以下は不要となった。

　したがって損益計算書は当期純利益金額（または純損失金額）が最後の項目となる。また会社法では賞与は報酬の中に含められ，配当はいつでも一定の条件の下で取締役会の決議で可能となった。こうした流れの中で利益処分案は廃止された。利益処分案がなくなれば当期未処分利益は不要となり，すべての純資産の変動を一望にみることができる株主資本等変動計算書の登場となったわけである。

　なお企業会計基準委員会より平成17年12月に企業会計基準第6号「株主資本等変動計算書に関する会計基準」および企業会計基準適用指針第9号「株主資本等変動計算書に関する会計基準の適用指針」が公表され，その中で横型と縦型の様式が示されているが一般に横に並べる様式が見やすいといわれており横型のサンプルを掲載することにした。

　監査役としては株主資本等変動計算書の内容に早く馴れるとともにチェックのポイントをいくつか押さえるようにしたい。最初は経理担当か会計監査人によく分からないところは質問したほうがよいと思う。

第6-8表　株主資本等変動計算書監査実施要領

| 監　査　内　容 |
|---|
| 1　株主資本等変動計算書は株主資本，評価・換算差額等，新株予約権に区分表示されているか。 |
| 2　株主資本は資本金，新株式申込証拠金，資本剰余金，利益剰余金，自己株式，自己株式申込証拠金に区分表示されているか。 |
| 3　資本剰余金は資本準備金，その他資本剰余金に，利益剰余金は利益準備金，その他利益剰余金に区分表示されているか。ただしその他資本剰余金，その他利益剰余金は適当な名称を付し項目を細分できる。 |
| 4　評価・換算差額等はその他有価証券評価差額金，繰越ヘッジ損益，土地再評価差額金，為替換算調整勘定に区分表示されているか。ただしその他の適当な名称を付して項目を細分できる。 |
| 5　新株予約権から自己新株予約権は控除され表示されているか。 |
| 6　資本金，資本剰余金，利益剰余金，自己株式については，①前期末残高，②当期変動額，③当期末残高の金額が明示されているか，また②については変動事由が明らかにされているか。 |
| 7　評価・換算差額等，新株予約権につき，①前期末残高，②当期変動額，③当期末残高の金額が明示されているか。また主要な当期変動額について変動事由が明らかにされているか。 |
| 8　各項目について①前期末残高，②当期末残高の金額は貸借対照表と一致しているか。 |
| 9　資本金の払込みまたは給付の額の2分の1を超えない額は資本準備金として計上されているか（会445）。 |
| 10　剰余金の配当は分配可能額（剰余金と分配可能額111頁）の範囲内に収まっているか。 |
| 11　剰余金の配当により減少した剰余金がある場合，準備金の額が基準資本金（資本金×1/4）に達していれば準備金の積立額は0，達していない場合は，①基準資本金－準備金既積立額と，②会446条1項6号の額×1/10のいずれか少ない額を資本準備金または利益準備金として計上しているか（会445，計規22）。 |
| 12　資本金，準備金，その他の剰余金につきその増加，減少において資本取引と損益取引の混同はないか（計規26〜29）。 |

## 7　株主資本等変動計算書監査調書

　株主資本等変動計算書の監査調書ではまずは資本金，資本剰余金，純資産合計等の項目別金額の前期末残高と当期末残高が貸借対照表と一致しているか否かをチェックするところから始める。次に期中の各項目別の変動額がどういう原因で生じたかをチェックする。それには財務部ないし経理部等の担当部署に聞いてみることが一番早道である。それと配当が実施されている場合には分配可能額（従来の配当可能利益）のチェックを行う必要がある。分配可能額のチェックについても担当部署に聞くことにしておけばよい。

　なお，会計監査人設置会社であれば会計監査人が必ずチェックするので，会計監査人からチェック済みの資料を入手してこれを添付の資料とすることを考えたほうがよい。そのためにも会計監査人とは普段からコミュニケーションをとっておくべきであろう。関連して配当の10分の1を毎期利益準備金または資本準備金に積み立てることを忘れてはならない。ただし基準資本金（資本金の4分の1）が積立の限度であることも念頭においておく必要がある。以上のことを中心に監査調書のサンプルを第6－9表に示した。

　蛇足ではあるが，有価証券報告書提出会社（上場会社）では，平成20年4月より連結四半期報告書の提出が義務付けられることとなった。同時にEDINET（電子開示）を高度化した方式（XBRL）が強制適用となった結果，サンプルの横型形式ではなく一時縦型形式になったが，現在では有価証券報告書については横型形式に統一されている。

第6-9表　株主資本等変動計算書監査調書

| 監　査　内　容 | 監査結果 |
|---|---|
| 1　株主資本等変動計算書は株主資本，評価・換算差額等，新株予約権に区分表示されているか。 | 適　法 |
| 2　株主資本は資本金，新株式申込証拠金，資本剰余金，利益剰余金，自己株式，自己株式申込証拠金に区分表示されているか。 | 適　法 |
| 3　資本剰余金は資本準備金，その他資本剰余金に，利益剰余金は利益準備金，その他利益剰余金に区分表示されているか。ただしその他資本剰余金，その他利益剰余金は適当な名称を付し項目を細分できる。 | 適　法 |
| 4　評価・換算差額等はその他有価証券評価差額金，繰越ヘッジ損益，土地再評価差額金，為替換算調整勘定に区分表示されているか。ただしその他の適当な名称を付して項目を細分できる。 | 適　法 |
| 5　新株予約権から自己新株予約権は控除され表示されているか。 | 適　法 |
| 6　資本金，資本剰余金，利益剰余金，自己株式については，①前期末残高，②当期変動額，③当期末残高の金額が明示されているか，また②については変動事由が明らかにされているか。 | 適　法 |
| 7　評価・換算差額等，新株予約権につき，①前期末残高，②当期変動額，③当期末残高の金額が明示されているか。また主要な当期変動額について変動事由が明らかにされているか。 | 適　法 |
| 8　各項目について，①前期末残高，②当期末残高の金額は貸借対照表と一致しているか。 | 適　法 |
| 9　資本金の払込みまたは給付の額の2分の1を超えない額は資本準備金として計上されているか（会445）。 | 適　法 |
| 10　剰余金の配当は分配可能額（剰余金と分配可能額111頁）の範囲内に収まっているか。 | 適　法 |
| 11　剰余金の配当により減少した剰余金がある場合，準備金の額が基準資本金（資本金×1/4）に達していれば準備金の積立額は0，達していない場合は，①基準資本金－準備金既積立額と，②会446条1項6号の額×1/10のいずれか少ない額を資本準備金または利益準備金として計上しているか（会445，計規22）。 | 適　法 |
| 12　資本金，準備金，その他の剰余金につきその増加，減少において資本取引と損益取引の混同はないか（計規26～29）。 | 適　法 |

（注）　監査結果は例示である。

第6章 監査要領と監査調書 77

第6-10表 株主資本等変動計算書のイメージ

| | 株主資本 | | | | | | | | | | 評価・換算差額等 | | | 新株予約権 | 純資産合計 |
|---|---|---|---|---|---|---|---|---|---|---|---|---|---|---|---|
| | 資本金 | 資本剰余金 | | | 利益剰余金 | | | | 自己株式 | 株主資本合計 | その他有価証券評価差額金 | 繰延ヘッジ損益 | 評価・換算差額等合計 | | |
| | | 資本準備金 | その他資本剰余金 | 資本剰余金合計 | 利益準備金 | その他利益剰余金 | | 利益剰余金合計 | | | | | | | |
| | | | | | | ××積立金 | 繰越利益剰余金 | | | | | | | | |
| 前期末残高 | 000 | 000 | 000 | 000 | 00 | 000 | 000 | 000 | △00 | 000 | 000 | 000 | 000 | 000 | 000 |
| 当期変動額 | | | | | | | | | | | | | | | |
| 新株の発行 | 000 | 000 | | 000 | | | | | | 000 | | | | | 000 |
| 剰余金の配当 | | | | | 00 | | △000 | △000 | | △00 | | | | | △00 |
| 当期純利益 | | | | | | | 000 | 000 | | 000 | | | | | 000 |
| 自己株式の処分 | | | | | | | | | 00 | 000 | | | | | 000 |
| …… | | | | | | | | | | | | | | | |
| 株主資本以外の項目の当期変動額(純額) | | | | | | | | | | | 000 | 000 | 000 | 000 | 000 |
| 当期変動額合計 | 000 | 000 | - | 000 | 00 | - | 000 | 000 | 00 | 000 | 000 | 000 | 000 | 000 | 000 |
| 当期末残高 | 000 | 000 | 000 | 000 | 00 | 000 | 000 | 000 | △00 | 000 | 000 | 000 | 000 | 000 | 000 |

## 8　個別注記表監査実施要領

　従来の附属明細書に代わり会社法では注記表の記載項目が多く計算規則に定められている。計算規則98条によれば個別注記表は次の19区分で表示しなければならないとしている。

1　継続企業の前提に関する注記
2　重要な会計方針に係る事項（連結注記表にあっては，連結計算書類の作成のための基本となる重要な事項）に関する注記
3　会計方針の変更に関する注記
4　表示方法の変更に関する注記
5　会計上の見積もりに関する注記
6　誤謬の訂正に関する注記
7　貸借対照表等に関する注記
8　損益計算書に関する注記
9　株主資本等変動計算書（連結注記表にあっては，連結株主資本等変動計算書）に関する注記
10　税効果会計に関する注記
11　リースにより使用する固定資産に関する注記
12　金融商品に関する注記
13　賃貸等不動産に関する注記
14　持分法損益等に関する注記
15　関連当事者との取引に関する注記
16　1株当たり情報に関する注記
17　重要な後発事象に関する注記
18　連結配当規制適用会社に関する注記
19　その他の注記

次に例外的な取扱いとして次の点に注意しておく必要がある。

1　会計監査人設置会社以外の株式会社（ただし公開会社は除く）の個別注記表には上記の1，5，7，8，10～18の表示は不要
2　会計監査人設置会社以外の公開会社の個別注記表には上記の14の表示は不要
3　連結注記表には上記の8，10，11，14，15，18の表示は不要
4　持分会社の個別注記表には上記の1，5，7～18の表示は不要

さらに計算規則130条で貸借対照表等，損益計算書等または株主資本等変動計算書等の特定の項目に関連する注記については，その関連を明らかにしなければならないとしている。

なお個別注記表は貸借対照表等個別に表示する主旨ではあるが，全部を一括して表示することもよしとされているので，本書は一括して表示する方式をとった。

上記のように会社の規模に応じて取捨選択していただく必要があるので注意されたい。

**第6－11表　個別注記表監査実施要領**

| 監　査　内　容 |
| --- |
| 1　継続企業の前提に関する注記（計規100）<br>　①　財務指標の悪化，財政破綻等の状況があるとき，その内容<br>　②　継続企業の前提に関する重要な疑義の存在の有無<br>　③　当該事象等を解消・改善するための経営者の対応または計画<br>　④　当該重要な疑義の計算書類への反映の有無<br>2　重要な会計方針に係る事項に関する注記（計規101）<br>　①　資産の評価基準および評価方法<br>　②　固定資産の減価償却の方法<br>　③　引当金の計上基準<br>　④　収益および費用の計上基準<br>　⑤　その他計算書類作成の基本となる重要事項<br>　⑥　会計処理の原則・手続を変更したときは理由，計算書類への影響内容<br>　⑦　表示方法を変更したときは，その内容<br>3．会計方針の変更に関する注記<br>　①　当該会計方針の変更の内容<br>　②　当該会計方針の変更の理由<br>　③　遡及適用した場合，当該事業年度期首の純資産額への影響額 |

④　遡及適用しなかった場合，計算書類等の主な項目への影響額等
４．表示方法の変更に関する注記
　　①　当該表示方法の変更の内容
　　②　当該表示方法の変更の理由
５．会計上の見積もりに関する注記
　　①　当該会計上の見積もりの変更の内容
　　②　当該会計上の見積もりの変更の計算書類の項目に対する影響額
　　③　当該会計上の見積もりの変更が翌事業年度の財産・損益に影響を及ぼす可能性のある事項
６．誤謬の訂正に関する注記
　　①　当該誤謬の内容
　　②　当該事業年度の期首における純資産額に対する影響額
７　貸借対照表等に関する注記（計規103）
　　①　資産が担保に供されている場合，その事実，資産の内容，債務額
　　②　資産から引当金を直接控除した場合，資産項目別の引当金の金額（一括注記の場合，流動資産，有形固定資産等の区別に一括した引当金の金額）
　　③　減価償却累計額を直接控除した場合，資産項目別の減価償却累計額（一括注記の場合，各資産につき一括した減価償却累計額）
　　④　減損損失累計額を減価償却累計額に合算表示した場合，減価償却累計額に減損損失累計額が含まれている旨
　　⑤　保証債務，損害賠償義務等の債務がある場合，その内容および金額
　　⑥　関係会社に対する金銭債権または金銭債務が他のものと区分表示されていない場合，関係会社に対する金銭債権等の属する項目ごとの金額または二以上の項目につき一括した金額
　　⑦　取締役，監査役および執行役に対する金銭債権があるとき，その総額
　　⑧　取締役，監査役および執行役に対する金銭債務があるとき，その総額
　　⑨　親会社株式の表示区分別の金額
８　損益計算書に関する注記（計規104）
　　①　関係会社との営業取引による取引高の総額および営業取引以外の取引による取引高の総額
９　株主資本等変動計算書に関する注記（計規105）
　　①　事業年度末日における発行済株式の数（種類株式の場合種類ごとの発行済株式数）
　　②　事業年度末日における自己株式の数（種類株式の場合種類ごとの自己株式数）
　　③　事業年度中に行った剰余金の配当に関する事項
　　④　事業年度末日後に行う剰余金の配当に関する事項（会454①各号に定めるものを除く）
　　⑤　事業年度末日における会社が発行している新株予約権の目的となる会社の株式数（種類株式の場合種類ごとの数，また会236①４号の期間の初日が到来していないものを除く）

（注） 連結注記表を作成する場合は，②以外の事項は省略できる。
10　税効果会計に関する注記（計規107）
　　① 重要な繰延税金資産（繰延税金資産から控除された金額を含む）
　　② 重要な繰延税金負債
11　リースにより使用する固定資産に関する注記（計規108）
　〔基本事項〕使用する固定資産につきファイナンスリースであること（途中解約不可，売買取引に準ずるものは除く），その上リース物件の全部または一部（一括注記を含む）の次の事項
　　① 事業年度末日における取得原価相当額
　　② 事業年度末日における減価償却累計額相当額
　　③ 事業年度末日における未経過リース料相当額
　　④ 前3号のほか当該リース物件に係る重要事項
12　関連当事者との取引に関する注記（計規112）
　　① 関連当事者が会社等であるときは，その名称，会社が有する関連当事者の議決権数の割合，関連当事者が有する会社の議決権数の割合
　　② 関連当事者が個人であるときは，その氏名，関連当事者が有する会社の議決権数の割合
　　③ 会社と関連当事者との関係
　　④ 取引の内容
　　⑤ 取引の種類別の取引金額
　　⑥ 取引条件および取引条件の決定方針
　　⑦ 事業年度末日における取引より発生した債権，債務の残高
　　⑧ 取引条件に変更があったとき，その旨，内容，計算書類に与える影響の内容
　　（注ⅰ）　関連当事者との取引のうち一般競争入札，利息・配当，役員報酬，市場価格等の公正な価格条件による取引等は注記不要
　　（注ⅱ）　関連当事者との取引の注記は関連当事者ごとに表示する。
13　1株当たり情報に関する注記（計規113）
　　① 1株当たり純資産額
　　② 1株当たり当期純利益金額または当期純損失額
14　重要な後発事象に関する注記（計規114）
　　① 事業年度末日後，会社の翌事業年度以降の財産または損益に重要な影響を及ぼす事象とする。
15　連結配当規制適用会社に関する注記（計規115）
　　① 連結配当規制適用会社に関する注記は，当該事業年度末日後，連結配当規制適用会社となる旨とする。
16　その他の注記
　　① 貸借対照表等，株主資本等変動計算書等により会社の財産または損益の状況を正確に判断するため必要な事項

## 9　個別注記表監査調書

注記表については一括方式でまとめることにしたが，もちろん個別の貸借対照表等にそれぞれ独立させて作成することは一向に差し支えない。

継続企業の前提（ゴーイングコンサーン）については企業の存亡にかかる部分であるから監査役としても十分に留意して監査を行う必要があると考えられる。

そこで継続企業の前提に関する監査要領と調書を別に作成した。これらを基に注記表の調書を完成させればよい。新しい項目としては株主資本等変動計算書に関する注記，関連当事者との取引に関する注記，連結配当規制適用会社に関する注記等があり監査役としても勉強することが多くて大変である。

なお計算規則99条でいう貸借対照表，損益計算書または株主資本等変動計算書等の特定項目についての注記はその関連を明らかにしなければならないとしているので，一応念頭に置いておきたい。

いずれにしても分からない事項は担当の経理部等または会計監査人に尋ねるのがよいと思われる。

第6－12表　個別注記表監査調書

| 監　査　内　容 | 監査結果 |
|---|---|
| 1　継続企業の前提に関する注記（計規100） | |
| 　①　財務指標の悪化，財政破綻等の状況があるとき，その内容 | 該当なし |
| 　②　継続企業の前提に関する重要な疑義の存在の有無 | 該当なし |
| 　③　当該事象等を解消・改善するための経営者の対応または計画 | 該当なし |
| 　④　当該重要な疑義の計算書類への反映の有無 | 該当なし |
| 2　重要な会計方針に係る事項に関する注記（計規101） | |
| 　①　資産の評価基準および評価方法 | 適　法 |
| 　②　固定資産の減価償却の方法 | 適　法 |
| 　③　引当金の計上基準 | 適　法 |
| 　④　収益および費用の計上基準 | 適　法 |
| 　⑤　その他計算書類作成の基本となる重要事項 | 適　法 |
| 　⑥　会計処理の原則・手続を変更したときは理由，計算書類への影響内容 | 適　正 |
| 　⑦　表示方法を変更したときは，その内容 | 該当なし |

| | | |
|---|---|---|
| 3．会計方針の変更に関する注記 | | |
| ①　当該会計方針の変更の内容 | 別 | 紙 |
| ②　当該会計方針の変更の理由 | 別 | 紙 |
| ③　遡及適用した場合，当該事業年度期首の純資産額への影響額 | 別 | 紙 |
| ④　遡及適用しなかった場合，計算書類等の主な項目への影響額等 | 別 | 紙 |
| 4．表示方法の変更に関する注記 | | |
| ①　当該表示方法の変更の内容 | 該当なし | |
| ②　当該表示方法の変更の理由 | 該当なし | |
| 5．会計上の見積もりに関する注記 | | |
| ①　当該会計上の見積もりの変更の内容 | 別 | 紙 |
| ②　当該会計上の見積もりの変更の計算書類の項目に対する影響額 | 別 | 紙 |
| ③　当該会計上の見積もりの変更が翌事業年度の財産・損益に影響を及ぼす可能性のある事項 | 別 | 紙 |
| 6．誤謬の訂正に関する注記 | | |
| ①　当該誤謬の内容 | 該当なし | |
| ②　当該事業年度の期首における純資産額に対する影響額 | 該当なし | |
| 7　貸借対照表等に関する注記（計規103） | | |
| ①　資産が担保に供されている場合，その事実，資産の内容，債務額 | 適 | 正 |
| ②　資産から引当金を直接控除した場合，資産項目別の引当金の金額（一括注記の場合，流動資産，有形固定資産等の区分別に一括した引当金の金額） | 適 | 法 |
| ③　減価償却累計額を直接控除した場合，資産項目別の減価償却累計額（一括注記の場合，各資産につき一括した減価償却累計額） | 適 | 正 |
| ④　減損損失累計額を減価償却累計額に合算表示した場合，減価償却累計額に減損損失累計額が含まれている旨 | 該当なし | |
| ⑤　保証債務，損害賠償義務等の債務がある場合，その内容および金額 | 適 | 法 |
| ⑥　関係会社に対する金銭債権または金銭債務が他のものと区分表示されていない場合，関係会社に対する金銭債権等の属する項目ごとの金額または二以上の項目につき一括した金額 | 該当なし | |
| ⑦　取締役，監査役および執行役に対する金銭債権があるとき，その総額 | 該当なし | |
| ⑧　取締役，監査役および執行役に対する金銭債務があるとき，その総額 | 該当なし | |
| ⑨　親会社株式の表示区分別の金額 | 該当なし | |
| 8　損益計算書に関する注記（計規104） | | |
| ①　関係会社との営業取引による取引高の総額および営業取引以外の取引による取引高の総額 | 適 | 正 |

9 株主資本等変動計算書に関する注記（計規105）
① 事業年度末日における発行済株式の数（種類株式の場合種類ごとの発行済株式数） ……適　正
② 事業年度末日における自己株式の数（種類株式の場合種類ごとの自己株式数） ……適　正
③ 事業年度中に行った剰余金の配当に関する事項 ……適　法
④ 事業年度末日後に行う剰余金の配当に関する事項（会454①各号に定めるものを除く） ……該当なし
⑤ 事業年度末日における会社が発行している新株予約権の目的となる会社の株式数（種類株式の場合種類ごとの数，また会236①4号の期間の初日が到来していないものを除く） ……適　正
（注）　連結注記表を作成する場合は，②以外の事項は省略できる。

10 税効果会計に関する注記（計規107）
① 重要な繰延税金資産（繰延税金資産から控除された適法金額を含む） ……適　法
② 重要な繰延税金負債 ……適　法

11 リースにより使用する固定資産に関する注記（計規108）
〔基本事項〕使用する固定資産につきファイナンスリースであること（途中解約不可，売買取引に準ずるものは除く），その上リース物件の全部または一部（一括注記を含む）の次の事項
① 事業年度末日における取得原価相当額 ……適　正
② 事業年度末日における減価償却累計額相当額 ……適　正
③ 事業年度末日における未経過リース料相当額 ……適　正
④ 前3号のほか当該リース物件に係る重要事項 ……該当なし

12 関連当事者との取引に関する注記（計規112）
① 関連当事者が会社等であるときは，その名称，会社が有する関連当事者の議決権数の割合，関連当事者が有する会社の議決権数の割合 ……適　正
② 関連当事者が個人であるときは，その氏名，関連当事者が有する会社の議決権数の割合 ……該当なし
③ 会社と関連当事者との関係 ……適　正
④ 取引の内容 ……適　正
⑤ 取引の種類別の取引金額 ……適　正
⑥ 取引条件および取引条件の決定方針 ……適　正
⑦ 事業年度末日における取引より発生した債権，債務の残高 ……適　正
⑧ 取引条件に変更があったとき，その旨，内容，計算書類に与える影響の内容 ……該当なし
（注ⅰ）　関連当事者との取引のうち一般競争入札，利息・配当，役員報酬，市場価格等の公正な価格条件による取引等は注

| | |
|---|---|
| 記不要<br>（注ⅱ）　関連当事者との取引の注記は関連当事者ごとに表示する。 | |
| 13　1株当たり情報に関する注記（計規113）<br>　①　1株当たり純資産額<br>　②　1株当たり当期純利益金額または当期純損失額 | 適　正<br>適　正 |
| 14　重要な後発事象に関する注記（計規114）<br>　①　事業年度末日後，会社の翌事業年度以降の財産または損益に重要な影響を及ぼす事象とする。 | 適　正 |
| 15　連結配当規制適用会社に関する注記（計規115）<br>　①　連結配当規制適用会社に関する注記は，当該事業年度末日後，連結配当規制適用会社となる旨とする。 | 注記あり |
| 16　その他の注記<br>　①　貸借対照表等，株主資本等変動計算書等により会社の財産または損益の状況を正確に判断するため必要な事項 | 適　正 |

（注）　監査結果は例示である。

# 10　事業報告監査実施要領

　事業報告は定時株主総会の招集通知とともに株主に送付される報告書の中で冒頭に掲記される期間業績等のハイライトであるが，その内容が会社法の改正で大きく変わったので注意を要するのである。なおインターネットで開示する場合には招集通知における記述の一部省略が可能となる（施規133③）。

　その主な改正点を列挙すれば，次のようになる。

1　事業報告（従来の営業報告書）は会計監査人の対象外となり専ら監査役の監査対象となった。
2　内部統制組織体制の決議内容についての開示が要請されることとなった。
3　事業譲渡，吸収合併等による事業継承等の記載が明示された（〔公開会社の特則1〕の5のハ〜ヘ参照）。
4　後発事象の記載は〔公開会社の特則1〕の9に含まれる。
5　役員の報酬開示が従来の附属明細書から移された（〔公開会社の特則2〕の4）。なお，従来は役員の責任軽減の定款の定めのある会社のみが開示を求

められていた。

6 役員報酬の方針決定方法とその内容，監査役等の財務・会計に関する知見の事実等の開示が求められる（〔公開会社の特則2〕の5～8）。

7 期末の発行済株式の10分の1以上所有の株主名，株式数等の開示が求められているが，従来の上位7名以上の大株主の開示に対応するものである（〔公開会社の特則3〕の1）。

8 事業年度末日における新株予約権を有する内容等を役員の区分ごとに毎期記載する。一方，子会社の役員等に交付した新株予約権の内容等を交付した事業年度に限り開示する等（〔公開会社の特則4〕の1～3）が新設された。従来の有利な条件で新株予約権の発行を行った場合の開示とは異なっている。

9 社外役員の記述が規定された。取締役会における発言の状況等従来にはまったく見られない規定が多く設けられた（〔社外役員を設けた場合の特則〕の1～8）。

10 会計参与または会計監査人の記述が規定された（〔会計参与を設けた場合の特則〕の1と〔会計監査人を設けた場合の内容〕の1～10）。

11 企業買収の防衛策に関する基本方針の特則が規定された。M＆Aが盛んに行われる今日，事前にその基本方針を定めてこれに備える主旨である（〔基本事項〕の3）。

12 旧附属明細書の一部が移された。

(注) 会計限定の監査役は事業報告を監査する権限がないので，監査報告にはその旨記載しなければならない（施規129②）。

第6-13表　事業報告監査実施要領

| 監　査　内　容 |
|---|

Ⅰ　**基本事項**（施規118）
1　当該株式会社の状況に関する重要な事項（計算書類，その附属明細書，連結計算書類の内容を除く）
2　内部統制組織体制の整備についての決定または決議の内容及び運用状況の概要
3　会社の財務および事業の方針決定を支配する者の基本的あり方に関する基本方針
　イ　基本方針の内容の概要
　ロ　次の取組みの具体的な内容の概要
　　(1)　会社財産の有効活用，適切な企業集団の形成，その他の基本方針実現に資する特別な取組み
　　(2)　基本方針に照らし不適切な者により財務および事業の方針の決定が支配されることを防止する取組み
　ハ　前号の取組みの次の該当性に関する取締役（または取締役会）の判断および理由
　　(1)　当該取組みが基本方針に沿うものであること
　　(2)　当該取組みが株主の共同の利益を損なわないこと
　　(3)　当該取組みが会社役員の地位の維持を目的としていないこと
4　特定完全子会社がある場合
　イ　当該特定完全子会社の名称及び住所
　ロ　当該株式会社及びその特定完全子会社における当該特定完全子会社の株式の当該事業年度末日における帳簿価額の合計額
　ハ　当該株式会社の当該事業年度に係る貸借対照表の資産の部に計上した額の合計額
5　当該株式会社と親会社等との取引がある場合
　イ　当該会社の利益を害さないように留意した事項
　ロ　当該取引が当該会社の利益を害さないかどうかについての取締役の判断及び理由
　ハ　社外取締役を置く場合，ロの取締役と意見が異なる場合はその意見
Ⅱ　**特別事項**
〔公開会社の特則1〕（現況に関する事項：施規120）
1　事業年度末日における主要な事業内容
2　事業年度末日における主要な営業所，工場，使用人の状況
3　事業年度末日における主要な借入先と借入額
4　事業の経過および成果
5　次の事項の状況（重要なもの）
　イ　資金調達
　ロ　設備投資
　ハ　事業譲渡，吸収分割又は新設分割

ニ　他社の事業譲受
　　　ホ　吸収合併等による事業に関する権利義務の承継
　　　ヘ　他社の株式等取得
　6　直前3事業年度の財産および損益の状況
　7　重要な親会社および子会社の状況
　8　対処すべき課題
　9　その他現況に関する重要事項
〔公開会社の特則2〕（会社役員に関する事項：施規121）
　1　役員（直前株主総会の翌日以降在任していた者に限る）の氏名
　2　役員の地位・担当
　3　会社役員と当該会社との間に会社法427条の契約を締結しているときは内容の概要
　4　役員の取締役，監査役等の区分ごとの当該事業年度の報酬総額等
　5　役員報酬の方針決定方法および内容の概要
　6　辞任または解任された役員の氏名，本人の意見等（前事業年度の事業報告に記載したものは除く）
　7　役員の重要な兼職の状況
　8　監査役・監査委員の財務・会計に関する相当の知見の事実
　9　その他役員に関する重要事項
〔公開会社の特則3〕（株式に関する事項：施規122）
　1　事業年度末日における発行済株式（除く自己株式）の内上位10名の株主名，株式数及び所有割合
　2　その他会社の株式に関する重要事項
〔公開会社の特則4〕（新株予約権等に関する事項：施規123）
　1　事業年度末日において新株予約権等を有している者の人数，内容の概要を役員（事業年度末在籍者）の区分ごとに記載
　2　事業年度中に使用人（兼務役員を除く），子会社の役員および使用人に交付した新株予約権等の内容の概要と使用人等区分ごとの人数
　3　その他新株予約権等の重要事項
〔社外役員を設けた場合の特則〕（施規124）
　1　社外役員が他社の業務執行取締役，執行役等重要な兼職に該当する場合は会社と当該他社との関係
　2　社外役員が他社の社外役員を兼務（重要な兼職）しているとき，会社と当該他社との関係
　3　社外役員が会社の特定関係事業者の業務執行取締役，執行役等の配偶者，三親等内の親族等であることを会社が知っているとき，その事実
　4　各社外役員の当該事業年度における取締役会への出席状況，発言状況，意見により決定が変更されたとき，その内容，法令定款違反等に対し予防措置や事後対応を行ったとき，その概要

5　社外役員の当該事業年度における報酬総額等
6　社外役員が会社の親会社等または親会社等の子会社等及び親会社等がないとき，当該会社の子会社から報酬その他財産上の利益を受けているときは，その総額
7　6につき社外役員の意見があれば，その意見

〔会計参与を設けた場合の内容〕（施規125）
1　会計参与と責任限定契約を締結しているときは，その概要

〔会計監査人を設けた場合の内容〕（施規126）
1　会計監査人の氏名または名称
2　当該事業年度における会計監査人の報酬等の額及び監査役又は監査役会が同意した理由
3　会計監査人に非監査業務の対価を支払っているとき，その内容
4　会計監査人の解任または不再任の決定の方針
5　会計監査人が業務停止処分を受けている期間中の場合，その処分事項
6　会計監査人が過去2年間に業務停止処分を受けた場合，事業報告への記載が適切と判断した事項
7　会計監査人と責任限定契約を締結しているとき，その概要
8　イ　公認会計士または監査法人に支払うべき会社および子会社の金銭等の合計額（ただし当該事業年度中の連結損益計算書に計上する額）
　　ロ　会社の会計監査人以外の監査法人等が子会社の計算書類の監査を行っているとき，その事実
9　当該事業年度中に辞任又は解任された会計監査人があるとき，その氏名・名称その理由，意見等（ただし総会決議による解任と前事業年度に係る場合を除く）
10　会459①の定款の定めあるとき，取締役の権限行使の方針

Ⅲ　附属明細書の監査事項（施規128）
（原　則）　事業報告の内容を補足する重要事項
（公開会社）次の事項
1　会社役員の他社の業務執行取締役，執行役等で重要な兼職に該当するとき兼務状況，なお当該他の法人が同一の部類のときはその旨付記
2　親会社等との取引において，個別注記表で計規112①の注記を要する場合は施規118①5，イ～ハの事項を記載

## 11　事業報告監査調書

監査要領に従って事業報告は監査されることになるが，特に事業報告は監査役の監査のみが法的に義務づけられているので心して監査を行わなければならない。

旧商法の考え方では事業報告の中で会計に属する部分は会計監査人の監査エリアとし，非会計部分を監査役のエリアとして切りわけたが，会社法ではすべて監査役の監査エリアとされた。そのうえ盛り沢山の記述があるので，相当な注意をはらって監査を行う必要がある。特に内部統制の記述や，事業譲渡，その他の現況に関する重要事項（もれがないか），監査役等の財務・会計に関する相当な知見，発行済み株式の上位10名の株主名・株式数等，社外監査役等の取締役会での発言状況等，M＆A関連，附属明細書等の記述等監査項目が多い。附属明細書は計算書類関係の附属明細書とは独立しているので法定の記載事項のもれがないか注意しておきたい。

なお，非公開で非大会社の場合は，公開会社の特則は採用しないなど各社の実情を考慮しながら作成されたい。

第6－14表　事業報告監査調書（非公開会社＆非大会社）

| 監　査　内　容 | 監査結果 |
|---|---|
| I　**基本事項**（施規118）<br>1　当該株式会社の状況に関する重要な事項（計算書類，その附属明細書，連結計算書類の内容を除く） | 下　記 |
| 2　内部統制組織体制の整備についての決定または決議の内容 | 適　正 |
| 3　会社の財務および事業の方針決定を支配する者の基本的あり方に関する基本方針<br>　イ　基本方針の内容の概要 | 適　正 |
| 　ロ　次の取組みの具体的な内容の概要<br>　　(1)　会社財産の有効活用，適切な企業集団の形成，その他の基本方針実現に資する特別な取組み | 適　正 |
| 　　(2)　基本方針に照らし不適切な者により財務および事業の方針の決定が支配されることを防止する取組み | 適　正 |

| | |
|---|---|
| ハ　前号の取組みの次の該当性に関する取締役（または取締役会）の判断および理由 | |
| 　(1)　当該取組みが基本方針に沿うものであること | 適　正 |
| 　(2)　当該取組みが株主の共同の利益を損なわないこと | 適　正 |
| 　(3)　当該取組みが会社役員の地位の維持を目的としていないこと | 適　正 |
| 4　特定完全子会社がある場合 | |
| 　イ　当該特定完全子会社の名称及び住所 | 該当なし |
| 　ロ　当該株式会社及びその特定完全子会社における当該特定完全子会社の株式の当該事業年度末日における帳簿価額の合計額 | 該当なし |
| 　ハ　当該株式会社の当該事業年度に係る貸借対照表の資産の部に計上した額の合計額 | 該当なし |
| 5　当該株式会社と親会社等との取引がある場合 | |
| 　イ　当該会社の利益を害さないように留意した事項 | 別　紙 |
| 　ロ　当該取引が当該会社の利益を害さないかどうかについての取締役の判断及び理由 | 別　紙 |
| 　ハ　社外取締役を置く場合，ロの取締役と意見が異なる場合はその意見 | 該当なし |
| II　**特別事項**（現況に関する事項：施規120） | |
| 1　事業年度末日における主要な事業内容 | 適　正 |
| 2　事業年度末日における主要な営業所，工場，使用人の状況 | 適　正 |
| 3　事業年度末日における主要な借入先と借入額 | 適　法 |
| 4　事業の経過および成果 | 適　正 |
| 5　次の事項の状況（重要なもの） | |
| 　イ　資金調達 | 適　正 |
| 　ロ　設備投資 | 適　正 |
| 　ハ　事業譲渡 | 該当なし |
| 　ニ　他社の事業譲受 | 該当なし |
| 　ホ　他社の株式等取得 | 適　法 |
| 　ヘ　吸収合併等による事業の承継 | 該当なし |
| 6　直前3事業年度の財産および子会社の状況 | 適　法 |
| 7　重要な親会社および子会社の状況 | 適　正 |
| 8　対処すべき課題 | 適　正 |
| 9　その他現況に関する重要事項 | 適　正 |

（注）　監査結果は例示である。

## 12　附属明細書監査実施要領

　旧商法の附属明細書の主なものは注記表に移った。注記表と附属明細書は本来同じ性質のものではないが，会社法は計算書類に関する限りは注記表に細部の項目を委ねたのである。その結果注記表に記載することが相応しくないものが附属明細書の規定として残り，個別的で類型化できないものは企業独自の判断で附属明細書を作成することとなったと考えられる。

　結果として附属明細書の計算規則（計規117）は非常に簡単なものになった。その上で同条1項の後段で，貸借対照表，損益計算書，株主資本等変動計算書および個別注記表の内容を補足する重要事項を表示しなければならないとしており，まさに各会社の自主的判断に任せることにしているのである。

　本書では各社でこれから実践の場で自主作成していく部分についてあらかじめ推測することは難しく，またあまり意味もないと考えられるので，その点は省略させてもらった。基本的な考え方としては，個別に附属明細書を作成するのではなく，注記表と同様にまとめて作成することとしている。

　ただし計算書類等（計算規則に基づく）に関する附属明細書と事業報告（施行規則に基づく）に関する附属明細書とは区分している。

　なお，附属明細書は従来と同様に株主総会の招集通知等に記載するなどして株主に送付されることはない。しかし計算書類とともに附属明細書は会社が作成したときから10年間保存しなければならない（会435④）。

第6-15表　附属明細書監査実施要領

| 監　査　内　容 |
|---|
| 1　基本的な監査項目（計規117） |
| 　①　有形固定資産および無形固定資産の明細 |
| 　②　引当金の明細 |
| 　③　販売費および一般管理費の明細 |
| 2　公開会社における1以外の監査項目（計規117①四他） |
| 　①　貸借対照表の重要な補足事項 |
| 　②　損益計算書の重要な補足事項 |
| 　③　株主資本等変動計算書の重要な補足事項 |
| 　④　注記表の重要な補足事項 |
| 　⑤　計算規則112条1項ただし書により省略した事項 |
| 　⑥　販売費および一般管理費の明細のうち旧省令133条に規定された項目は内容の重要性に鑑み別途監査を行う（競業取引・無償利益供与監査実施要領，調書参照）。|

## 13　附属明細書監査調書

　旧来の附属明細書は注記表に大部分が移行したので多くの項目は残っていない。計算規則117条にある固定資産，引当金，一般管理販売費の3項目だけが残されたので従来と同様の監査を行うことになる。ただ無償の利益供与に関しては一般管理販売費の明細の中で監査役の監査に参考となるような記載が求められていたが会社法省令ではなくなった。とはいえ旧商法施行規則133条の監査項目は不祥事が発生すれば大変なことになるので，従来と同様に監査の対象とし別に監査要領と調書を残すことにした。

　なお，計算書類の補足事項は個別の各企業固有のもので現段階で類型化することは困難であるから，具体的には踏み込んでいない。時間の経過とともにいくつかの類型的なサンプルができてくることと考えられるので，その段階まで待つことにしたい。

第6−16表　附属明細書監査調書

| 監査内容 | 監査結果 |
|---|---|
| 1　基本的な監査項目（計規117） | |
| 　①　有形固定資産および無形固定資産の明細 | 適　法 |
| 　②　引当金の明細 | 適　法 |
| 　③　販売費および一般管理費の明細 | 適　法 |
| 2　公開会社における1以外の監査項目（計規117①四他） | |
| 　①　貸借対照表の重要な補足事項 | 適　正 |
| 　②　損益計算書の重要な補足事項 | 適　正 |
| 　③　株主資本等変動計算書の重要な補足事項 | 適　正 |
| 　④　注記表の重要な補足事項 | 適　正 |
| 　⑤　計算規則112条1項ただし書により省略した事項 | 該当なし |
| 　⑥　販売費及び一般管理費の明細のうち旧省令133条に規定された項目は内容の重要性に鑑み別途監査を行う（競業取引・無償利益供与等監査実施要領，調書参照）。 | 別調書 |

（注）　監査結果は例示である。

## 14　内部統制構築・運用監査実施要領

　内部統制構築強化は近年の世界的な傾向である。米国の企業改革法（サーベンズ・オクスレー法）の影響もあって、わが国でも会社法362条4項に内部統制構築が取締役会の専決事項とされ、また大会社である取締役会設置会社においてはその構築が義務とされた。他方金融庁の企業会計審議会、内部統制部会からは「財務報告に係る内部統制の評価及び監査の基準のあり方について」（17年12月）が公表され、18年6月金融商品取引法が公布されて、平成20年4月以降開始の事業年度から有価証券報告書提出の大会社に対して内部統制の自己評価報告書を提出させ、この報告に基づく公認会計士の内部統制監査報告書を作成させることとなった。したがって経営者にとって内部統制報告書の作成は責任ある経営を裏付けるものであり、まさに言行一致を強要されることでもある。

　監査役としては内部統制を執行実務の問題であると傍観することなく、内部統制の仕組みに問題はないのか、また内部統制組織は立派であってもその機能に問題はないのか監査をしていかなければならない。経済産業省が17年8月に公表した「コーポレートガバナンス及びリスク管理・内部統制に関する開示・評価の枠組について」の中で内部統制が有効に機能するために監査役の環境を整備することを重要視し、監査役に大きな期待をよせていることからも監査役としては重要な役割を果たしていかなければならない。

　なお、平成26年の会社法改正で子会社を含む企業集団の内部統制の整備が本法に規定され（会362④6, 348③4）、同時に子会社の内部統制に関する例示規定が追加された（施規100, 98）。内部統制の重点がグループ企業全体に移ってきたので、留意して監査を行いたい。

第6－17表　内部統制構築・運用監査実施要領

| 監　査　内　容 |
|---|
| 1　内部統制委員会<br>　①　内部統制委員会等の全社的な委員会組織はできているか。<br>　②　委員会のトップは権限のある人（例：社長，副社長，専務取締役等）が就任しているか。<br>　③　委員会の開催頻度に少なすぎる等の問題はないか。<br>　④　全社を網羅した委員構成になっているか。関連会社は含まれているか。<br>　⑤　決定や周知・運用に問題点はないか。<br>2　情報の保存および管理（施規98①一）<br>　①　文書管理規定はあるか。また有効に機能しているか。<br>　②　文書作成の全社的な基本原則はあるか。<br>　③　重要文書の保管は各部署で行われているか。訴訟等の際には紛失等の危険はないか（経営判断の原則に基づく文書の保管）。<br>　④　社内の機密文書の漏洩対策は十分か。<br>　⑤　ＩＴ関連の情報管理に問題はないか。<br>3　損失の危機管理に対する体制（施規98①二）<br>　①　リスク管理規定はあるか。<br>　②　全社的リスクの把握はできているか。<br>　③　会社の存亡に関わるリスクの把握はできているか。<br>　④　リスクの回避，減少，保険等特に③に対する十分な検討が行われているか。<br>　⑤　リスクの対策は実行されているか。されていないとき，どういう実行スケジュールになっているか。<br>4　取締役の職務執行の効率性を確保する体制（施規98①三）<br>　①　業務分掌規定等はできているか。<br>　②　取締役会の他に常務会や特別取締役会等の組織はあるか。<br>　③　取締役と部課長で構成される業務推進会議や業革会議等はあるか。<br>　④　会議が多すぎたり，長すぎて非効率なものはないか。<br>　⑤　従業員が業務の改善等提案ができる仕組みはできているか。<br>5　法令・定款遵守を確保する体制（施規98①四）<br>　①　コンプライアンス規定はあるか。<br>　②　取締役，監査役，会計監査人間の不祥事に関する連絡体制は十分か。<br>　③　信賞必罰のシステムは機能しているか。<br>　④　得意先，消費者等のクレームは十分に把握し対応できているか。<br>　⑤　内部者通報システムは十分に機能しているか。<br>6　企業集団の業務の適正を確保する体制（施規98①五）<br>　①　グループ会社の連絡会はあるか。<br>　②　親会社からグループ会社への指導，諸連絡はどのように行われるか。 |

③　関連事業部のようなグループを統括する組織はあるか。
　　④　子会社から親会社への報告体制はできているか。
　　⑤　グループ監査役会はあるか。
　7　取締役が2人以上の株式会社（施規98②）
　　①　業務の決定が適正に行われる体制ができているか。
　8　監査役設置会社以外の株式会社（施規98③）
　　①　株主に報告すべき事項を報告する体制ができているか。
　9　監査役の補助体制（施規98④）
　　①　監査役の補助者（使用人）を置く場合，取締役からの独立性は確保されているか。
　　②　取締役および補助者が監査役に報告する体制はできているか。
　　③　その他監査役の監査の効率性に資する体制はあるか。
　10　財務報告の信頼性
　　①　会計情報に関する業務処理能力に問題はないか。
　　②　粉飾決算が行われる余地はないか。
　　③　法人税等の税務理解，処理能力に問題はないか。
　　④　資材購買担当，資金運用担当等に牽制機能があるか。
　　⑤　連結会計に関する業務処理能力に問題はないか。
　11　統制環境の向上
　　①　トップに進言や諫言ができる土壌はあるか。
　　②　トップの意思や指令は組織の末端，子会社等に浸透しているか。
　　③　組織の末端や得意先等の問題点がトップに伝わっているか。
　　④　ホットライン等はあるか。また機能しているか。
　　⑤　トップと監査役との定期的な会合は持たれているか。
　12　ITの活用
　　①　社内のIT教育は徹底しているか。
　　②　無駄なアウトプットや情報コストの研究はなされているか。
　　③　機密情報の漏洩対策はできているか。
　　④　ハッカー対策はできているか。
　　⑤　地震等災害による情報破壊に対するバックアップシステムはあるか。

## 15　内部統制構築・運用監査調書

　内部統制の監査にあたって重要なことは如何に条件が整っているか，たとえばコンプライアンスの規定は充実しているかといったことよりも，如何に機能しているかに重点を置くべきである。どのように組織や規定が充実していても宝の持ち腐れで機能していないかきわめて不十分な機能の仕方では意味がないので，監査役はその点を心して監査すべきである。

　ただ最初のスタート段階で要領の冒頭に記した内部統制委員会のような全社組織がない場合には，おそらく組織の充実も規定の充実も当初から期待できないと考えられるので，ぜひ全社的な組織を作るよう会社に働きかけたいものである。機能しているかどうかをどのように確かめるかは，ある意味では難しいが一番簡単に考えられることはたとえば現在の牽制機能では問題が発生する確率が高く，またもしも問題が発生すれば会社の命運を左右することになりそうな大きな問題であること等を目安にすればよいと考えられるのである。

　ここで牽制機能といったのは組織の問題ばかりではなく現に機能しているかどうか，むしろ後者の方に重点を置いた意味である。

　なお，子会社の内部統制は平成26年改正会社法の重点課題であるから十分に留意して監査されたい。

第6章 監査要領と監査調書 99

第6-18表 内部統制構築・運用監査調書

| 監　査　内　容 | 監査結果 |
|---|---|
| 1　内部統制委員会 | |
| 　①　内部統制委員会等の全社的な委員会組織はあるか。 | 設置した |
| 　②　委員会のトップは権限のある人（例：社長，副社長，専務取締役等）が就任しているか。 | 専務就任 |
| 　③　委員会の開催頻度に少なすぎる等の問題はないか。 | 適　当 |
| 　④　全社を網羅した委員構成になっているか。関連会社は含まれているか。 | 網　羅 |
| 　⑤　決定や周知・運用に問題点はないか。 | 問題あり（別紙） |
| 2　情報の保存および管理（施規98①一） | |
| 　①　文書管理規定はあるか。また有効に機能しているか。 | ある，有効 |
| 　②　文書作成の全社的な基本原則はあるか。 | あ　る |
| 　③　重要文書の保管は各部署で行われているか。訴訟等の際には紛失等の危険はないか（経営判断の原則に基づく文書の保管）。 | 集中保管 |
| 　④　社内の機密文書の漏洩対策は十分か。 | 不十分（別紙） |
| 　⑤　IT関連の情報管理に問題はないか。 | 問題あり（別紙） |
| 3　損失の危機管理に対する体制（施規98①二） | |
| 　①　リスク管理規定はあるか。 | あ　る |
| 　②　全社的リスクの把握はできているか。 | 把握している |
| 　③　会社の存亡に関わるリスクの把握はできているか。 | 把握している |
| 　④　リスクの回避，減少，保険等特に③に対する十分な検討が行われているか。 | 不十分（別紙） |
| 　⑤　リスクの対策は実行されているか。されていないとき，どういう実行スケジュールになっているか。 | 未実行（別紙） |
| 4　取締役の職務執行の効率性を確保する体制（施規98①三） | |
| 　①　業務分掌規定等はできているか。 | あ　る |
| 　②　取締役会の他に常務会や特別取締役会等の組織はあるか。 | あ　る |
| 　③　取締役と部課長で構成される業務推進会議や業革会議等はあるか。 | あ　る |
| 　④　会議が多すぎたり，長すぎて非効率なものはないか。 | な　い |
| 　⑤　従業員が業務の改善等提案ができる仕組みはできているか。 | あ　る |
| 5　法令・定款遵守を確保する体制（施規98①四） | |
| 　①　コンプライアンス規定はあるか。 | あ　る |
| 　②　取締役，監査役，会計監査人間の不祥事に関する連絡体制は十分か。 | 不十分（別紙） |

| | |
|---|---|
| ③ 信賞必罰のシステムは機能しているか。 | 機能している |
| ④ 得意先，消費者等のクレームは十分に把握し対応できているか。 | 不十分<br>（別紙） |
| ⑤ 内部者通報システムは十分に機能しているか。 | 機能している |

6 企業集団の業務の適正を確保する体制（施規9①五）

| | |
|---|---|
| ① グループ会社の連絡会はあるか。 | ない |
| ② 親会社からグループ会社への指導，諸連絡はどのように行われるか。 | 別紙 |
| ③ 関連事業部のようなグループを統括する組織はあるか。 | ない |
| ④ 子会社から親会社への報告体制はできているか。 | できている |
| ⑤ グループ監査役会はあるか。 | ある |

7 取締役が2人以上の株式会社（施規98①）

| | |
|---|---|
| ① 業務の決定が適正に行われる体制ができているか。 | ある |

8 監査役設置会社以外の株式会社（施規98③）

| | |
|---|---|
| ① 株主に報告すべき事項を報告する体制ができているか。 | ある |

9 監査役の補助体制（施規100③）

| | |
|---|---|
| ① 監査役の補助者（使用人）を置く場合，取締役からの独立性は確保されているか。 | 検討中 |
| ② 取締役および補助者が監査役に報告する体制はできているか。 | 検討中 |
| ③ その他監査役の監査の効率性に資する体制はあるか。 | 検討中 |

10 財務報告の信頼性

| | |
|---|---|
| ① 会計情報に関する業務処理能力に問題はないか。 | 問題なし |
| ② 粉飾決算が行われる余地はないか。 | 余地ある |
| ③ 法人税等の税務理解，処理能力に問題はないか。 | 問題なし |
| ④ 資材購買担当，資金運用担当等に牽制機能があるか。 | 問題なし |
| ⑤ 連結会計に関する業務処理能力に問題はないか。 | 問題なし |

11 統制環境の向上

| | |
|---|---|
| ① トップに進言や諫言ができる土壌はあるか。 | ある |
| ② トップの意思や指令は組織の末端，子会社等に浸透しているか。 | 浸透している |
| ③ 組織の末端や得意先等の問題点がトップに伝わっているか。 | 不十分<br>（別紙） |
| ④ ホットライン等はあるか。また機能しているか。 | ある，<br>機能している |
| ⑤ トップと監査役との定期的な会合は持たれているか。 | ある |

12 ITの活用

| | |
|---|---|
| ① 社内のIT教育は徹底しているか。 | 不徹底<br>（別紙） |
| ② 無駄なアウトプットや情報コストの研究はなされているか。 | ない<br>（別紙） |

| | |
|---|---|
| ③ 機密情報の漏洩対策はできているか。 | 不十分<br>(別紙) |
| ④ ハッカー対策はできているか。<br>⑤ 地震等災害による情報破壊に対するバックアップシステムはあるか。 | できている<br>あ　る |

(注ⅰ)　監査結果は例示である。
(注ⅱ)　別紙は監査結果の理由を記述したものを想定しているが，本書の中では用意されていない。

## 16　継続企業の前提監査実施要領

　計算書類の一部である注記表の中に関して計算規則100条に継続企業の前提についての注記が要請されている。従来は継続企業の前提についての注記は金融商品取引法の財務諸表規則8条の27で要請しており，計算規則100条に関しては実質的には同じものである。
　監査役としても内容を理解した上で監査を継続していかねばならない。
　特に財務諸表規則8条の27には「貸借対照表日において，債務超過等財務指標の悪化の傾向，重要な債務の不履行等財政破綻の可能性その他会社が将来にわたって事業を継続するとの前提に重要な疑義を抱かせる事象又は状況が存在する場合には，次の各号に掲げる事項を注記しなければならない。1号，当該事象又は状況が存在する旨及びその内容，2号，継続企業の前提に関する重要な疑義の存在，3号，当該事象又は状況を解消又は大幅に改善するための経営者の対応及び経営計画，4号，当該重要な疑義の影響を財務諸表に反映しているか否か」となっており1号から4号までの内容はまさに計算規則100条の内容と同じものである。
　したがって監査役としては財務諸表規則8条の27の前段に書かれている債務超過および債務不履行に関しては継続企業の前提（ゴーイングコンサーン）の注記が必要であることをしっかり認識しておく必要がある。また会計監査人設置会社においては当然に会計監査人も重大な関心を持っているので，会計監査人

とよく連係をとっていくべきである。

第6－19表　継続企業の前提監査実施要領

| 監　査　内　容 |
| --- |
| 1　企業継続の前提に疑義を抱かせる事象・状況が存在するか。<br>　①　債務超過等，財務指標の悪化の傾向（①②，財規8の27）<br>　②　重要な債務の不履行等財政破綻の可能性<br>　③　売上高の著しい減少（③〜⑫，財規8の27－2）<br>　④　継続的な営業損失の発生<br>　⑤　継続的な営業キャッシュフローのマイナス<br>　⑥　重要な債務返済の困難性<br>　⑦　新たな資金調達が困難な状況<br>　⑧　取引先からの与信の拒絶<br>　⑨　事業継続に不可欠な重要資産の毀損または喪失もしくは権利の失効<br>　⑩　重要な市場または取引先の喪失<br>　⑪　巨額な損害賠償の履行<br>　⑫　法令等に基づく事業の制約<br>2　翌期への影響<br>　　上記の事象または状況は翌期へ影響するか，なお翌期以降に影響すれば後発事象として取り扱う必要がある（財規8の27－5）。<br>3　重要な疑義の解消または改善<br>　　企業継続の前提に疑義を抱かせる事象または状況に関して大幅な改善策または解消策（1年先以上の計画）が示されたか（財規8の27－3及び4）。また，前期改善策等は履行されたか。 |

## 17　継続企業の前提監査調書

　継続企業の前提（ゴーイングコンサーン）に関しては従来から大きな関心を持ち金融商品取引法において開示を求められてきたところであるが，このような大きな問題点については監査役としても従来から関心を寄せてはいた。

　しかし会社法においては注記表が計算書類の一部でありその中に企業継続の前提についての記述があるので，従来にも増して関心を持つとともにいったん問題が出てきたときには会計監査人の問題であるばかりではなく，監査役としてもどのように表現すべきか監査調書を作成しながら研究していくことが肝要であろう。たとえば会計監査人が継続企業の前提に関して限定意見を付した場合，監査役はその限定意見を含めて会計監査人の監査の結果等につき相当と認めると単純に割り切ってよいものか。なぜなら新規の投資家が会社法上の監査役の監査報告をみたとき，会計監査人の監査につき相当と監査役が認める記述はそれだけでは，問題がなくて相当なのか問題を含んで相当なのかにわかに判断できないからである。

　それと継続企業の前提に疑義を抱かせる事象が発生し，翌年度以降の財政状態および経営成績に影響を及ぼす場合には後発事象にも該当するので，後発事象の記述を忘れないようにしなければならないことに注意したい（財規8の27－5）。

　さらに改善等の計画は1年以上の計画提示であることと，改善等がなされたときはその経緯と大幅に変化した旨を記載する必要がある（財規8の27－3）ので注意する。

　なお，会計監査人設置会社以外の会社の場合には注記表からは継続企業の前提に関する注記は除かれているが（計規98②一），監査役の監査項目として認識しておく必要はある。

第6-20表　継続企業の前提監査調書

| 監　査　内　容 | 監査結果 |
|---|---|
| 1　企業継続の前提に疑義のある事象・状況が存在するか。 | |
| 　①　債務超過等，財務指標の悪化の傾向（①②，財規8の27） | 該当なし |
| 　②　重要な債務の不履行等財政破綻の可能性 | 該当なし |
| 　③　売上高の著しい減少（③〜⑫，財規8の27-2） | 該当なし |
| 　④　継続的な営業損失の発生 | 該当なし |
| 　⑤　継続的な営業キャッシュフローのマイナス | 該当なし |
| 　⑥　重要な債務返済の困難性 | 該当なし |
| 　⑦　新たな資金調達が困難な状況 | 該当なし |
| 　⑧　取引先からの与信の拒絶 | 該当なし |
| 　⑨　事業継続に不可欠な重要資産の毀損または喪失もしくは権利の失効 | 該当なし |
| 　⑩　重要な市場または取引先の喪失 | 該当なし |
| 　⑪　巨額な損害賠償の履行 | 訴訟継続中＊ |
| 　⑫　法令等に基づく事業の制約 | 該当なし |
| 2　翌期への影響<br>　上記の事象または状況は翌期へ影響するか，なお，翌期以降に影響すれば，後発事象として取り扱う必要がある（財規8の27-5）。 | 該当なし |
| 3　重要な疑義の解消または改善<br>　企業継続の前提に疑義を抱かせる事象または状況に関して大幅な改善策または解消策（1年先以上の計画）が示されたか（財規8の27-3及び4）。また，前期改善策等は履行されたか。 | 該当なし |

（注）　監査結果は例示である。＊該当なし以外のコメントには説明資料が必要。

# 18　取締役忠実義務違反監査実施要領

　監査役監査の最重要項目は取締役の業務の執行状況とりわけ違法行為をチェックすることである。一般に監査役（会計限定の監査役は除く）は取締役会に出席し重要案件は掌握できる。とはいえ，旧商法施行規則133条の監査を会社法423条の具体的項目として監査の対象にしたので，大体は網羅できていると思われるが，やはり総合的に取締役に重大な違法行為のなかったことを確認しておきたい。そこで表題の監査要領を作成することとした。ただ，正面きっ

て代表取締役をはじめとする諸取締役に直接，違法行為のなかったことを問いただすことは相手の感情を逆なでしたり相当勇気のいることであるから，総務担当の取締役あたりにまとめて回答してもらうのがよいと思われる。

　形式的と思うかもしれないが，これでも一応は立派な監査証跡になると考えられる。

　法令違反と一口にいっても世にはさまざまな法令があり，とてもチェックはできない。そこで会社法の中からごく一部をピックアップして監査対象とした。各社で事情が異なるのでそれぞれの会社で必要な項目を加除すればよい。次に監査実施要領のサンプルを第6−21表に掲記した。

第6−21表　取締役忠実義務違反監査実施要領

| 監　査　内　容 |
|---|
| 1　会社法362条4項<br>　下記につき取締役会の決議を経ていないものはないか。<br>　　1号：重要な財産の処分および譲受け<br>　　2号：多額の借財（債務保証を含む） |
| 2　会社法423条<br>　下記につき取締役の違反はなかったか。<br>　　①：違法配当（中間配当を含む）<br>　　②：利益供与<br>　　③：取締役への金銭貸付<br>　　④：利益相反取引<br>　　⑤：法令・定款違反<br>　　⑥：競業避止義務違反 |
| 3　会社法357条<br>　会社に著しき損害を及ぼすおそれある事実はなかったか。 |
| 4　会社法384条<br>　株主総会提出議案・書類に法令定款違反はなかったか。 |
| 5　会社法385条<br>　取締役の法令定款違反とこれにより会社に著しき損害を及ぼす事実はなかったか。 |
| 作成　平成　年　月　日　　　　　　　　　　　　監査役　氏名　　　　　　印 |

（注）　内部統制（会362④六）については，内部統制構築・運用監査実施要領（95頁～）を参照されたい。

# 19　取締役忠実義務違反監査調書

　監査調書を作成するにあたっては，前述したように総務部担当等の取締役に代表して回答してもらうのがよいと思われる。もしそれもなかなか難しい状況であればこの調書は当面見送る他はないであろう。なお会計限定の監査役の場合にはこの調書は必要ないと考えられる。次に第6－22表に調書のサンプルを，第6－23表に確認書のサンプルを掲記した。

第6－22表　取締役忠実義務違反監査調書

| 監　査　内　容 | 監査結果 |
|---|---|
| 1　会社法362条4項<br>　　下記につき取締役会の決議を経ていないものはないか。<br>　　　1号：重要な財産の処分および譲受け<br>　　　2号：多額の借財（債務保証を含む） | <br><br>決議あり<br>同上 |
| 2　会社法423条<br>　　下記につき取締役の違反はなかったか。<br>　　　①：違法配当（中間配当を含む）<br>　　　②：利益供与<br>　　　③：取締役への金銭貸付<br>　　　④：利益相反取引<br>　　　⑤：法令・定款違反<br>　　　⑥：競業避止義務違反 | <br><br>違反なし<br>同上<br>同上<br>同上<br>同上<br>該当なし |
| 3　会社法357条<br>　　会社に著しき損害を及ぼす恐れある事実はなかったか。 | 該当なし |
| 4　会社法384条<br>　　株主総会提出議案・書類に法令定款違反はなかったか。 | 違反なし |
| 5　会社法385条<br>　　取締役の法令定款違反とこれにより会社に著しき損害を及ぼす事実はなかったか。 | 該当なし |
| 添付書類<br>　　　　取締役忠実義務違反確認書（次頁参照） | |
| 作成　平成　年　月　日<br>　　　　　　　　　　　　　　　　監査役　氏名　　　　　印 | |

第6−23表

平成　年　月　日

取締役総務部長
甲野太郎殿

監査役　乙川　治

## 取締役忠実義務違反に関する確認

第××期の標題法令遵守の状況について下記事項確認の上ご回答願います。

| 確　　認　　事　　項 |
|---|
| 1　会社法362条4項<br>　　下記につき取締役会の決議を経ていないものはないか。<br>　　　1号：重要な財産の処分および譲受け<br>　　　2号：多額の借財（債務保証を含む）<br>2　会社法423条<br>　　下記につき取締役の違反はなかったか。<br>　　　①：違法配当（中間配当を含む）<br>　　　②：利益供与<br>　　　③：取締役への金銭貸付<br>　　　④：利益相反取引<br>　　　⑤：法令・定款違反<br>　　　⑥：競業避止義務違反<br>3　会社法357条<br>　　会社に著しき損害を及ぼす恐れある事実はなかったか。<br>4　会社法384条<br>　　株主総会提出議案・書類に法令定款違反はなかったか。<br>5　会社法385条<br>　　取締役の法令定款違反とこれにより会社に著しき損害を及ぼす事実はなかったか。 |

監査役　乙川　治殿

　　　　上記会社法に関して違反（なし，あり＜要別紙添付＞）
　　　　　（該当に〇をつけて下さい）

平成　年　月　日
記名押印

# 20 株主総会提出議案監査実施要領

株主総会へ提出する議案についてはひととおり監査役としては特に違法性の観点からチェックしておく必要がある。ただ，会計限定の監査役は会計監査のみであるからチェック項目すべてということにはならない。したがって会計限定の監査役の場合は計算書類の監査にとどまることになる。以下，監査実施要領のサンプルを第6－24表に掲記した。

第6－24表　株主総会提出議案監査実施要領

| 監　査　内　容 |
|---|
| 1　計算書類の違法性・相当性 |
| 2　定款の一部変更議案の違法性 |
| 3　取締役選任議案の違法性 |
| 4　監査役選任議案の違法性 |
| 5　退職慰労金贈呈議案の違法性 |
| 6　自己株式取得議案の違法性 |
| 7　新株予約権発行議案の違法性 |
| 8　剰余金の配当議案の違法性 |
| 9　そ　の　他 |
| 作成　平成　年　月　日　　　　　　　　　　監査役　　氏名　　　　印 |

# 21 株主総会提出議案監査調書

監査実施要領に基づいて監査調書を作成する。実施要領にはよくみられる項目を掲げたが実際にはもっと別の議案が出される場合があるので，よく注意してみる必要があろう。特に定款変更の違法性についてはよく注意していただいたほうがよいと思う。非大会社で法務機構が十分でない場合には最後の砦は監査役であるからよくみていただきたい。次に監査調書のサンプルを第6－25表に掲記した。

第6章 監査要領と監査調書　109

第6-25表　株主総会提出議案監査調書

| 監　査　内　容 | 監査結果 |
|---|---|
| 1　計算書類の違法性・相当性 | 適法・相当 |
| 2　定款の一部変更議案の違法性 | 適法 |
| 3　取締役選任議案の違法性 | 適法 |
| 4　監査役選任議案の違法性 | 適法 |
| 5　退職慰労金贈呈議案の違法性 | 適法 |
| 6　自己株式取得議案の違法性 | 適法 |
| 7　新株予約権発行議案の違法性 | 適法 |
| 8　剰余金の配当議案の違法性 | 適法 |
| 9　そ　の　他 | 該当なし |

作成　平成　年　月　日
　　　　　　　　　　　　　　　　　監査役　　氏名　　　　印

## 22　株主総会後法定事項監査実施要領

株主総会が終われば一段落で監査役としてもほっと一息といったところであるが，まだ全部終了したわけではない。総会後実行しておかなければならない法定事項が結構あるのである。これらの事項は覚えておくことが大変であるから監査要領としてまとめておくことが得策と思われる。以下，第6-26表に代表的な事項をサンプル表示しておくこととする。

第6-26表　株主総会後法定事項監査実施要領

| 監　査　内　容 |
|---|
| 1　監査役の報酬額の協議決定（会社法387②） |
| 2　監査役の退職慰労金の協議決定（会社法387②） |
| 3　株主総会議事録の作成備置（会社法318②③） |
| 4　代理権を有する書面（委任状）の備置（会社法310⑥） |
| 5　貸借対照表または要旨の公告等（会社法440） |
| 6　商業登記の変更（会社法915） |
| 7　計算書類，附属明細書，監査報告の備置（会社法442①） |

作成　平成　年　月　日
　　　　　　　　　　　　　　　　　監査役　　氏名　　　　印

## 23　株主総会後法定事項監査調書

　総会後の監査調書の中には本店に10年間備え置くものもあり，ある意味では急遽監査を必要とするものは少ないともいえる。しかし総会直後とはいわないまでも必ずスケジュールの中に入れて監査を行っておくべきである。たとえば支店備置のものは本社で送付したことの確認にとどめ，支店への往査を行ったときに確認するなどの方法によれば効率的であろう。

　次に第6－27表に監査調書のサンプルを掲記しておく。

第6－27表　株主総会後法定事項監査調書

| 監　査　内　容 | 確認日 | 監査結果 |
|---|---|---|
| 1　監査役の報酬額の協議決定 | 平成年月日 | 適法 |
| 2　監査役の退職慰労金の協議決定 | ・　・ | 適法 |
| 3　株主総会議事録の作成備置 | ・　・ | 適法 |
| 4　代理権を有する書面（委任状）の備置 | ・　・ | 適法 |
| 5　貸借対照表または要旨の公告または取締役会決議による電磁的方法による開示 | ・　・ | 適法 |
| 6　商業登記の変更 | ・　・ | 適法 |
| 7　計算書類，附属明細書，監査報告書の備置 | ・　・ | 適法 |
| 作成　平成　年　月　日　　　　　　　　　　監査役　氏名　　　　印 | | |

（注）　この他に取締役会議事録および監査役会議事録の備置等の規定（会社法371，394）があるが総会とは直接関係がないので除いた。

## 24　剰余金と分配可能額の計算

1　従来の利益が剰余金に置き代わり，配当可能利益が分配可能額に置き代わったといえる。ここに剰余金の配当の基となる剰余金および分配可能額の計算過程を参考までに記載しておく。
2　剰余金については会社法446条に定められている。
　剰余金は最終事業年度末日の資産の額と自己株式の帳簿価額の合計額から負債および資本金と準備金の額その他法務省令で定める額を差し引き，さらに事業年度末日後の資本金・準備金の減少額を加算し，末日後の剰余金の配当に係る配当財産の帳簿価額を控除するというかなり複雑な計算をへて算出される。なお，会社法446条1項（第6－28表①）は結局はその他利益剰余金とその他資本剰余金の合算額になることに注意されたい。

第6－28表　剰余金の計算一覧表

| 剰余金の内訳 | | 金額 |
|---|---|---|
| ① | イ　資産の額<br>ロ　自己株式の帳簿価額<br>ハ　負債の額<br>ニ　資本金および準備金の額<br>ホ　計算規則149条に定めた額の合計額<br>　　　　　　　小計（イ＋ロ－（ハ＋ニ＋ホ）） | |
| ② | 期末日後の自己株式処分額－当該自己株式の帳簿価額 | |
| ③ | 期末日後の資本金の減少額 | |
| ④ | 期末日後の準備金の減少額 | |
| ⑤ | 期末日後の自己株式消却額 | |
| ⑥ | 期末日後の剰余金の配当額<br>イ　配当財産の帳簿価額<br>ロ　金銭分配請求権行使により交付した金銭の額<br>ハ　基準未満株式の株主に支払った金銭の額<br>　　　　　　　　　　　小計（イ＋ロ＋ハ） | |

| ⑦ 1項 | | 計算規則150条委任事項 | |
|---|---|---|---|
| | 1号 | 期末日後に剰余金を減少して資本金，準備金を増加した場合の減少額 | |
| | 2号 | 期末日後に剰余金の配当をした場合<br>・配当日の資本準備金＜基準資本金額<br>　（資本金×1／4）のとき<br>　準備金計上限度額(基準資本金額－準備金額)と配当額(上記⑥)×1／10のいずれか小さい額)×資本剰余金配当割合(計規22①二)<br>・配当日の利益準備金＜基準資本金額<br>　（資本金×1／4）のとき<br>　準備金計上限度額(基準資本金額－準備金額)と配当額(上記＜⑥＞)×1／10のいずれか小さい額)×利益剰余金配当割合(計規22②二) | |
| | 3号 | 期末期後に吸収型再編受入行為に際し処分する自己株式処分額－当該自己株式の帳簿価額 | |
| | 4号 | 期末日後，吸収型再編後の資本剰余金額－再編前の資本剰余金額および吸収型再編後の利益剰余金額－再編前の利益剰余金額 | |
| | | 　　　　　　小計（1号＋2号＋3号－4号） | |
| | （注） | 計規150②③ | |
| 剰余金＝①＋②＋③＋④－（⑤＋⑥＋⑦）（最終事業年度） | | | |

3　分配可能額

　分配可能額は従来の配当可能利益に相当するもので会社の配当に対する恣意性を排除して一定の制限を設けている（会461）。

　会社法461条は剰余金の配当を行う場合に限らず種類株式や自己株式等を取得する場合においても分配可能額を超えてはならないと規定している。

　なお，分配可能額は次の計算によっている（会461②）。

第6章 監査要領と監査調書 113

第6-29表 分配可能額の算定一覧表

| | | 分配可能額の内訳 | 金　額 |
|---|---|---|---|
| ① | | 剰余金の額 | |
| ② | | 臨時計算書類につき | |
| | イ | 臨時計算書類の期間利益（計規156） | |
| | | （ⅰ） 当期純損益（0以上） | |
| | | （ⅱ） 計算省令44条で増加したその他の資本剰余金 | |
| | ロ | 臨時計算書類の期間内に処分した自己株式の対価の額 | |
| | | 小計 | |
| ③ | | 自己株式の帳簿価額 | |
| ④ | | 事業年度末日後に処分した自己株式の対価の額 | |
| ⑤ | | 臨時決算日までの損失の額<br>0－当期純損益金額（0未満に限る）（計規157） | |
| ⑥<br>1項<br>ⅰ号 | | 計算省令158条委任事項 | |
| | イ | のれん等調整額(A)≦資本等金額(B)→0 | |
| | ロ | (A)≦(B)＋その他資本剰余金(C)→(A－B) | |
| | ハ | (A)＞(B)＋(C)→ | |
| | | 　a．のれんの額(D)／2≦(B)＋(C)→(A－B) | |
| | | 　b．(D)＞(B)＋(C)→(C)＋繰延資産額 | |
| | | 小　計 | |
| ⅱ号 | | 0－有価証券評価差額金（0以上は0） | |
| ⅲ号 | | 0－土地再評価差額金（0以上は0） | |
| ⅳ号 | イ | 連結配当規制会社（計規2③五十一該当）のとき<br>期末貸借対照表における<br>　a．株主資本の額<br>　b．有価証券評価差額金（0以上は0）<br>　c．土地再評価差額金（0以上は0）<br>　d．のれん等調整額（資本金，資本剰余金，利益準備金の合計を超えるときはその合計額）<br>　　　　　　　　　　　　　　計算：a＋b＋c－d | |
| | ロ | 期末日後，子会社から自己株式を取得したとき，取得直前の子会社の簿価のうち持分相当額 | |
| | ハ | 期末連結貸借対照表における<br>　a．株主資本の額<br>　b．有価証券評価差額金（0以上は0） | |

| | | | |
|---|---|---|---|
| | | c．土地再評価差額金（0以上は0）<br>d．のれん等調整額（資本金，資本剰余金の合計を超えるときはその合計額）<br>　　　　　　　　　　計算：a＋b＋c－d<br>　　　　　　　　　　小計（イ＋ロ－ハ） | |
| ⅴ号 | | 期末日後，2つ以上の臨時計算書類を作成したとき，最後の臨時計算書以外の臨時計算書類に係る期間利益および自己株式の処分額（会461②二）から純損失の額（同②五）を控除した額 | |
| ⅵ号 | イ<br>ロ<br>ハ | 資本金＋準備金の額<br>新株予約権の額<br>期末貸借対照表の評価・換算差額等の合計額<br>（各項目の計上額0未満のときは0）<br>　　　　　　　　小計（300万円－（イ＋ロ＋ハ））<br>　　　　　　　　　　→0未満のときは0 | |
| ⅶ号 | | 期末後に吸収再編受入行為または特定募集に際して臨時計算書類の期間内に処分する自己株式の対価の額 | |
| ⅷ号 | イ<br>ロ | 期末後，計算省令44条で増加したその他資本剰余金<br>株式会社成立の後処分した自己株式の額および計算省令44条で増加したその他資本剰余金<br>　　　　　　　　　　　　　小計（イ＋ロ） | |
| ⅸ号 | <br>イ<br><br>ロ | 期末後に自己株式を取得したとき<br>自己株式取得の株主に株式以外の財産を交付したときその額<br>（自己社債・自己新株予約権を除く社債等を除く）<br>自己株式取得の株主に交付する社債等（イと同じ）に付すべき帳簿価額<br>　　　　　　小計（自己株式の簿価－（イ＋ロ）） | |
| ⅹ号 | | 期末後の吸収再編受入行為または特定募集に際して処分する自己株式の額（会社設立のときはⅷ号の額） | |
| | | 合　　　　計（ⅰ〜ⅹ） | |
| 分配可能額＝①+②－（③＋④＋⑤＋⑥） | | | |

# 第7章 非大会社の監査役の実務対応

## 1 中小企業の監査役をとりまく厳しい環境

### 1 非大会社の中身は膨大

旧商法では中会社，小会社と2区分されていた区分がなくなり，会社法では単に大会社以外の株式会社と一つにまとめられた。しかしその機関設定の中身は有限会社の方式を取り込んで，従来よりもさらに拡大されている。

従来は大会社のみに認めていた監査役会の設置や会計監査人の設置については，会社の規模と関係なく任意に設置できることになったので中身を大別すると，従来の有限会社型，小会社型，中会社型，大会社型とすべてを含む機関設計が一定の条件下で可能となった。

しかし法は基本的には区分していないので，特に有限会社型，小会社型の機関設定をする会社にとっては従来にもましてディスクローズする項目や内容が増加しており，実務面での大変さが増すと同時に監査役の監査項目もかなり増加したことになる。

### 2 会社の2つの傾向

非大会社の中にはトップをはじめ従業員の士気が高く，上場を目指して頑張っている会社がある一方，まったく遵法の意識が薄く企業の成績向上は望むが組織体制やコンプライアンス（遵法）にはまったく意を注がない会社もある。

法令違反をある程度行っても意外におとがめを受けないことをよいことに、遵法無視に近い会社もある。

それでも従来は取締役会や監査役を設置することが株式会社成立の基礎条件であったために、少なくともこれらの機関は置いていた。しかし有限会社型に緩められた機関設計も可能になったので、従来の監査役を廃止したり取締役会を廃止したり逆の方向へ向かう会社もあると聞いている。それでは何のための改正か分からないのである。

コンプライアンス（遵法）はよほどコストがかかると考えている向きもあるが、コンプライアンス（遵法）はコストをかけなくとも相当なものはできる。大事なことは遵法意識の問題であって、決して高コストの問題ではない。中小のうちから基本的な遵法意識を培うことにより、最近までの後を断たない企業不祥事はすべて防ぐことができるのである。遵法は企業存立のミニマムコストであることを経営者は忘れてはならない。

### ③　会社法は内部統制構築を要請

会社法は内部統制組織の構築を取締役会の専決事項とし、特に大会社にはこれを義務づけた。これは米国の影響であるとか、グローバルスタンダードの流れに従うものとかの位置づけに止まるものではなく、会社が存立する基礎的条件を法が手当てしたものであって当然会社が法的要請とは関係なく行うべきものと考えられるのである。

遵法意識の延長上には全社的な内部統制がみえてくるし、また内部統制を構築する上には遵法は欠くことのできない基本的な目的の一つでもある。そして監査役はこれらを監査、監視をして実効あらしめる重要な立場に置かれているといえよう。

なお、平成26年の改正会社法では内部統制の体制整備の決議の他、運用状況を事業報告に記載することになっており（施規118①2）、内部統制の監査の重要性は増してきた。

### 4 自社の監査内容の構築

新しい会社法に準拠して自社のスキームを改めて再認識し，監査役としてはどのような監査体系を構築していくのかを検討したい。

前述のように大会社でない株式会社（非大会社）の機関設計は非常に幅が広いので，次節2で9通りに分類しそれぞれの特徴に従って監査内容の概要を提案してみた。もちろん各社で特有の要素もあるしつけ加えるべき項目も多々あることと思う。

次節2に示す提案はあくまでも一つの参考にすぎないので，各社で工夫をこらし，効率的かつ大筋でもれのない監査体系を構築していただくことを祈念してやまない。

## 2　会社法における非大会社の機関の類型区分

### 1 会社法における非大会社の機関の種類

非公開会社の機関設計は次の14通りとなる。これに会計参与を任意に設置する場合を考慮すればさらに13通り（⑤は除く）が加わり27通りとなる。非大会社の場合の機関設計は①，②にみられるような従来の有限会社の機関から大会社の機関まで非常に幅が広くなっており，一つの尺度で考えるわけにはいかない。そこで監査業務を行ううえで，この14通りの機関をいくつかの類型に分類する必要がある。

〔非公開会社〕
- ①　取締役
- ②　取締役＋監査役
- ③　取締役＋監査役＋会計監査人
- ④　取締役会＋監査役
- ⑤　取締役会＋会計参与
- ⑥　取締役会＋監査役会
- ⑦　取締役会＋監査役＋会計監査人

⑧　取締役会＋監査役会＋会計監査人
⑨　取締役会＋委員会＋会計監査人

〔公開会社〕
⑩　取締役会＋監査役
⑪　取締役会＋監査役会
⑫　取締役会＋監査役＋会計監査人
⑬　取締役会＋監査役会＋会計監査人
⑭　取締役会＋監査等委員会又は指名委員会等設置会社の監査委員会
　　　　＋会計監査人

### 2　非大会社の類型別機関の分類考察

1の14通りの機関を類型別に分けると次の7通りになる。A型においては監査役ないし監査役会が設置されないので本書の対象外とした。ただし，よくある質問で監査役がいない場合や会計限定の監査役の場合には一般の監査ないし業務の監査はだれが行うのかとの問いを耳にするので，これらの質問を念頭において監査役を置かない場合等についても説明をすることとした。

（ⅰ）A型（監査役を設置しない場合，①，⑤，⑨，⑭）
（ⅱ）B型（取締役＋監査役②）
（ⅲ）C型（取締役会＋監査役④，⑩）
（ⅳ）D型（取締役会＋監査役会⑥，⑪）
（ⅴ）E型（取締役＋監査役＋会計監査人③）
（ⅵ）F型（取締役会＋監査役＋会計監査人⑦，⑫）
（ⅶ）G型（取締役会＋監査役会＋会計監査人⑧，⑬）

## 3　監査役の実務対応

前記2の2の分類に従って監査役の実務の対応を考察することにした。
実は非大会社とはいえ，各会社がAからGのどのタイプに属するかによって

大きく監査の範囲が変わってしまうので，これから各会社が監査内容を決定していく上で役立つようにその手掛かりを提供したい。

## 1　A型（監査役を設置しない場合）

### （ⅰ）　取締役のみ設置

このタイプでは取締役が執行機関であり，株主総会で決定した事項をすべて単独の権限の下に遂行する。ラインの会計，業務のすべてを取締役が監視・監督することになる。ただ監査役を置かない場合には，会社法は株主に大きな期待をかけ，

①　株主の取締役違法行為を差し止める権利（会360）
②　一定の条件下で株主に取締役会の招集請求権や出席権を認める（会367）

等の諸権利を株主に与えた。

### （ⅱ）　取締役会＋会計参与

このタイプの会社では会計に関する事項は会計参与に依拠することが大きく，金融機関に対しても会計書類の信頼性が大きくなり，借入れ等が円滑に行われることを期待したものである。

ただ全般的に監査が行われない状況下におかれると推測されるので，法の期待は株主に向けられていると考えるべきであろう。

### （ⅲ）　取締役会＋監査等委員会又は指名委員会等設置会社の監査委員会
### 　　　　＋会計監査人

このケースでは，監査役は当然置いてはならず監査等委員会又は監査委員会が監査にあたる。この機関設計については本書では取り扱わないので説明の対象外とした。

## 2　B型（取締役＋監査役）監査役の実務対応

### 1　株主総会直後の対応

#### ①　旧監査役からの引継ぎ

新監査役が総会で選任されると旧監査役から業務の引継ぎが行われる。以下

述べる内容は引継ぎの諸事項である。

### ② 監査役の個別報酬の協議決定

会社法387条に従い監査役の個別報酬を協議決定し，代表取締役宛に書類で報告しておく。監査役が1人の場合でも必要である。

### ③ 監査役退職慰労金の協議決定

会社法387条に従い監査役の退職慰労金についても監査役の協議に基づき決定し，同様に代表取締役宛に報告しておく。監査役が1人の場合でも必要である。

### ④ 貸借対照表または要旨の公告または取締役会決議による電磁的方法による開示の監査

会社法440条に従い総会後すみやかに貸借対照表または要旨を官報等に公告することが必要となる。ただしIT化（電磁的方法）がとりいれられた結果，この方法による開示でもよいことになった。公告費用がかからないが5年間継続開示を必要とし，貸借対照表の本体であって要旨ではいけないとされている。

## ② その他法定事項対応

### ① 株主総会議事録の作成備置の監査

会社法318条により総会議事録を作成し本店に10年間，支店にその写しを5年間備置することになっている。

### ② 代理権を有する書面（委任状）の措置の監査

会社法310条により総会で代理権を行使したとき会社に提出した委任状を，総会後3か月間本店に備置することになっている。

### ③ 商業登記の変更の監査

会社法915条により取締役，監査役等に生じた変更の登記は本店所在地では2週間以内に変更登記をしなければならない。

### ④ 計算書類，事業報告，附属明細書，監査報告の備置の監査

会社法442条により計算書類，事業報告，附属明細書，監査報告を定時総会の1週間前より5年間本店に備え置くことになっている。

## 3 前任監査役の関係書類等閲覧

監査役は前任者の監査内容を理解する意味で関係書類を閲覧しておくとよいと思われる。以下，必要と思われる書類を掲げておく。

### ① 監査調書，監査記録

監査役会はないので監査記録とか監査調書といった監査証跡の類をみておくことが第一の仕事であり，これは引き継ぐとき前任者から真っ先に説明を受けることと思う。

### ② 法人税等納税申告書

納税に問題はなかったか，改ざん数値等で税務申告していないか等，種々の角度からの検討があるが経理等担当部門に聞いておくのがよいであろう。

### ③ 取締役会の投資・借入れ等決定記録

取締役会がないので，取締役の意思決定を行った記録等があれば閲覧の申込みを行い，ひととおりみておく必要がある。

取締役としては閲覧を拒否することはできないのである（会381②）。

## 4 期中監査の内容

### ① 監査計画，往査計画

監査内容をスケジュール化しておくことが監査を進める上で重要なことと考えるが，第4章で説明したように年間の監査業務をスケジュール化しておくとよい。その中に往査計画もいれておくとよいと思う。もちろん会社の規模によってまったく支店や出張所等のない場合もあるのでいちがいに往査計画が必要ともいいきれないが，少なくとも出店のある会社では往査を行い，出納管理等のチェックぐらいはしておくほうがよい。

### ② 期中会計監査

中間決算のない場合は別として中間決算を行っている会社では，担当部門から資料をもらい決算説明を受ける。期中会計監査は中間決算の行われる場合には中間決算に照準を合わせて行えば資料もあるから行いやすいと考えられる。中間決算の行われていない場合には適当な時期を選び残高試算表等を使って期

末残高と帳簿の一致，在庫の確認等を行えばよい。

### ③ 月次決算資料の入手

月次決算を行っている場合にはその資料を入手しておく。予実対比がある場合にはその資料ももらっておく。担当から説明を受けられる限り説明を受けておく。

### ④ 取締役の投資・借入れ等決定記録は期中でも閲覧

取締役は経営遂行のために必要な，投資や資金借入れ等の意思決定等を行った記録は保存しているはずであるから，期末に一括して閲覧するのではなく，分散して期中にみておくべきと考える。

### ⑤ 総勘定元帳の監査

総勘定元帳の監査は前述期中会計監査の一環として考えるべきものであるが，金額の大きなもの，その上支払先のはっきり分からないもの等をサンプリングで調査したい。

### ⑥ 内部統制の構築

内部統制についてどのような手だてを講じているかを監査し，もしなければ構築を勧告する。

## 5 監査実施要領と監査調書

まず監査を行うための骨格的な内容を取り決めておく。この内容が監査実施要領である。ここで推奨しているのは次の7種類である。なお監査実施要領は期中に取り決めるが，監査調書は次掲の①以外は期末と監査報告作成の間に作成することになる。詳しい内容については第6章の1をみていただきたい。

次に監査実施要領の項目だけ記しておく。

① 期中会計監査実施要領
② 貸借対照表・損益計算書監査実施要領
③ 株主資本等変動計算書監査実施要領
④ 個別注記表監査実施要領
⑤ 事業報告監査実施要領

⑥　附属明細書監査実施要領
⑦　内部統制構築・運用監査実施要領

## 6　期末から定時総会までの対応

期末から総会へかけては時間が少なく一般的にハードスケジュールとなるので，監査計画に基づき，効率的な監査を行うことが望まれる。

① **計算書類の受領**

法定された日がないので，あらかじめ予定日を聴取しておく。

② **附属明細書受領**

法定された日がないので，①と同様に予定日を聴取しておく。

③ **監査調書作成**

監査実施要領に従い監査調書を作成し，監査報告の基礎とする。

④ **監査報告の作成・提出**

計算書類受領日より4週間を経過した日と附属明細書を受領した日より1週間を経過した日および特定取締役と特定監査役が合意した日のいずれかもっとも遅い日までに監査報告を特定取締役に提出する（計規124）。

　（注）　特定取締役，特定監査役とは計算書類や監査報告を受け渡しまたは受領する取締役または監査役をいう（計規124）。

⑤ **定時総会議案の監査**

定時総会議案に関して監査を行う。

⑥ **監査報告口述書作成**

監査報告は定時総会の招集通知にその謄本の添付が義務づけられていない（会437）が，総会では口頭で報告する慣習になっているので口述書を作成しておくことになる。

⑦ **定時総会議事録の監査**

株主総会議事録に法令・定款違反が含まれているか否かの監査を行う。

## ７　監査役の一般業務兼務禁止

　子会社の場合にはもしトップに違法意識がないと，監査役には時間があると思われ，営業をやれとか監査以外の業務を押しつける可能性がある。このとき唯々諾々と従うか会社法違反だからやめてほしいというかは非常に難しい。ただ，監査と業務の兼務は自己監査になるので法は固く禁じていることを承知しておかねばならない。中小企業といえども株主代表訴訟は起きるということ，会社の外からみえないものはなにもないと考えるべきことを承知しておかねばならない。

　万一代表訴訟が起きたときには監査役は違法業務を行っていたことの責任を免れることはできないということを肝に銘じておきたい。

## 3　B型の2（取締役＋監査役〔会計限定〕）監査役の実務対応

### １　株主総会直後の対応

#### ①　旧監査役からの引継ぎ

新監査役が総会で選任されると旧監査役から実務の引継ぎが行われる。その主なものを以下に掲記する。

#### ②　監査役の個別報酬の協議決定

定款でまたは株主総会で個別報酬が決議されているかいずれにも該当しないときには，監査役が協議のうえ個別報酬を決定する（会387）。

#### ③　監査役の退職慰労金の協議決定

株主総会で決定されていない場合には内規に従い，監査役の協議により決定する。

### ２　前任監査役の関係書類等閲覧

#### ①　監査調書，監査記録

監査証跡に相当する監査調書ないし監査記録といった類の書類をみておく必要がある。前任者からも説明を受け年間業務のアウトラインを理解しておくことが肝要である。

② 法人税等納税申告書

　納税に問題はなかったか，粉飾のにおいのする処理が税務上なされていないか，税務否認や重加算税等のペナルティは課されていないか等の諸問題に気を配る必要がある。

③ 重要な財産の処分・譲受け，借入れ等の記録

　重要な財産の処分・譲受け，借入れ等の記録は必ずみておくようにしたい。

　取締役会がないのでトップが暴走する危険性があり，会計面でしっかりとみておくことが大事である。

### ③　期中会計監査

① 決算後修正項目

　決算後修正を必要とする項目について監査しておく。法令等の改正により大きく変化する事項があれば早めに検討しておく。

② 期中在庫の調査

　会計帳簿残高と実在庫とのチェックの他，不良在庫の検査もこの時期であればできる。

③ 期中会計監査

　中間決算や月次決算資料をもとに会計方針の変更や勘定科目ごとの適正性等につき監査を行う。不良債権等の実質監査もこの時期であれば可能である。

### ④　監査実施要領と監査調書

次に必要な監査要領のみを記載しておく。
① 期中会計監査実施要領
② 貸借対照表・損益計算書監査実施要領
③ 株主資本等変動計算書監査実施要領
④ 個別注記表監査実施要領
⑤ 附属明細書監査実施要領

## 5 期末から株主総会までの対応

### ① 計算書類・附属明細書の受領
法定の受領日はない。したがって受領予定日を聞いておく。

### ② 監査報告の作成
監査調書に基づき，計算書類受領後4週間を経過した日と附属明細書受領後1週間を経過した日および特定取締役と特定監査役間で合意した日のいずれか遅い日までに監査報告を特定取締役に提出する。

### ③ 定時総会議案の監査
定時総会議案のうち会計に関する議案を監査する。

### ④ 監査報告口述書の作成
監査報告は取締役会設置会社ではない場合には，招集通知への添付が義務づけられていないが（会437），総会では口頭で報告する義務が課されている（会389③）ので口述書を作成しておく。

## 6 会計監査より判明した不祥事の報告

会計監査より発見した不祥事については，必ずトップへ報告しておくように心掛けておくこと。不祥事は業務監査だから関係ないと割り切らないで必ず報告しておきたい。そうでなければ何のための監査であるか監査の意味がなくなってしまう。

## 4 C型（取締役会＋監査役）監査役の実務対応

この種の機関の特徴としては，公開会社の場合には監査役は必ず会計監査と業務監査の両方を行うこと。非公開会社の場合には会計限定の措置が定款で定めることにより可能であること。取締役会を置くことにより定款ですべてを定めることにはならず，取締役会にかなりの部分の権限が移されること等が特徴としてあげられる。

第7章　非大会社の監査役の実務対応　127

## 1　株主総会直後の対応

### ①　旧監査役からの引継ぎ

新監査役が総会で選任されると旧監査役から業務の引継ぎが行われる。以下述べる内容は引継ぎの諸事項である。

### ②　監査役の個別報酬の協議決定

会社法387条に従い監査役の個別報酬を協議決定し，代表取締役宛に書類で報告しておく。監査役が1人の場合でも必要である。

### ③　監査役退職慰労金の協議決定

会社法387条に従い監査役の退職慰労金についても監査役の協議に基づき決定し，同様に代表取締役宛に報告しておく。監査役が1人の場合でも必要である。

### ④　貸借対照表または要旨の公告または取締役会決議による電磁的方法による開示の監査

会社法440条に従い総会後すみやかに貸借対照表または要旨を官報等に公告することが必要となる。ただしＩＴ化（電磁的方法）がとりいれられた結果，この方法による開示でもよいことになった。公告費用がかからないが5年間継続開示を必要とし，貸借対照表の本体であって要旨ではいけないとされている。

## 2　その他法定事項対応

### ①　株主総会議事録の作成備置の監査

会社法318条により総会議事録を作成し，本店に10年間，支店にその写しを5年間備置することになっている。

### ②　代理権を有する書面（委任状）の措置の監査

会社法310条により総会で代理権を行使したとき会社に提出した委任状を，総会後3か月間本店に備置することになっている。

### ③　商業登記の変更の監査

会社法915条により取締役，監査役等に生じた変更の登記は本店所在地では2週間以内に変更登記をしなければならない。

④　計算書類，事業報告，附属明細書，監査報告の備置の監査

　会社法442条により計算書類，事業報告，附属明細書，監査報告を定時総会の1週間前より5年間本店に備え置くことになっている。

### ③　前任監査役の関係書類等閲覧

　監査役は前任者の監査内容を理解する意味で関係書類を閲覧しておくとよいと思われる。以下，必要と思われる書類を掲げておく。

① 監査調書，監査記録

　監査役会はないので監査記録とか監査調書といった監査証跡の類をみておくことが第一の仕事であり，これは引き継ぐとき前任者から真っ先に説明を受けることと思う。

② 法人税等納税申告書

　納税に問題はなかったか，改ざん数値等で税務申告していないか等，種々の角度からの検討があるが経理等担当部門に聞いておくのがよいであろう。

③ 取締役会議事録

　監査役は取締役会への出席義務がある（会383）ので，前任者が取締会へ出席しどのように対応してきたかよく聞いておくべきであろう。また議事録にひととおり目を通しておくことが必要であろう。大きな投資案件や借入れにつき取締役会決議がなされたか（会362④），競業取引や利益相反取引については取締役会の事前承認が必要であるばかりではなく，事後報告も必要であること（会365②）等々，大事な問題がたくさん含まれている。

### ④　監査実施要領と監査調書

　次に必要な監査要領のみを記載しておく。
① 期中会計監査実施要領
② 貸借対照表・損益計算書監査実施要領
③ 株主資本等変動計算書監査実施要領
④ 個別注記表監査実施要領

⑤　事業報告監査実施要領
⑥　附属明細書監査実施要領
⑦　内部統制構築・運用監査実施要領
⑧　取締役忠実義務違反監査実施要領

### 5　期末から株主総会までの対応

#### ①　計算書類・附属明細書の受領
法定の受領日はない。したがって受領予定日を聞いておく。

#### ②　監査報告の作成
監査調書に基づき，計算書類受領後4週間を経過した日と附属明細書受領後1週間を経過した日および特定取締役と特定監査役間で合意した日のいずれか遅い日までに監査報告を特定取締役に提出する。

#### ③　定時総会議案の監査
定時総会議案に関する議案内容を監査する。

#### ④　監査報告口述書の作成
監査報告は取締役会設置会社である場合には，招集通知への添付が義務づけられている（会437）。総会では特に口頭で報告する義務が課されているわけではないが，慣習として監査役が一般に監査結果等につき報告を行うので口述書を作成しておく。

### 6　その他の監査役の留意事項
①　重要な偶発事象は監査報告の追記事項となるので注意する。
②　重要な後発事象は監査報告の追記事項となるので注意する。

## 5　C型の2（取締役会＋監査役〔会計限定〕）監査役の実務対応

### 1　株主総会直後の対応

#### ①　旧監査役からの引継ぎ
新監査役が総会で選任されると旧監査役から実務の引継ぎが行われる。

その主なものを以下に掲記する。

② 監査役の個別報酬の協議決定

定款でまたは株主総会で個別報酬が決議されているかいずれにも該当しないときには，監査役が協議のうえ個別報酬を決定する（会387）。

③ 監査役の退職慰労金の協議決定

株主総会で決定されていない場合には内規に従い，監査役の協議により決定する。

### 2 前任監査役の関係書類等閲覧

① 監査調書，監査記録

監査証跡に相当する監査調書ないし監査記録といった類の書類をみておく必要がある。前任者からも説明を受け年間業務のアウトラインを理解しておくことが肝要である。

② 法人税等納税申告書

納税に問題はなかったか，粉飾のにおいのする処理が税務上なされていないか，税務否認や重加算税等のペナルティは課されていないか等の諸問題に気を配る必要がある。

③ 取締役会議事録の閲覧

監査役は取締役会に出席する権限はないが，できれば取締役会の議事録を閲覧させてもらい会社がどのような動きをしているかみておきたい。

取締役会議事録には重要な財産の譲渡・譲受け，多額の借財等の会計事項が多く含まれているので，その閲覧が拒否される理由は乏しいと考えられる。したがって会社に申し出て閲覧しておきたいものである。

### 3 期中会計監査

① 決算後修正項目

決算後修正を必要とする項目について監査しておく。法令等の改正により大きく変化する事項があれば早めに検討しておく。

### ② 期中在庫の調査

会計帳簿残高と実在庫とのチェックの他，不良在庫の検査もこの時期であればできる。

### ③ 期中会計監査

中間決算や月次決算資料をもとに会計方針の変更や勘定科目ごとの適正性等につき監査を行う。不良債権等の実質監査もこの時期であれば可能である。

## 4 監査実施要領と監査調書

次に必要な監査要領のみを記載しておく。

① 期中会計監査実施要領
② 貸借対照表・損益計算書監査実施要領
③ 株主資本等変動計算書監査実施要領
④ 個別注記表監査実施要領
⑤ 附属明細書監査実施要領

## 5 期末から株主総会までの対応

### ① 計算書類・附属明細書の受領

法定の受領日はない。したがって受領予定日を聞いておく。

### ② 監査報告の作成

監査調書に基づき，計算書類受領後4週間を経過した日と附属明細書受領後1週間を経過した日および特定取締役と特定監査役間で合意した日のいずれか遅い日までに監査報告を特定取締役に提出する。

### ③ 定時総会議案の監査

定時総会議案のうち，会計に関する議案を監査する。

### ④ 監査報告口述書の作成

監査報告は取締役会設置会社ではない場合には，招集通知への添付が義務づけられていないが（会437），総会では口頭で報告する義務が課されている（会389③）ので口述書を作成しておく。

### 6  会計監査より判明した不祥事の報告

会計監査より発見した不祥事については，必ずトップへ報告しておくように心掛けておくこと。不祥事は業務監査だから関係ないと割り切らないで必ず報告しておきたい。そうでなければ何のための監査であるか監査の意味がなくなってしまう。

## 6　D型（取締役会＋監査役会）監査役の実務対応

　この種の機関の特徴としては，公開会社か非公開会社かを問わず会計監査人を置かないこと以外は大会社なみの機関を設定し，上場を目指している姿と考えられる。したがって大会社なみの監査体制をしくことと同時に会計監査にかなり精力を注ぐ必要性を感じる。会計監査人を欠くこのような体制が選択されることが現実にあり得るのか若干疑問に感じられる。

### 1　株主総会直後の対応
#### ①　旧監査役からの引継ぎ
　株主総会で選任された新監査役は旧監査役から新年度に関する総会までの業務を引き継ぐことになる。場合によっては新年度業務の年間計画ができていることが多いと思われるので，計画全体を追認するか修正意見を述べるかということになる。
#### ②　個別報酬，退職慰労金の協議決定
　定款または株主総会で個別報酬の決定がなされていない限り，監査役の協議で個別報酬および退職慰労金は決定される（会387）。
#### ③　常勤監査役の選定
　株主総会直後の新体制で常勤監査役の選定を行わなければならない（会390）。
#### ④　監査役会議長の選任
　株主総会直後の新体制で一般には監査役会の議長を選任する。
#### ⑤　株主総会議事録の作成と備置の監査
　株主総会議事録は法務省令に従い作成しなければならない。その議事録は10

年間本店に，5年間写しを支店に備え置かなければならない（会318）。

#### ⑥ 貸借対照表の要旨公告等の監査

会社は定時株主総会後すみやかに法務省令の定め（計規136，137～142）に従い貸借対照表を公告しなければならない（会440）。

#### ⑦ 商業登記の変更申請の監査

会社は役員等に変更が生じたときには2週間以内に本店所在地において変更の登記をしなければならない（会915）。

#### ⑧ 計算書類等の備置の監査

会社は計算書類，事業報告，これらの附属明細書および監査報告を定時総会の2週間前の日から5年間本店に備え置かなければならない（会442）。

#### ⑨ 代理権を有する書面の備置の監査

株主総会で代理権を行使する際に会社に提出した委任状を総会後3か月間本店に備え置かなければならない（会310）。

### ② 期中監査の内容

#### ① 監査計画・往査計画の実施

年間監査計画の中の往査計画を実施に移し，支店や工場，営業所等の現金預金，在庫等の監査を行う。

#### ② 期中会計監査

期中の監査では時間的に余裕がある場合が多いので，実質的な監査を行うとよいと考えられる。たとえば売掛金残高の内容について不良債権化しているものはないか，在庫でいえば価値のほとんどない不良在庫はないか等である。

#### ③ 会計方針等の変更

期の会計方針の変更等がある場合には中間決算等からスタートさせる必要があるので，特に注意しておかなければならない。

#### ④ 月次決算・予実対比資料等の資料入手

月次決算や予実対比資料等の資料を入手して内容を理解するだけではなく，問題点等を発見するように努力すべきである。問題点等があれば原因を究明し

会社に忠言等を行う必要がある。
　⑤　内部統制の構築と運用
　内部統制の構築等につき取締役会で決議がなされたときには，その内容につき監査役会としての意見を形成し，もし問題等があれば会社に申し入れる必要がある。また運用状況を監査するなど監査役は内部統制に関して積極的な立場に立つ必要がある。
　⑥　企業防衛策の策定
　取締役会が企業防衛策を決議した場合には監査役会がこれを検討し，問題等があれば会社に是正措置等の申入れを行う。

3　期末監査の内容
　①　計算書類等の監査
　貸借対照表，損益計算書，株主資本等変動計算書，個別注記表の計算書類の監査の他，各これらの附属明細書の監査を行わなければならない（会436）。
　②　事業報告の監査
　計算書類の他事業報告についても監査を行わなければならない（会436）。
　③　取締役の法令違反の監査
　期中における取締役の違反行為に関する監査を行わなければならない。この件に関しては取締役個人別に調査を行うことは大変であるから，総務担当の取締役等に取締役を代表して回答してもらう等の工夫が必要である。
　④　企業継続の前提に関する監査
　企業継続の前提ないしゴーイングコンサーンに関する監査はある意味で非常に難しいが，会社の継続にブレーキとなるような事実が発生した場合には監査報告に記載する必要があると考えられる。
　（注）　会計監査には相当な精力を注ぎ込む必要があり，担当から貸借対照表等の資料を早くから取り寄せて十分な検討を加えることとしなければならない。

## 4 監査実施要領と監査調書

次に必要な監査要領のみを記載しておく。

① 期中会計監査実施要領
② 貸借対照表・損益計算書監査実施要領
③ 株主資本等変動計算書監査実施要領
④ 個別注記表監査実施要領
⑤ 事業報告監査実施要領
⑥ 附属明細書監査実施要領
⑦ 内部統制構築・運用監査実施要領
⑧ 取締役忠実義務違反監査実施要領
⑨ 株主総会提出議案監査実施要領
⑩ 株主総会後法定事項監査実施要領

## 5 期末から株主総会までの対応

### ① 計算書類・附属明細書の受領

法定の受領日はない。したがって受領予定日を聞いておく。

### ② 監査報告の作成

監査調書に基づき，計算書類受領後4週間を経過した日と附属明細書受領後1週間を経過した日および特定取締役と特定監査役間で合意した日のいずれか遅い日までに監査報告を特定取締役に提出する。

### ③ 定時総会議案の監査

定時総会提出議案の内容の監査を行う必要がある。もし法令・定款違反や著しく不当な事項があれば株主総会へ報告しなければならないので注意する（会348）。

### ④ 監査報告口述書の作成

監査報告は取締役会設置会社である場合には，招集通知への添付が義務づけられている（会437）。総会では特に口頭で報告する義務が課されているわけではないが，慣習として監査役が一般に監査結果等につき報告を行うので口述書

を作成しておく。

### ⑤ 定時総会後法定事項の監査
定時総会後，必要な法定事項を適当な時期をみて監査する。特に支店に備え置く書類等は往査のときに監査を行えば効率的である。

### ⑥ その他の監査役の留意事項
① 重要な偶発事象は監査報告の追記事項となるので注意する。
② 重要な後発事象は監査報告の追記事項となるので注意する。

## 7 E型（取締役＋監査役＋会計監査人）監査役の実務対応

この種の機関の特徴としては，有限会社なみの機関設定の上に会計監査人を置いており，未発達の組織に対し会計面を中心に会計監査人の指導を受けるような形と考えられる。むしろ会計参与としての参画のほうが現実に合っているように思える。いずれにしても監査役の立場はまだ未確立の状態と考えられるので，会計監査人とのバランスが理解しにくい感じで現実にはあり得る機関設計かはなはだ疑問ではある。

### ① 基本的な監査役の実務対応
基本的にはB型（取締役＋監査役）監査役の実務対応と考えられる。

### ② 基本的な会計監査人の実務対応
会計監査人が会計事項について全面的に監査・指導支援を行う。

## 8 F型（取締役会＋監査役＋会計監査人）監査役の実務対応

この種の機関の特徴としては，監査の形態で監査役のところに若干の手薄さが感じられる。取締役会は会計監査に重点を置いているものの，業務監査を重要視する姿勢がみられない。監査役が複数人置かれているのであれば3人以上として監査役会を構成すべきであると考えられるので，あまりバランスのとれ

た機関設計ではない。

### 1 基本的な監査役の実務対応

基本的にはC型（取締役会＋監査役）監査役の実務対応と考えられる。

### 2 基本的な会計監査人の実務対応

会計監査人が会計事項について全面的に監査・指導支援を行う。

## 9　G型（取締役会＋監査役会＋会計監査人）監査役の実務対応

　この種の機関の特徴としては，ほぼ典型的な大会社の機関設計でありおそらくは資本等が大会社の条件より下であるだけで，実体は大会社であると考えて差し支えない。したがって監査の仕方も大会社の監査と変わらない対応になると考えられる。

### 1 基本的な監査役の実務対応

基本的にはD型（取締役会＋監査役会）監査役の実務対応と考えられる。

### 2 基本的な会計監査人の実務対応

会計監査人が会計事項について全面的に監査・指導支援を行う。

(注)　大会社であって金融商品取引法24条1項の規定により有価証券報告書を内閣総理大臣に提出する義務のある会社は連結計算書類を作成しなければならない（会444③）とあるので，原則的には連結決算は考慮に入れなくてよいと考え連結会計等に関する監査は外してある。

# 第8章
# 監査報告の作成

## 1　監査報告の作成部数

　監査報告（旧商法の監査報告書）の作成部数については，監査役が複数人いて監査役会を設置しない場合には監査役の独任制に従い各監査役別に監査報告を作成する。ただし，監査役全員の意見が一致した場合には1通でよいといわれている。

　次に監査役会が設置されている場合には，各監査役が監査報告を作成した上で監査役会を1回以上開催し意見を調整した後に監査報告を1通作成する。ただし異なる意見がある場合には付記することができる（計規122，123，127，128，施規98，99）。

## 2　反対意見の付記

　監査報告の内容に反対の意見であればその旨を付記することができる。
　また，会計監査人の監査報告に対して相当でないとする付記がないこと，会計監査人の意見が無限定適正意見であること，取締役会を設置していること等の条件が揃っている場合には，計算書類は株主総会における決議事項ではなく報告事項となる（会439，計規135）。
　なお，監査役の付記は計算書類等の会計事項に限られたものではない。

また，相当でない付記があれば決議事項となるが，そのまま了承する決議をとっても，計算書類には瑕疵があるので決議取消の原因になると考えられる。

## 3　署名・押印

旧商法では大会社の監査報告には署名押印の義務が規定されていたが，会社法では署名等の規定がなくなった。そこで会社の独自の判断により署名（＝記名＋押印）とするもよし，記名だけでもよく法律違反とはならない。多分，従来の中小会社の習慣のように記名押印に落ちつくのではないかと考えられる。もちろん非大会社の場合も記名押印という従来の慣習に従うものと思われる。

## 4　常勤・社外の記載

監査役会を設置する場合には常勤監査役の選定が必要となるが（会390），監査報告に常勤の旨を記載せよとの従来あった規定はなくなった。そこで常勤の記載は会社の自由となる。また，監査役会設置会社においては監査役は3人以上で，その半数以上は社外監査役でなければならないが（会335③），特に監査報告に社外監査役であることを記載せよとの規定はない。しかし社外監査役は法定事項であるから，記載がないと監査報告が瑕疵を帯びるといわれているので，従来どおり常勤と社外の記載は行った方がよいと考えられる。

## 5　監査報告の虚偽記載と損害賠償

監査報告の内容に虚偽記載があり，その監査報告を信じて取引を行った等により第三者に損害を与えた場合には，監査役はその第三者に対し損害賠償をすることになる（会429②三）。したがって会社が係争問題等を抱えている場合などでは，いつものとおり監査報告を作成するということでは危険が多すぎる。ある意味では監査役がもっとも注意しなければならないのは，監査報告の作成

であるといっても過言ではない。
　次に監査報告の試案を掲載しておくこととする。

**監査報告（例4，7）**

```
                                              平成〇年〇月〇日
　〇〇〇〇株式会社
　代表取締役〇〇〇〇殿
                          監査役会
                          監査役（常勤）　記名　印
                          監査役　　　　　記名　印
                          監査役　　　　　記名　印

                    監査報告の提出について

　当監査役会は，会社法436条第2項の規定に基づき，別紙のとおり監査報告を提出
いたします。
                                                  以　　上
```

**監査報告（例1,2,3,5,6）**

```
                                              平成〇年〇月〇日
　〇〇〇〇株式会社
　代表取締役〇〇〇〇殿
                              監査役　　　　　記名　印
                              監査役　　　　　記名　印

                    監査報告の提出について

　私たち監査役は，会社法436条第1項の規定に基づき，別紙のとおり監査報告を提
出いたします。
                                                  以　　上
```

(例1)　B型（取締役＋監査役）

---

監　査　報　告

　私たち監査役は，平成〇年〇月〇日から平成〇年〇月〇日までの第〇〇期事業年度の取締役の職務の執行を監査いたしました。その結果につき以下のとおり報告いたします。
1．監査の方法の概要
　　監査役は，取締役等から事業の報告を聴取し，重要な決裁書類等を閲覧し，本社及び主要な事業所において業務及び財産の状況を調査し，必要に応じて子会社から事業の報告を求めました。また，会計帳簿等の調査を行い，計算書類及び事業報告及び附属明細書につき検討を加えました。
2．監査の結果
(1)　貸借対照表及び損益計算書等計算書類は，法令及び定款に従い，会社の財産及び損益の状況を正しく示しているものと認めます。
(2)　事業報告は，法令及び定款に従い，会社の状況を正しく示しているものと認めます。
(3)　附属明細書は，記載すべき事項を正しく示しており，指摘すべき事項は認められません。
(4)　取締役の職務遂行に関する不正の行為又は法令若しくは定款に違反する重大な事実は認められません。
　　平成〇年〇月〇日
　　　　　　　　　　　　　　　　　　　　〇〇〇〇株式会社
　　　　　　　　　　　　　　　　　　　　　監査役　　　　記名　印
　　　　　　　　　　　　　　　　　　　　　監査役　　　　記名　印

---

注：追記情報として，①正当な理由による会計方針の変更，②重要な偶発事象，③重要な後発事象，が生じたとき（計規122）および④内部統制の決議等内容を相当でないと認めたとき，⑤企業買収防衛策の決議等ある場合，意見記述が必要なとき（施規129）には記載が必要となる。

（例２）　Ｂ型の２（取締役＋監査役〔会計限定〕）

監 査 報 告

　私たち監査役は，平成〇年〇月〇日から平成〇年〇月〇日までの第〇〇期事業年度の取締役の会計職務の執行を監査いたしました。その結果につき以下のとおり報告いたします。
１．監査の方法の概要
　　監査役は，取締役等から会計の報告を聴取し，重要な決裁書類等を閲覧し，本社及び主要な事業所において会計及び財産の状況を調査し，必要に応じて子会社から会計の報告を求めました。また，会計帳簿等の調査を行い，計算書類及び附属明細書につき検討を加えました。
２．監査の結果
(1)　貸借対照表及び損益計算書等計算書類は，法令及び定款に従い，会社の財産及び損益の状況を正しく示しているものと認めます。
(2)　事業報告については監査役の権限外につき監査を行っておりません。
(3)　附属明細書は，記載すべき事項を正しく示しており，指摘すべき事項は認められません。
(4)　取締役の会計事項に関する不正の行為又は法令若しくは定款に違反する重大な事実は認められません。
　平成〇年〇月〇日

　　　　　　　　　　　　　　　　　　　　　〇〇〇〇株式会社
　　　　　　　　　　　　　　　　　　　　　　監査役　　　　記名　印
　　　　　　　　　　　　　　　　　　　　　　監査役　　　　記名　印

注：追記情報として，①正当な理由による会計方針の変更が生じたときには（計規122）その記載が必要となる。

(例3)　C型（取締役会＋監査役）

<pre>
監　査　報　告

　私たち監査役は，平成〇年〇月〇日から平成〇年〇月〇日までの第〇〇期事業年度の取締役の職務の執行を監査いたしました。その結果につき以下のとおり報告いたします。
１．監査の方法の概要
　　監査役は，取締役会その他重要な会議に出席するほか，取締役等から事業の報告を聴取し，重要な決裁書類等を閲覧し，本社及び主要な事業所において業務及び財産の状況を調査し，必要に応じて子会社から事業の報告を求めました。また，会計帳簿等の調査を行い，計算書類及び事業報告及び附属明細書につき検討を加えました。
２．監査の結果
　(1)　貸借対照表及び損益計算書等計算書類は，法令及び定款に従い，会社の財産及び損益の状況を正しく示しているものと認めます。
　(2)　事業報告は，法令及び定款に従い，会社の状況を正しく示しているものと認めます。
　(3)　附属明細書は，記載すべき事項を正しく示しており，指摘すべき事項は認められません。
　(4)　取締役の職務遂行に関する不正の行為又は法令若しくは定款に違反する重大な事実は認められません。
　　平成〇年〇月〇日
　　　　　　　　　　　　　　　　　　　　　　〇〇〇〇株式会社
　　　　　　　　　　　　　　　　　　　　　　　監査役　　　記名　印
　　　　　　　　　　　　　　　　　　　　　　　監査役　　　記名　印
</pre>

注：追記情報として，①正当な理由による会計方針の変更，②重要な偶発事象，③重要な後発事象，が生じたとき（計規122）および④内部統制の決議等内容を相当でないと認めたとき，⑤企業買収防衛策の決議等ある場合，意見記述が必要なとき（施規129）には記載が必要となる。

第8章 監査報告の作成 145

（例4） D型（取締役会＋監査役会）

> 監　査　報　告
>
> 　当社監査役会は，平成〇年〇月〇日から平成〇年〇月〇日までの第〇〇期事業年度の取締役の職務の執行を監査いたしました。その結果につき以下のとおり報告いたします。
> 1．監査の方法の概要
> 　　各監査役は，取締役会その他重要な会議に出席する他，取締役等から事業の報告を聴取し，重要な決裁書類等を閲覧し，本社及び主要な事業所において業務及び財産の状況を調査し，必要に応じて子会社から事業の報告を求めました。また，会計帳簿等の調査を行い，計算書類及び事業報告及び附属明細書につき検討を加えました。
> 2．監査の結果
> ⑴　貸借対照表及び損益計算書等計算書類は，法令及び定款に従い，会社の財産及び損益の状況を正しく示しているものと認めます。
> ⑵　事業報告は，法令及び定款に従い，会社の状況を正しく示しているものと認めます。
> ⑶　附属明細書は，記載すべき事項を正しく示しており，指摘すべき事項は認められません。
> ⑷　取締役の職務遂行に関する不正の行為又は法令若しくは定款に違反する重大な事実は認められません。
> 　　　平成〇年〇月〇日
> 　　　　　　　　　　　　　　　　　〇〇〇〇株式会社
> 　　　　　　　　　　　　　　　　　　監査役（常勤）　記名　印
> 　　　　　　　　　　　　　　　　　　監査役　　　　　記名　印
> 　　　　　　　　　　　　　　　　　　監査役　　　　　記名　印
> （注）　監査役〇〇〇〇及び監査役〇〇〇〇は，会社法第335条第3項に定める社外監査役であります。

注：追記情報として，①正当な理由による会計方針の変更，②重要な偶発事象，③重要な後発事象，が生じたとき（計規122）および④内部統制の決議等内容を相当でないと認めたとき，⑤企業買収防衛策の決議等ある場合，意見記述が必要なとき（施規129）には記載が必要となる。

(例5)　E型（取締役＋監査役＋会計監査人）

監　査　報　告

　私たち監査役は，平成○年○月○日から平成○年○月○日までの第○○期事業年度の取締役の職務の執行を監査いたしました。その結果につき以下のとおり報告いたします。
1．監査の方法の概要
　　監査役は，取締役等から事業の報告を聴取し，重要な決裁書類等を閲覧し，本社及び主要な事業所において業務及び財産の状況を調査し，必要に応じて子会社から事業の報告を求めました。また，会計帳簿等の調査を行い，会計監査人から報告及び説明を受け，計算書類及び事業報告及び附属明細書につき検討を加えました。
2．監査の結果
　(1)　会計監査人監査法人○○○○の監査の方法及び結果は相当であると認めます。
　(2)　会計監査人監査法人○○○○の職務の遂行が適正に実施される体制は確保されているものと認めます。
　(3)　事業報告は，法令及び定款に従い，会社の状況を正しく示しているものと認めます。
　(4)　附属明細書は，記載すべき事項を正しく示しており，指摘すべき事項は認められません。
　(5)　取締役の職務遂行に関する不正の行為又は法令若しくは定款に違反する重大な事実は認められません。
　(6)　後発事象については特筆すべき事項はありません。
　　　　平成○年○月○日
　　　　　　　　　　　　　　　　　　　　　　　○○○○株式会社
　　　　　　　　　　　　　　　　　　　　　　　　監査役　　　　記名　印
　　　　　　　　　　　　　　　　　　　　　　　　監査役　　　　記名　印

注：①内部統制の決議等内容を相当でないと認めたとき，および②企業買収防衛策の決議等ある場合，意見記述が必要なとき（施規129）には監査報告の中にこれらの記載が必要となる。

（例6）　F型（取締役会＋監査役＋会計監査人）

監　査　報　告

　私たち監査役は，平成〇年〇月〇日から平成〇年〇月〇日までの第〇〇期事業年度の取締役の職務の執行を監査いたしました。その結果につき以下のとおり報告いたします。
1．監査の方法の概要
　　各監査役は，取締役会その他重要な会議に出席する他，取締役等から事業の報告を聴取し，重要な決裁書類等を閲覧し，本社及び主要な事業所において業務及び財産の状況を調査し，必要に応じて子会社から事業の報告を求めました。また，会計帳簿等の調査を行い，会計監査人から報告及び説明を受け，計算書類及び事業報告及び附属明細書につき検討を加えました。
2．監査の結果
　(1)　会計監査人監査法人〇〇〇〇の監査の方法及び結果は相当であると認めます。
　(2)　会計監査人監査法人〇〇〇〇の職務の遂行が適正に実施される体制は確保されているものと認めます。
　(3)　事業報告は，法令及び定款に従い，会社の状況を正しく示しているものと認めます。
　(4)　附属明細書は，記載すべき事項を正しく示しており，指摘すべき事項は認められません。
　(5)　取締役の職務遂行に関する不正の行為又は法令若しくは定款に違反する重大な事実は認められません。
　(6)　後発事象については特筆すべき事項はありません。
　　　平成〇年〇月〇日

　　　　　　　　　　　　　　　　　　〇〇〇〇株式会社
　　　　　　　　　　　　　　　　　　　監査役　　　　記名　印
　　　　　　　　　　　　　　　　　　　監査役　　　　記名　印

注：①内部統制の決議等内容を相当でないと認めたとき，および②企業買収防衛策の決議等ある場合，意見記述が必要なとき（施規129）には監査報告の中にこれらの記載が必要となる。

(例7)　G型（取締役会＋監査役会＋会計監査人）

監　査　報　告

　当社監査役会は，平成○年○月○日から平成○年○月○日までの第○○期事業年度の取締役の職務の執行を監査いたしました。その結果につき以下のとおり報告いたします。
1．監査の方法の概要
　　各監査役は，取締役会その他重要な会議に出席する他，取締役等から事業の報告を聴取し，重要な決裁書類等を閲覧し，本社及び主要な事業所において業務及び財産の状況を調査し，必要に応じて子会社から事業の報告を求めました。また，会計帳簿等の調査を行い，会計監査人から報告及び説明を受け，計算書類及び事業報告及び附属明細書につき検討を加えました。
2．監査の結果
　(1)　会計監査人監査法人○○○○の監査の方法及び結果は相当であると認めます。
　(2)　会計監査人監査法人○○○○の職務の遂行が適正に実施される体制は確保されているものと認めます。
　(3)　事業報告は，法令及び定款に従い，会社の状況を正しく示しているものと認めます。
　(4)　附属明細書は，記載すべき事項を正しく示しており，指摘すべき事項は認められません。
　(5)　取締役の職務遂行に関する不正の行為又は法令若しくは定款に違反する重大な事実は認められません。
　(6)　後発事象については特筆すべき事項はありません。
　　　平成○年○月○日

　　　　　　　　　　　　　　　　　　　　　　○○○○株式会社
　　　　　　　　　　　　　　　　　　　　　　　監査役（常勤）　記名　印
　　　　　　　　　　　　　　　　　　　　　　　監査役　　　　　記名　印
　　　　　　　　　　　　　　　　　　　　　　　監査役　　　　　記名　印
(注)　監査役○○○○及び監査役○○○○は，会社法第335条第3項に定める社外監査役であります。

注：①内部統制の決議等内容を相当でないと認めたとき，および②企業買収防衛策の決議等ある場合，意見記述が必要なとき（施規129）には監査報告の中にこれらの記載が必要となる。

(例8) C型の2 機関設計が「取締役会＋監査役」の会社の場合（日本監査役協会）

平成〇年〇月〇日

〇〇〇〇株式会社
代表取締役社長〇〇〇〇殿(注イ)

常勤監査役 〇〇〇〇 印

監査報告書の提出について

　会社法第381条第1項の規定に基づき監査報告書を作成しましたので，別紙のとおり(注4)提出いたします。

以　上

監　査　報　告　書

　平成〇年〇月〇日から平成〇年〇月〇日までの第〇〇期事業年度の取締役の職務の執行に関して，本監査報告書を作成し，以下のとおり報告いたします。

1．監査の方法及びその内容(注ロ)
　　私は，取締役及び使用人等と意思疎通を図り，情報の収集及び監査の環境の整備に努めるとともに(注12)，取締役会その他重要な会議に出席し，取締役及び使用人等からその職務の執行状況について報告を受け(注13)，必要に応じて説明を求め，重要な決裁書類等を閲覧し，本社及び主要な事業所において業務及び財産の状況を調査いたしました。子会社については，子会社の取締役及び監査役等と意思疎通及び情報の交換を図り，必要に応じて子会社から事業の報告を受けました(注14)。以上の方法に基づき，当該事業年度に係る事業報告及びその附属明細書について検討いたしました。
　　さらに，会計帳簿又はこれに関する資料の調査を行い，当該事業年度に係る計算書類（貸借対照表，損益計算書，株主資本等変動計算書及び個別注記表(注22)）及びその附属明細書について検討いたしました。

2．監査の結果(注23)
　(1) 事業報告等の監査結果(注ハ)
　　① 事業報告及びその附属明細書は，法令及び定款に従い，会社の状況を正しく示しているものと認めます。
　　② 取締役の職務の執行(注24)に関する不正の行為又は法令もしくは定款に違反する重大な事実は認められません。(注25)
　(2) 計算書類及びその附属明細書の監査結果
　　計算書類及びその附属明細書は，会社の財産及び損益の状況をすべての重要な

点において適正に表示しているものと認めます。
3．追記情報（記載すべき事項がある場合）(注ニ)

　　平成〇年〇月〇日(注37)

　　　　　　　　　　　　　　　〇〇〇〇株式会社
　　　　　　　　　　　　　　　　常勤監査役(注ホ)　　〇〇〇〇　印
　　　　　　　　　　　　　　　　　　　　　　　　　（自　　署）(注41)

　上記ひな型本文及び下記の注記において，番号による注記を付している箇所については，すべて「Ⅰ　株主に対して提供される監査報告書　1．機関設計が「取締役会＋監査役会＋会計監査人」の会社の場合」における当該注記に対応するものであるので，それらを参照されたい。

- （注イ）　前文の3項にあるとおり，監査役会を設置しない会社の場合，各監査役の監査報告書の内容をとりまとめた一つの監査報告書を作成し，これを株主に対して提供することも可能である。本送り状は，自ら作成した監査報告書を他の監査役に対し送付する場合を想定したものである。
- （注ロ）　注6を参照。なお，会計監査人設置会社以外の会社の監査役には，自ら主体的に会計監査を行うことが要請される。当期における特別の監査事項がある場合には，特にその監査の方法及びその内容を記載すべきである。
- （注ハ）　会計監査人非設置会社において，公開会社であれば，親会社等との取引であって，計算書類の個別注記表に関連当事者との取引に関する注記を要するものについては，取締役会が当該取引をするに当たり当社の利益を害さないように留意した事項及び当該取引が当社の利益を害さないかどうかについての取締役会の判断及びその理由，当該事項についての意見を事業報告の附属明細書に記載しなければならない（会社法施行規則第128条第3項）。また，事業報告の附属明細書に記載されている場合，監査報告に当該事項に対する監査役の意見を記載しなければならない（会社法施行規則第129条第1項第6号）。この場合，「監査の方法及びその内容」及び「監査の結果」の記載方法については，「Ⅰ　株主に対して提供される監査報告書　1．機関設計が「取締役会＋監査役会＋会計監査人」の会社の場合」における当該事項に関する記載部分を参考にされたい。
- （注ニ）　次に掲げる事項その他の事項のうち，監査役の判断に関して説明を付す必要がある事項又は計算書類及びその附属明細書の内容のうち強調する必要がある事項については，追記情報として記載する（会社計算規則第122条第1項第4号及び第2項）。
    - ①　正当な理由による会計方針の変更
    - ②　重要な偶発事象
    - ③　重要な後発事象

(注ホ) 監査役の常勤制は義務付けられていないが,望ましい姿として,常勤体制を示している。なお,常勤の監査役の表示は,「監査役(常勤)〇〇〇〇」とすることも考えられる。

＜その他＞
　上記以外の事項については,必要に応じて「Ⅰ　株主に対して提供される監査報告書　1．機関設計が「取締役会＋監査役会＋会計監査人」の会社の場合」における注記も参考としながら,各社の実状に応じて記載を検討されたい。

(例9)　C型の3　機関設計が「取締役会＋監査役（会計監査権限のみ）」の会社の場合
　　　　（日本監査役協会）

---

平成〇年〇月〇日

〇〇〇〇株式会社
代表取締役社長〇〇〇〇殿(注2)

監　査　役　　〇〇〇〇　印
監　査　役　　〇〇〇〇　印

監査報告書の提出について

　私たち監査役は，会社法第389条第2項の規定に基づき監査報告書を作成しましたので，別紙のとおり(注4)提出いたします。

以　上

---

監　査　報　告　書

　私たち監査役は，平成〇年〇月〇日から平成〇年〇月〇日までの第〇〇期事業年度に係る計算書類及びその附属明細書を監査いたしました。その方法及び結果につき以下のとおり報告いたします。
　なお，当会社の監査役は，定款第〇〇条に定めるところにより，監査の範囲が会計に関するものに限定されているため，事業報告を監査する権限を有しておりません。(注イ)

1．監査の方法及びその内容(注ロ)
　　各監査役は，取締役等から会計に関する職務の執行状況を聴取し，会計に関する重要な決裁書類等を閲覧いたしました。また，会計帳簿又はこれに関する資料を調査し，当該事業年度に係る計算書類（貸借対照表，損益計算書，株主資本等変動計算書及び個別注記表(注22)）及びその附属明細書について検討いたしました。

2．監査の結果(注ハ)
　　計算書類及びその附属明細書は，会社の財産及び損益の状況をすべての重要な点において適正に表示しているものと認めます。

3．追記情報（記載すべき事項がある場合)(注ニ)

　　　平成〇年〇月〇日(注37)

　　　　　　　　　　　　　　〇〇〇〇株式会社
　　　　　　　　　　　　　　　監査役(注ホ)　　〇〇〇〇　印

                                                    監査役　　〇〇〇〇　印
                                                         （自　署）(注41)

　上記ひな型本文及び下記の注記において，番号による注記を付している箇所については，すべて「Ⅰ　株主に対して提供される監査報告書　1．機関設計が「取締役会＋監査役会＋会計監査人」の会社の場合」における当該注記に対応するものであるので，それらを参照されたい。

（注イ）　監査の範囲が会計に関するものに限定する旨の定款の定めがある会社の場合には，監査報告書において，事業報告を監査する権限がないことを明らかにしなければならない（会社法施行規則第129条第2項）。
（注ロ）　注6を参照。なお，会計監査人設置会社以外の会社の監査役には，自ら主体的に会計監査を行うことが要請される。会計監査に関して特別の監査事項がある場合には，特にその監査の方法及びその内容を記載すべきである。
（注ハ）　計算書類及びその附属明細書に関して，会計監査上指摘すべき事項があれば具体的に記載する。
（注ニ）　次に掲げる事項その他の事項のうち，監査役の判断に関して説明を付す必要がある事項又は計算書類及びその附属明細書の内容のうち強調する必要がある事項については，追記情報として記載する（会社計算規則第122条第1項第4号及び第2項）。
　　①　正当な理由による会計方針の変更
　　②　重要な偶発事象
　　③　重要な後発事象
（注ホ）　監査役の複数制は義務付けられていないが，望ましい姿として，複数体制を示している。

＜その他＞
　上記以外の事項については，必要に応じて「Ⅰ　株主に対して提供される監査報告書　1．機関設計が「取締役会＋監査役会＋会計監査人」の会社の場合」における注記も参考としながら，各社の実状に応じて記載を検討されたい。

154

(例10) F型の2 機関設計が「取締役会＋監査役＋会計監査人」の会社の場合(注1)
(日本監査役協会)

---

平成〇年〇月〇日

〇〇〇〇株式会社
代表取締役社長〇〇〇〇殿(注2)

　　　　　　　　　　　　　　　　　　常勤監査役　　〇〇〇〇印
　　　　　　　　　　　　　　　　　　監査役　　　　〇〇〇〇印

監査報告書の提出について

　私たち監査役は，会社法第381条第1項の規定に基づき監査報告書を作成しましたので，別紙のとおり(注4) 提出いたします。

　　　　　　　　　　　　　　　　　　　　　　　　　　　　以　　上

---

監　査　報　告　書

　私たち監査役は，平成〇年〇月〇日から平成〇年〇月〇日までの第〇〇期事業年度の取締役の職務の執行を監査いたしました。その方法及び結果につき以下のとおり報告いたします。

1．監査の方法及びその内容(注イ)
　　各監査役は，取締役，内部監査部門(注ロ)その他の使用人等と意思疎通を図り，情報の収集及び監査の環境の整備に努めるとともに(注12)，以下の方法で監査を実施しました。
　① 取締役会その他重要な会議に出席し，取締役及び使用人等からその職務の執行状況について報告を受け(注13)，必要に応じて説明を求め，重要な決裁書類等を閲覧し，本社及び主要な事業所において業務及び財産の状況を調査いたしました。また，子会社については，子会社の取締役及び監査役等と意思疎通及び情報の交換を図り，必要に応じて子会社から事業の報告を受けました(注14)(注ハ)。
　② 会計監査人が独立の立場を保持し，かつ，適正な監査を実施しているかを監視及び検証するとともに，会計監査人からその職務の執行状況について報告を受け，必要に応じて説明を求めました。また，会計監査人から「職務の遂行が適正に行われることを確保するための体制」(会社計算規則第131条各号に掲げる事項)を「監査に関する品質管理基準」(平成17年10月28日企業会計審議会)等に従って整備している旨の通知を受け，必要に応じて説明を求めました(注21)。
　　以上の方法に基づき，当該事業年度に係る事業報告及びその附属明細書，計算書類(貸借対照表，損益計算書，株主資本等変動計算書及び個別注記表(注22))及びその附属明細書並びに連結計算書類(連結貸借対照表，連結損益計算書，連結株主資本等変動計算書及び連結注記表)について検討いたしました。

2．監査の結果(注23)
 (1) 事業報告等の監査結果(注ニ, ホ)
  ① 事業報告及びその附属明細書は，法令及び定款に従い，会社の状況を正しく示しているものと認めます。
  ② 取締役の職務の執行(注24)に関する不正の行為又は法令もしくは定款に違反する重大な事実は認められません。(注25)
 (2) 計算書類及びその附属明細書の監査結果
  会計監査人〇〇〇〇(注31)の監査の方法及び結果は相当であると認めます。(注32)
 <u>(3) 連結計算書類の監査結果
  会計監査人〇〇〇〇(注33)の監査の方法及び結果は相当であると認めます。(注34)</u>

3．後発事象（重要な後発事象がある場合)(注36)

　　平成〇年〇月〇日(注37)
　　　　　　　　　　　　　　〇〇〇〇株式会社
　　　　　　　　　　　　　　　常勤監査役(注38)　　〇〇〇〇　印
　　　　　　　　　　　　　　　監査役　　　　　　〇〇〇〇　印
　　　　　　　　　　　　　　　　　　　　　　（自　署)(注41)

　上記ひな型本文及び下記の注記において，番号による注記を付している箇所については，すべて「Ⅰ　株主に対して提供される監査報告書　1．機関設計が「取締役会＋監査役会＋会計監査人」の会社の場合」における当該注記に対応するものであるので，それらを参照されたい。

(注イ)　注6を参照。なお，当期における特別の監査事項がある場合，例えば，監査上の重要課題として設定し重点をおいて実施した監査項目（重点監査項目）がある場合には，「……監査の環境の整備に努めるとともに，〇〇〇〇を重点監査項目として設定し，取締役会その他重要な会議に出席し……」などと記載することが望ましい。

(注ロ)　注11を参照。なお，監査役間の協議により監査方針や監査計画を作成したり，相互に緊密に情報の交換を図っていることも考えられ，このような場合にその旨を表すときには，「各監査役は，他の監査役と意思疎通及び情報の交換を図るほか，監査方針等に従い，取締役，内部監査部門その他の使用人等と意思疎通を図り……」などと記載することも考えられる。

(注ハ)　大会社である取締役会設置会社においては，会社法及び会社法施行規則に定める内部統制システムを取締役会の専決事項として決議し，当該決議の内容の概要及び運用状況の概要を事業報告の内容としなければならない。また，監査役の監査報告書において，当該決議の内容及び運用状況が相当でない若しくは事業報告の記載が適切でないと認めるときは，その旨及びその理由を記載しな

ければならない。したがって，大会社の場合には，次項として，「事業報告に記載されている取締役の職務の執行が法令及び定款に適合することを確保するための体制その他株式会社及びその子会社から成る企業集団の業務の適正を確保するために必要なものとして会社法施行規則第100条第1項及び第3項に定める体制の整備に関する取締役会決議の内容及び当該決議に基づき整備されている体制（内部統制システム）について，取締役及び使用人等からその構築及び運用の状況について，定期的に報告を受け，必要に応じて説明を求め，意見を表明しました。」などと記載する。

さらに，「2．監査の結果」の「(1) 事業報告等の監査結果」の③として，「内部統制システムに関する取締役会決議の内容は相当であると認めます。また，当該内部統制システムに関する取締役の職務の執行についても，指摘すべき事項は認められません。」などと記載する。

(注二) いわゆる買収防衛策等が事業報告の内容となっているときは，当該事項についての意見を記載しなければならない（会社法施行規則第129条第1項第6号）。この場合，「2．監査の結果」の「(1) 事業報告等の監査結果」の③として（上記注ハにいう内部統制システムに関する取締役会決議について言及する場合には，④として），「事業報告に記載されている会社の財務及び事業の方針の決定を支配する者の在り方に関する基本方針については，指摘すべき事項は認められません。事業報告に記載されている会社法施行規則第118条第3号ロの各取組みは，当該基本方針に沿ったものであり，当社の株主共同の利益を損なうものではなく，かつ，当社の会社役員の地位の維持を目的とするものではないと認めます。」などと記載する。

また，同買収防衛策等に関する「監査の方法及びその内容」の記載方法については，「Ｉ　株主に対して提供される監査報告書　1．機関設計が「取締役会＋監査役会＋会計監査人」の会社の場合」における当該記載を参考にされたい。

(注ホ) 会計監査人設置会社においては，公開会社・非公開会社に関わらず，親会社等との取引であって，計算書類の個別注記表に関連当事者との取引に関する注記を要するものについては，取結役会が当該取引をするに当たり当社の利益を害さないように留意した事項及び当該取引が当社の利益を害さないかどうかについての取締役会の判断及びその理由，当該事項についての意見を事業報告に記載しなければならない（会社法施行規則第118条第5号）。また，事業報告に記載されている場合，監査報告に当該事項に対する監査役の意見を記載しなければならない（会社法施行規則第129条第1項第6号）。この場合，「監査の方法及びその内容」及び「監査の結果」の記載方法については，「Ｉ　株主に対して提供される監査報告書　1．機関設計が「取締役会＋監査役会＋会計監査人」の会社の場合」における当該事項に関する記載部分を参考にされたい。

＜その他＞
　上記以外の事項については，必要に応じて「Ⅰ　株主に対して提供される監査報告書　1．機関設計が「取締役会＋監査役会＋会計監査人」の会社の場合」における注記も参考としながら，各社の実状に応じて記載を検討されたい。

(例11) G型の2 機関設計が「取締役会＋監査役会＋会計監査人」の会社の場合(注1)
(日本監査役協会)

平成○年○月○日

○○○○株式会社
代表取締役社長○○○○殿(注2)

監 査 役 会(注3)

監査報告書の提出について

当監査役会は，会社法第390条第2項第1号の規定に基づき監査報告書を作成しましたので，別紙のとおり(注4) 提出いたします。

以 上

監 査 報 告 書

当監査役会は，平成○年○月○日から平成○年○月○日までの第○○期事業年度の取締役の職務の執行に関して，各監査役が作成した監査報告書に基づき，審議の上(注5)，本監査報告書を作成し，以下のとおり報告いたします。

1．監査役及び監査役会の監査の方法及びその内容(注6)
  (1) 監査役会は，監査の方針(注7)，職務の分担(注8)等を定め，各監査役から監査の実施状況及び結果について報告を受けるほか，取締役等及び会計監査人からその職務の執行状況について報告を受け，必要に応じて説明を求めました。
  (2) 各監査役は，監査役会が定めた監査役監査の基準に準拠し(注9)，監査の方針，職務の分担(注10)等に従い，取締役，内部監査部門(注11)その他の使用人等と意思疎通を図り，情報の収集及び監査の環境の整備に努めるとともに(注12)，以下の方法で監査を実施しました。
    ① 取締役会その他重要な会議に出席し，取締役及び使用人等からその職務の執行状況について報告を受け(注13)，必要に応じて説明を求め，重要な決裁書類等を閲覧し，本社及び主要な事業所において業務及び財産の状況を調査いたしました。また，子会社については，子会社の取締役及び監査役等と意思疎通及び情報の交換を図り，必要に応じて子会社から事業の報告を受けました。(注14)
    ② 事業報告に記載されている取締役の職務の執行が法令及び定款に適合することを確保するための体制その他株式会社及びその子会社から成る企業集団の業務の適正を確保するために必要なものとして会社法施行規則第100条第1項及び第3項に定める体制の整備に関する取締役会決議の内容及び当該決議に基づき整備されている体制（内部統制システム）(注15, 16)について，取締役及び使用人等からその構築及び運用の状況について定期的に報告を受け，必要に応じて説明を求め，意見を表明いたしました。(注17, 18)

③ 事業報告に記載されている会社法施行規則第118条第3号イの基本方針及び同号ロの各取組み(注19)並びに会社法施行規則第118条第5号イの留意した事項及び同号ロの判断及び理由(注20)については，取締役会その他における審議の状況等を踏まえ，その内容について検討を加えました。

④ 会計監査人が独立の立場を保持し，かつ，適正な監査を実施しているかを監視及び検証するとともに，会計監査人からその職務の執行状況について報告を受け，必要に応じて説明を求めました。また，会計監査人から「職務の遂行が適正に行われることを確保するための体制」（会社計算規則第159条各号に掲げる事項）を「監査に関する品質管理基準」（平成17年10月28日企業会計審議会）等に従って整備している旨の通知を受け，必要に応じて説明を求めました(注21)。

以上の方法に基づき，当該事業年度に係る事業報告及びその附属明細書，計算書類（貸借対照表，損益計算書，株主資本等変動計算書及び個別注記表(注22)）及びその附属明細書<u>並びに連結計算書類（連結貸借対照表，連結損益計算書，連結株主資本等変動計算書及び連結注記表）</u>について検討いたしました。

2．監査の結果(注19)
(1) 事業報告等の監査結果
① 事業報告及びその附属明細書は，法令及び定款に従い，会社の状況を正しく示しているものと認めます。
② 取締役の職務の執行(注24)に関する不正の行為又は法令もしくは定款に違反する重大な事実は認められません。(注25)
③ 内部統制システムに関する取締役会決議の内容は相当であると認めます。(注26) また，当該内部統制システムに関する事業報告の記載内容及び取締役の職務の執行についても，指摘すべき事項は認められません。(注27)
④ 事業報告に記載されている会社の財務及び事業の方針の決定を支配する者の在り方に関する基本方針については，指摘すべき事項は認められません。事業報告に記載されている会社法施行規則第118条第3号ロの各取組みは，当該基本方針に沿ったものであり，当社の株主共同の利益を損なうものではなく，かつ，当社の会社役員の地位の維持を目的とするものではないと認めます。(注28)
⑤ 事業報告に記載されている親会社等との取引について，当該取引をするに当たり当社の利益を害さないように留意した事項(注29)及び当該取引が当社の利益を害さないかどうかについての取締役会の判断及びその理由(注30)について，指摘すべき事項は認められません。
(2) 計算書類及びその附属明細書の監査結果
会計監査人〇〇〇〇(注31)の監査の方法及び結果は相当であると認めます。(注32)
(3) <u>連結計算書類の監査結果</u>
<u>会計監査人〇〇〇〇(注33)の監査の方法及び結果は相当であると認めます。</u>(注34)

3．監査役〇〇〇〇の意見（異なる監査意見がある場合）(注35)

4．後発事象（重要な後発事象がある場合）(注36)

　　　　平成〇年〇月〇日(注37)
　　　　　　　　　　　〇〇〇〇株式会社　監査役会
　　　　　　　　　　　　　常勤監査役(注38)　　　　〇〇〇〇　印
　　　　　　　　　　　　　常勤監査（社外監査役）(注39)　〇〇〇〇　印
　　　　　　　　　　　　　社外監査役(注40)　　　　〇〇〇〇　印
　　　　　　　　　　　　　監査役　　　　　　　　〇〇〇〇　印
　　　　　　　　　　　　　　　　　　　　　　　　（自　署）(注41)

(注1)　本ひな型は「事業報告等に係る監査報告書」，「計算書類等に係る監査報告書」及び「連結計算書類に係る監査報告書」のすべてを一体化して作成する場合のものである。「連結計算書類に係る監査報告書」を別途独立して作成することとする場合には，本ひな型の下線部分を削除する。

(注2)　会社法において，監査報告書の提出先は，「特定取締役」とされている（会社法施行規則第132条第1項及び会社計算規則第132条第1項。「特定取締役」の定義は会社法施行規則第132条第4項及び会社計算規則第130条第4項参照）。したがって，送り状の宛先には，特定取締役の肩書・氏名を記載することが考えられる。ただし，本ひな型では，①株主に対して監査報告書を提供する義務を負っているのは代表取締役であること，②監査報告書を備え置く義務は会社，すなわち代表取締役が負っていること等の理由により，代表取締役社長を宛先としている（場合によっては，代表取締役社長と特定取締役を併記することも考えられよう）。送り状の宛先については，各社の実状に応じて検討されたい。

(注3)　送り状の監査役会の印の取扱いについては，各社の内規による。

(注4)　本送り状は，監査報告書を書面により提出した場合を想定したものである。監査報告書を電磁的方法により特定取締役に対して通知する場合などにおいては，「別紙のとおり」とあるのを「別添のとおり」など所要の修正を行うこととなる。

(注5)　「審議の上」の箇所については，「審議の結果，監査役全員の一致した意見として」など，適宜な表現とすることも考えられる。

(注6)　「1．監査役及び監査役会の監査の方法及びその内容」に関し，旧商法では監査の方法の「概要」の記載が求められていたが，会社法では「概要」ではなく，実際に行った監査について，より具体的な方法・内容の記載を要することに留意すべきである（会社法施行規則第129条第1項第1号，会社計算規則第128条第2項第1号ほか）。具体的な方法・内容を記載することにより，監査報告の利用者の理解を得ることも期待され，特に当期における特別の監査事項がある場合，例えば，監査上の重要課題として設定し重点をおいて実施した監査

項目（重点監査項目）がある場合には，「監査役会は，監査の方針，職務の分担等を定め，○○○○を重点監査項目として設定し，各監査役から……」などと記載することが望ましい。

（注7）　「監査の方針」の箇所については，当該監査対象期間における監査方針に従った旨を明確に表す場合には，「当期の監査方針」と記載することが考えられる。また，当期の監査の方針を監査報告に明記することも考えられる。

（注8）　各監査役の職務の分担を含めた監査計画を策定している場合には，監査上の重要性を勘案し，「職務の分担」に代えて，「監査計画」と記載することが考えられる。

（注9）　監査役会において監査役監査基準を定めていない場合には，「監査役監査の基準に準拠し，」の部分は省く。

（注10）　「監査の方針」の箇所について注7，「職務の分担」の箇所について注8参照。

（注11）　「内部監査部門」との表現については，適宜の部門名等を各社の実状に合わせて記載されたい。

（注12）　会社法施行規則第105条第2項及び第4項参照。会社に親会社がある場合には，「……取締役，内部監査部門その他の使用人，親会社の監査役その他の者と意思疎通を図り，……」とすることが考えられる。

（注13）　会社法施行規則第100条第3項第4号により取締役会において決議されている自社及び子会社の取締役及び使用人等が監査役に報告をするための体制その他の監査役への報告に関する体制に基づいて，監査役が報告を受けた事項について言及している。監査の態様によっては，「取締役及び使用人等からその職務の執行状況について報告を受け……」の「使用人」の箇所を「内部監査部門」等と明記することも考えられる。

（注14）　子会社の取締役及び監査役等との意思疎通及び情報交換については，会社法施行規則第105条第3項及び第4項参照。子会社の取締役及び監査役等との意思疎通及び情報交換において監査に影響を与える事項があった場合は，具体的に記載し，その後の対応を「2．監査の結果」で記載することも考えられる。

　なお，会社法第381条第3項に定める子会社に対する業務・財産状況調査権を行使した場合には，「……子会社に対し事業の報告を求め，その業務及び財産の状況を調査いたしました。」などと記載することが考えられる。

（注15）　本ひな型では，会社法第362条第4項第6号による取締役会決議に基づいて現に整備されている体制を「内部統制システム」と言及している。事業報告における具体的な表題・頁数等に言及して記載することも考えられる。

（注16）　会社法施行規則第100条第1項第5号においては，「当該株式会社並びにその親会社及び子会社から成る企業集団」とされ，企業集団に親会社も含まれるが，会社法第362条第4項第6号では，取締役会が決定すべき業務執行事項として挙げられている企業集団の内部統制システムは当該会社と子会社に限定されていることから，本ひな型では当該会社と子会社に限定している。なお，企業集団の内部統制システムに親会社が含まれるのは取引の強要等，親会社による不

当な圧力に関する予防・対処等を念頭に置いたもので（内部統制システムに係る監査の実施基準第13条第1項第3号参照），監査において当該リスクを特に勘案しなければいけない事情がある場合は，企業集団を，親会社を含めたものとした上で，具体的な監査方法や監査結果を記載することも考えられる。

(注17) 内部統制システムに係る監査役監査の実施基準を定め，それに従って監査を実施した旨を表す場合には，「……体制（内部統制システム）について，監査役会が定めた内部統制システムに係る監査役監査の実施基準に準拠し，取締役及び使用人等からその構築及び運用の状況について定期的に報告を受け，必要に応じて説明を求め，意見を表明いたしました。」などと記載することが考えられる。また，監査報告の利用者の理解の点から，説明を求めた事項や，意見を表明した事項のうち重鬱なものについては，具体的に記載し，執行側の対応を「2．監査の結果」で記載することも考えられる。

なお，内部統制システムに関する取蹄役会決議は，大会社の場合には義務であるが，それ以外の会社については任意である。なお，注26及び注27も参照されたい。

(注18) 本記載における「取締役及び使用人等」は，当該会社の取締役及び使用人等を指している。子会社については，企業集団の内部統制システムの構築及び運用に関し親会社としてどのように対応しているかのチェックが主になるが，子会社から構築及び運用の状況について報告を受けた場合などは，「子会社の取締役及び使用人等からも必要に応じてその構築及び運用の状況について報告を受け，説明を求めました。」などの記載をすることも考えられる。

(注19) 会社がいわゆる買収防衛策等を策定している場合の記載である。事業報告に会社法施行規則第118条第3号に掲げる事項が記載されていない場合には記載することを要しない。なお，注28も参婿されたい。

(注20) 会社法施行規則第118条第5号の事項についての記載が事業報告にない場合には，監査報告へ記載する必要はない（会社法施行規則第130条第2項第2号，第129条第1項第6号）。

(注21) 監査役及び監査役会は，監査報告書において「会計監査人の職務の遂行が適正に実施されることを確保するための体制に関する事項」（会社計算規則第128条第2項第2号及び第127条第4号。以下，「会計監査人の職務遂行の適正確保体制」という。）を記載しなければならない。監査役及び監査役会は，会計監査人からその職務遂行の適正確保体制に関する事項（会社計算規則第131条。条文の文言は「会計監査人の職務の遂行が適正に行われることを確保するための体制に関する事項」）の通知を受けたうえで（通知を受ける者は特定監査役である），当該体制が一定の適正な基準に従って整備されていることについて確認を行うこととなる。本ひな型では，会計監査人の職務遂行の適正確保体制に係る通知事項とそれに対する確認の方法について，「会計監査人から……に従って整備している旨の通知を受け，必要に応じて説明を求めました。」と言及している。「一定の適正な基準」として，本ひな型では「監査に関する品質管理

基準」（平成17年10月28日企業会計審議会）を挙げているが，ほかに日本公認会計士協会の実務指針（品質管理基準委員会報告書第1号「監査事務所における品質管理」，監査基準委員会報告書220「監査業務における品質管理」）等も重要である。

　なお，会計監査人の職務遂行の適正確保体制に係る監査役及び監査役会の確認結果については，本ひな型では，独立の事項として記載されるのではなく，「2．監査の結果」の「(2)　計算書類及びその附属明細書の監査結果」及び「(3)　連結計算書類の監査結果」における「会計監査人の監査の方法及び結果は相当である」と認めた旨の記載に含まれている。会計監査人の職務遂行の適正確保体制について特に強調すべき事項又は明らかにしておくことが適切であると考えられる事項がある場合には，「1．監査役及び監査役会の監査の方法及びその内容」又は「2．監査の結果」の「(2)　計算書類及びその附属明細書の監査結果」もしくは「(3)　連結計算書類の監査結果」において具体的に記載されたい。

(注22)　「個別注記表」を独立した資料として作成していない場合には，「……当該事業年度に係る計算書類（貸借対照表，損益計算書及び株主資本等変動計算書）及びその附属明細書……」と記載する。「連結注記表」についても同様である（会社計算規則第57条第3項参照）。

(注23)　「監査の結果」の項に関して指摘すべき事項がある場合には，その旨とその事実について明瞭かつ簡潔に記載する。なお，監査のために必要な調査ができなかったときは，その旨及びその理由を該当する項に記載する。また，「1．監査役及び監査役会の監査の方法及びその内容」において，重要監査項目についての言及がある場合には，「監査の結果」において当該重点監査項目の監査結果等を記載することも考えられる。「1．監査役及び監査役会の監査の方法及びその内容」に，内部統制システムに関して，説明を求めた事項や意見を表明した事項について記載した場合並びに子会社の取締役及び監査役等との意思疎通や情報交換において知り得た，監査に影響を与える事項を記載した場合も同様である。

　「監査の結果」の記載にあたっては，継続企業の前提に係る事象又は状況，重大な事故又は損害，重大な係争事件など，会社の状況に関する重要な事実がある場合には，事業報告などの記載を確認の上，監査報告書に記載すべきかを検討し，必要あると認めた場合には記載するものとする。

(注24)　「職務の執行」の箇所は，法令上の文言に従って「職務の遂行」と記載することも考えられる（会社法施行規則第130条第2項第2号及び第129条第1項第3号参照）。本ひな型は「職務の執行」で用語を統一している。

(注25)　取締役の職務の執行に関する不正の行為又は法令若しくは定款に違反する重大な事実を認めた場合には，その事実を具体的に記載する。

　なお，例えば期中に第三者割当が行われ有利発行該当性に関する監査役意見が公表された場合など，監査役がその職務において対外的に公表した意見がある場合には，必要によりその枕要を記載することも考えられる。

(注26) 内部統制システムに関する取締役会決議の内容が「相当でないと認めるとき」（会社法施行規則第129条第1項第5号及び第130条第2項第2号）は，その旨及びその理由を具体的に記載することが求められる。

特に，監査役の職務を補助すべき使用人に関する事項，取締役及び使用人が監査役に報告をするための体制その他の監査役への報告に関する体制，監査役に報告をした者が当該報告をしたことを理由として不利な取扱いを受けないことを確保するための体制及び監査役の職務の執行について生ずる費用の前払又は償還の手続その他の当該職務の執行について生ずる費用又は債務の処理に係る方針に関する事項など，監査役の監査が実効的に行われることを確保するための体制（会社法施行規則第100条第3項各号に掲げる事項）に係る取締役会決議の内容については，監査役による実効的な監査の前提をなすものとしても重要であり，監査役が求めた補助使用人等の配置が決議されていないなど何らかの問題等が認められる場合には，積極的にその旨を記載することとなる。

(注27) 事業報告に記載されている内部統制システムの運用状況の概要が「相当でないと認めるとき」（会社法施行規則第129条第1項第5号及び第130条第2項第2号）は，その旨及びその理由を具体的に記載することが求められる。

なお，期中あるいは直前期において重大な企業不祥事が生じた場合には，その事実及び原因究明並びに再発防止策の状況は，多くの場合，事業報告においても記載すべき重要な事項であると考えられる。監査役としては，①事業報告における記載内容が適切であるか，②再発防止に向けた業務執行の状況が取締役の善管注意義務に照らして問題等が認められないかなどについて，意見を述べる。

(注28) いわゆる買収防衛策等及びそれに対する取締役会の判断についての意見の記載である（会社法施行規則第130条第2項第2号，第129条第1項第6号。当該事項が事業報告の内容となっていない場合には，本号の記載は要しない。）。

買収防衛策の適正さに関する監査役の判断・役割が重視されつつあることにかんがみ，指摘すべき事項があれば具体的に記載することが望ましい。なお，「事業報告に記載されている会社の財務及び事業の方針の決定を支配する者の在り方に関する基本方針」や「事業報告に記載されている会社法施行規則第118条第3号ロの各取組み」の箇所は，事業報告における具体的な表題・富数等に言及して記載することも考えられる。

(注29) 親会社等との取引であって，計算書類の個別注記表に関連当事者との取引に関する注記を要するものについては，事業報告に当該取引をするに当たり会社の利益を害さないように留意した事項及び取締役会の判断及び理由を記載しなければならない（会社法施行規則第118条第5号）。また，事業報告に記載されている場合には，当該事項についての監査役会の意見を監査報告に記載しなければならない（会社法施行規則第130条第2項第2号，第129条第1項第6号）。

なお，事業報告に会社の利益を害さないように留意した事項がない旨記載されている場合でも当該判断が適切かどうかについて監査役は意見を述べること

になる。

（注30） 社外取締役を置く会社において，取締役会の判断が社外取締役の意見と異なる場合には，社外取締役の意見も事業報告に記載しなければならない（会社法施行規則第118条第5号ハ）。取締役会の判断と社外取締役の意見が異なる場合には，取締役会の判断及び理由並びに社外取締役の意見を勘案し，必要に応じて代表取締役や社外取締役と意見交換を行う等により，監査役及び監査役会として指摘すべき事項がないかどうか，十分検討することが必要である。

（注31） 監査法人の名称又は公認会計士の事務所名及び氏名を記載する。

（注32） 会計監査人の監査の方法又は結果を相当でないと認めたときは，その旨及びその理由を具体的に記載する。

（注33） 注31に同じ。

（注34） 注32に同じ。なおて　連結経営が進展している状況にかんがみ，事業報告における連結情報の記載のあり方等も踏まえると，「連結計算書類の監査結果」を「計算書類及びその附属明細書の監査結果」より前に記載することも考えられる。

（注35） 監査役会と異なる意見がある場合には，当該監査役の氏名を記載し，異なる意見とその理由を明1療かつ簡潔に記載する。

（注36） 法令上，監査役（会）の監査報告書に記載すべき後発事象は，計算関係書類に関するものに限られる（ただし，会計監査人の監査報告書の内容となっているも　のを除く。会社計算規則第127条第3号）。記載すべき事項があれば具体的に記載する。

　なお，事業年度の末日後に財産・損益に影響を与えない重要な事象が生じた場合には，株式会社の呪況に関する重要な事項として事業報告に記載しなければならないので（会社法施行規則第120条第1項第9号参照），留意を要する。

（注37） 監査報告書作成日は，法定記載事項とされていることに留意する（会社法施行規則第130条第2項第3号，会社計算規則第128条第2項第3号）。

（注38） 常勤の監査役は，その旨を表示することが望ましい。なお，常勤の監査役の表示は，「監査役（常勤）〇〇〇〇」とすることも考えられる。

（注39） 会社法第2条第16号及び第335条第3項に定める社外監査役は，その旨を表示することが望ましい。なお，「常勤監査役（社外監査役）〇〇〇〇」の箇所は，「常勤社外監査役〇〇〇〇」とすることも考えられる。

　また，社外監査役の表示方法については，署名欄における表示に代えて，監査報告書の末尾に脚注を付し，「（注）監査役〇〇〇〇及び監査役〇〇〇〇は，会社法第2条第16号及び第335条第3項に定める社外監査役であります。」と記載することも考えられる。

（注40） 「社外監査役〇〇〇〇」の箇所は，「監査役（社外監査役）〇〇〇〇」とすることも考えられる。

（注41） 監査報告書の真実性及び監査の信頼性を確保するためにも，各監査役は自署した上で押印することが望ましい。なお，監査報告書を電磁的記録により作成

した場合には,各監査役は電子署名する。

＜その他＞
　期中に監査役が欠けた場合等は,監査報告書にその事実を具体的に注記する。

# 第9章
# 繰り返される企業不祥事と監査役の役割

## 1 企業不祥事はどうして起きるか

### 1 企業不祥事はいつでも起きる

　企業不祥事はいつでも起きる。それは人間本来の性に起因しているからである。人間の性は性善ともいえるし性悪ともいえる。性悪の部分はちょうど癌細胞のように劣悪な条件が揃ったときに芽をふきはじめる。特に日本の場合は島国の中で列強国から侵略されることなく，また民族的対立や文化的異質性もなく比較的穏やかに純粋培養的に生活してきたためか，危機意識が低いように思われる。それは単に意識が高い低いという前に本能的なDNA（遺伝子）が長い歴史を経て危機意識の低い構造になっているのではないかと思われる。

　そうでなければ同じような不祥事が次から次へ性も懲りもなく発生することをどう説明したらよいか分からない。そうかと思えば同じ会社の中で同じ過ちを繰り返す。それも小さな事件ではなく会社の存在を危機に陥れるような大事件の話である。つまりどんな大事件が起きても他山の石はおろか自山の石ともならないのである。これは責任のとりかたとも関係している。そもそも日本ではトップほど責任が取り難くトカゲのしっぽ切りになるケースが多い。であるから乞食と社長は3日やったら辞められないということになるらしい。報酬がもっと低く責任がもっと重ければ誰もしがみつくようなポストではあり得ない。

　わが国は古来農業国であり，皆が力を合わせて田植えをはじめ農作物の収穫

にいそしんできた。そこには協調が必要であり，自己主張はむしろ邪魔ですらあったと思われる。不作になれば大体が天候の原因によるので誰の責任でもない。こうして自己主張をしない，かつ無責任体質の国民性が長く培われてきたのではないだろうか。

同じような事件がついこのあいだマスコミに報道されていたと思ったら，今度は自社に発生してしまった。トップは深々と頭を下げて謝罪の意を示す。このようなことになる前にどうして他山の石を教訓に社内に徹底できなかったのか。それがトップの最大の仕事ではなかったのか。どうしていつもいつも繰り返されるのか不思議でならない。もちろん立派な会社もたくさんあると思われるが，総じてわが国では危機意識は薄いといえるだろう。

いずれにしてもこうした不祥事を招けば会社も従業員も皆が不幸になってしまうので，監査役も一肌脱いでなんとか未然に防止できるよう協力したいものである。

## ② 企業不祥事は内部統制の弱いところに起きる

企業不祥事は内部統制の弱いところに起きやすいことは歴史の証明するところである。それに輪をかけてリストラが不祥事を増加させることになる。内部統制の仕組みを強化するには人が要る。しかしリストラのおかげでますます内部統制は弱体化する。リストラが避けて通れないことだとすれば内部統制にはよほど工夫が必要となる。過去の事件の実績はそのほとんどが内部統制のないか薄いところに生じていることを再考してみたい。

わが国には伝統的に，仕事を進める上で信頼関係の仮定が必要であった。部下を信頼することが大前提で仕事は進められてきた。しかし不祥事の多くはこの信頼が裏切られたことに端を発するのである。

そもそも他人を信頼する性善説の上に立って内部統制を構築することは間違いであって，内部統制組織は性悪説で構築しなければならない。ないしは性悪説で構築すれば，よい統制組織になるというべきかもしれない。

つまり内部統制組織は性悪説で構築しておいて部下は信用すればよいので，

内部統制組織はあくまでも手続きであると割り切ればよいのではないかと思う。

## ③ 企業不祥事はトップの命令によっても起きる

いちばん悲劇なことはトップの命令によって引き起こされる不祥事であろう。トップがこのように遵法精神に欠け正しい企業哲学をもたない場合がもっとも救いがたい。企業不祥事が次々と発覚している昨今，トップは時代をどのようにみているかを問いたい。

21世紀は「本物の時代」，偽物・嘘物はどんどん淘汰されていく。なぜ本物の時代なのかそれは簡単なことで分かる。なぜなら21世紀はグローバルコンペティション（地球規模の大競争）の時代であって，偽物や悪質なものまたは高価なもの（他にない高付加価値のものは別）は淘汰を余儀なくされると考えられるからである。

それに内部告発の時代でもある。したがって会社の外からは絶対に分からないはずであるというものは1つもない。全部外部からみえるはずであるという前提で経営を進めなければなるまい。最低限の経営の必要条件としては遵法を胸に刻むことであると考える。法律は今日複雑化している。その様子は半透明の土壌の中に無数に埋設された地雷のようなものである。よく下をみて歩けば地雷は避けることができるものを，上を向いて歩こうよとばかり違法を無視すれば，どこかで地雷が爆発し会社もときには吹き飛ぶことになる。トップが分からないはずと勝手読みして暴走し違法行為を指令するほど愚かなことはない。21世紀はもはや時代がすっかり変わってしまったことにいまもって気づかぬトップがいたとすれば，こんな悲劇はない。

## ④ 企業不祥事は外部要因によっても起きる

企業不祥事の多くは内部要因で起きる場合がほとんどといってよいが，外部要因によって起きることもある。地震や風水害でダメージを受けるのは異常であるが典型的なケースである。その他，昔の森永砒素ミルク事件のように外部から仕入れた原料の中に毒物が混入されているケース等もある。

その中間的な事件としては総会屋による利益供与の事件がある。総会屋からの圧力に屈したことになるので意思決定は会社側にあり，必ずしも外部要因といいきれないので中間的事件としたのである。

それからかつての有価証券の「飛ばし」のように会社側で違法と知らずに取引に応じるような場合もある。また違法でなくとも大きな落とし穴のあるデリバティブ等の資金運用取引等もある。地震や風水害は別にしてその多くは人的要因があるので絶対に未然に防止できないとはいえない。

## 2　企業不祥事を避け会社が生き抜く条件

### 1　トップの遵法精神の維持

企業不祥事を引き起こすか否かの基本はトップが遵法精神をもっているか否かにある。トップが遵法精神をもたないようでは心もとない。もしも永続的な会社の繁栄を願うのであれば，またドライに利益を追求したいと願うのであればますます遵法精神を旺盛にし，法律違反で会社が倒れることのないようトップ自らが社員に遵法を説くようでなければならない。法を守らずに競争に勝てるほど世の中は甘くはない。皆で渡れば交通違反も会社法違反も怖くないというほど世の中は甘くない。ルール違反は必ずやしっぺ返しがくるものと覚悟しておくべきであろう。

### 2　不快な話を歓迎しないトップは墓穴を掘る

売上がどんどん伸びたり，新製品がヒットしそうだという気持ちのよい話は誰が聞いても心地よいものである。一方で惨憺たる売上で営業所を撤退するとか，消費者からとんでもないクレームをつけられたとか，売っても売っても赤字だとか不快な話は聞きたくない。

そこで不快な話をもっていくと「朝っぱらから嫌な話はもってくるな」等と従業員を怒鳴りつけるという話を聞いたことがある。反対によい話をもっていくと叱られ，なるべく問題のある話をもってこいというトップの話も聞いてい

る。前者のような場合には従業員は大事な問題のある話はすべてもっていかなくなる。従業員はトップが喜びそうな話を誇張し，昔の大本営発表のような嘘の話までもちこみトップを喜ばせる。こうなればトップは裸の王様で，会社はどんどんむしばまれ，そうでなくても同業他社にどんどん遅れをとっていく。トップは賢くなければ，とても21世紀に勝ち残ることはできない。

### ③ 従業員を大事に扱わない会社は衰退する

どの会社でも長い歴史の中で苦しいことがある。いまをときめく有名な会社でも成長の時代に倒産寸前までいった会社がたくさんある。そのとき生き残った会社の多くのトップは従業員を思い，たとえ少ない給料でも苦楽をともにして総力をあげ再建に取り組んだ会社が多い。

企業は人なりというがお題目だけではだめである。心の底から従業員を愛し，その家族を思い，自分だけがよい思いをしようなどと考えては天罰が下るであろう。首を切る相手が自分の子供であったらそんなことが簡単にできるか。トップには従業員を心から大事にする哲学がなくては会社を繁栄させることはおぼつかない。お客様は神様で大事にするが，それは従業員の犠牲の上に成り立っているとすれば，ともに同じ人間を差別することで基本的に矛盾する考え方である。あるいはお客を単に集金の機械と考えていることかもしれない。

米国ＧＥ社のウェルチ会長が21世紀を生き抜く条件として，①よい製品を作ること，②キャッシュ・フローを重視すること，③従業員を大事にすることといっており，まさに同感である。

いずれも会社の土台である。もう一つ従業員を大事にすることが一般的に忘れられているように思えるのであえて付言したい。

### ④ 絶えず独創的勉強をしない会社は衰退する

会社も従業員も21世紀を生き抜くためには絶えず勉強しなければならない。絶えず人よりも半歩でも先んじて独創的な勉強をしないと会社は衰退する。権力闘争に明け暮れしているようではとても向上は望めない。それと目先の流れ

にとらわれることなく大きな流れ，大勢観を摑んでおく必要があろう。そうでないと判断できない事象がたくさん目の前に出現し，正しい判断ができなくなる。もと私が世話になった会社にいたときの話であるが，大豆が不作だといって米国へ飛んで行き現場をみると，惨憺たる光景でこれは大変だと考える。しかしその見方は必ずしも正しくない。むしろ飛行機で上空から広い地域をみたほうが判断を誤まらないとの話を聞いたことがある。

　これは盲人と象の童話を地でいったような話だが，経営者たるものは21世紀には先をできるだけ読んで行動するように心がけるべきと思われる。

### 5 情報の風通しがよくない会社は停滞する

　どんな意見でもどんどん言えて，またどんな意見でもトップがよく聞いてくれる会社は停滞しない。従業員はよく意見を聞いてくれることに満足し，嬉々として業務にいそしむことができる。

　もっとも，意見を聞くということは，ただ空耳で聞き流すことではなく，よい意見はこれをとりいれて実現することである。もし意見が異なるときは徹底的に話し合って相手を説得する手間をかけることが大切であろう。これも従業員を愛し会社を大切に思うからである。

### 6 信賞必罰のはっきりしない会社は停滞する

　従業員を大事にすることは悪平等でよいという意味にはならない。これだけ厳しい社会情勢の中では従業員にもベストを尽くしてもらわなくてはならない。そこで一所懸命に頑張る従業員，業績を上げた従業員にはそれなりの見返りを与える必要がある。また職務上責任の重い立場にある人とそうでない人との報酬上の扱いが同じであったり逆であったりしてはならない。一時的であれどう理由をつけようと働く者は納得しない。

　従業員の取扱いは本質的に平等でなければならない。そうしないと無気力が会社に蔓延し「休まず，遅刻せず，働かず」という人間が増えてしまう。このような会社は元来が不勉強であるから上の「3ず主義」の人間すらチェックで

きないに違いない。働く者の業績を正しくチェックする等は難しいことではあるが、そうした努力をするか否かで従業員の心は大きく変わると考えられる。従業員が信頼して働けばそれがまた業績に反映されるに違いない。

次に会社に多大の損害を与えた者にはそれなりの責任をとらせる必要がある。これをうやむやにするようではとても会社の行く先は安心できない。会社にはよくトカゲのしっぽ切りのようなことが行われやすいが、そのようなことではとてもシビアな経営は望めない。いつでもトカゲのしっぽ切りで自分の地位が安泰だと思えば経営が杜撰になる。他社の企業不祥事がそう気にならない。自分の身に迫る大変な出来事と思えないからである。社内で自分にも他の人にも厳しく対応できる信賞必罰のルールが必要であり、厳しい日々の経営が必要ではないかと思う。

## 7 危機管理の徹底できない会社は危ない

危機管理を徹底できない会社ほど危なっかしい会社はない。ある意味では最近発生した企業不祥事はすべて危機管理の問題と言い切ることもできる。危機管理は現場の問題だといってなんのチェックも入らないようだと、ある日突然に内部告発からマスコミのとりあげるところとなり、会社の屋台骨を揺さぶる問題になっていることになる。

したがってまずは当社の問題となる諸テーマを洗い出し、大事な部分を徹底的にマークしてチェック体制を整える。もちろん実行しなければなんにもならない。このことをトップが肝に銘じていれば、いままでの最近の事件は起きなかったといえるであろう。もっといえば、もう一歩の踏み込みが足りないのである。ＨＡＣＣＡＰであるとか第三者を信頼させる資格をとっても看板だけで中身を実行しなければなんにもならない。これは問題があると感じたとき、もう一歩踏み込んで調べたり、担当者に確認しながら忠告する等、もう一歩踏み込んでいきたい。

要は危機管理とは人件費等をよけいにかけることではなく、現在の体制の中でいかに効率的に人・物・金の資源配分を行うかである。重点項目には思い

きって人等を配置する。その代わり手抜きとなる部分が生じても仕方のないことと割り切るべきであろう。現代における危機管理とは損失をゼロに抑えることではなく，損失を最小にくい止めることであると考えている。

## ⑧ 経営は理想を実現させる道具

　21世紀は本物の時代であるが，それは同時に理想を実現させる時代であるといってもよいのではないか。利益を追求したい願いは古今東西いつの時代にも変わることのない真理であるが，相手を思いやることなく相手をごまかしてでも儲けようとする姿勢は21世紀には通用しない。自分が欲しくもない商品やサービスを提供して，なんとか自分だけよい思いをしたいという願いは必ず仕返しを受ける。自分なら欲しくない商品を他人に買えということは，しょせん理屈に合わない話であろう。

　会社は最高のサービスと商品を最低の価額で提供する。これは少なくとも20世紀には考えたことのないテーマである。常識的には無理な話である。しかしこの矛盾に満ちたパラドックスを実現できる会社こそ21世紀に生き残る会社であると確信する。そのためにはつねに常識を破る発想をもっていなければならない。

　非常識こそが理想実現の近道であるように思えるのである。発想を豊かに，そして奇想天外な発想力をもつ若者たちを常識の壁で寄せつけないようなことがあってはならない。理想を実現させる手段が経営であり，消費者に従業員に幸せを提供するものが経営であれば，自ずと経営に喜びと自信があふれてくるに違いない。またどんなに苦しくとも理想に燃え人々を幸せにする喜びがあればきっとその苦しみを乗り越えることができよう。

　経営には人を騙したり奪ったりという要素があっては，利益は長い目でみてついてこない。21世紀は知恵と実行力でぜひ理想を実現したいものである。

# 3　これから監査役が心がけること

## 1　内部統制組織の充実に心を配る

　企業不祥事は内部統制組織の弱いところに生じるという経験律に照らして，監査役はまず会社の内部統制がどのようになっているのかを知っておく必要がある。特にリストラが激しくなればますます内部統制は弱くなってくる。極端には1人の人間が1つの業務をすべて処理するようになる。これは自己完結型組織と呼ばれているが，こうなればチェックはまったく働かなくなる。

　かつての大和銀行ニューヨーク事件，住友商事の銅取引事件，英国ベアリング証券のシンガポール現地法人事件等すべて1人に任せきっていたために生じた事件である。そしてすべてに内部統制を働かせることが無理であれば，重点部分に内部統制を構築することでもよいと思う。そのために監査役が一役買って内部統制組織の調査と提言を行ってはどうかと考えている。

　内部統制のテーマは古くて新しいテーマと考えられるが，会計監査人も今日非常に大きな関心をもち，米国等でも非常に関心の深いテーマになっている。また上場する場合には必ず問われるテーマでもある。

## 2　危機管理の分析と提言を行う

　危機管理のテーマは本質的には業務そのもののテーマと考えられるが，誰それのエリアだといって遠慮しあってみても，会社がその問題を契機に倒産するようなことになっては遠慮が仇になるというものであろう。そこで監査役として一肌脱ごうと考えるものである。

　まず当社の危機管理項目を洗い出す。次にもし事件が発生したら会社が潰れるか左前になるような項目は何かを選定する。これらを危険度に応じてA，B，Cに分類する。会社によって異なるが恐らくはAに相当するテーマの数は10項目とはないと思われる。たとえばAが5項目あったとすればこれら5項目について当社はどのような対応をしているかについて再調査を行う。その結果，

チェックがなされていないとか，なされていても昼食時にはエアポケットのようにチェックがなくなる時間帯があるとか，ＨＡＣＣＡＰは名ばかりで，ある時点からチェックがなくなったとかさまざまの問題点が明らかになる。

そこで問題点のきわめて重要であることを説きつつ，チェックを十分行う提案をする。もしも人間が足りないのであれば他の部署を削っても増員すべきであるといった実現させるべき提案でなければならない。もしこのようなことを行っていればＹ社やＮ社のような事件は起きなかったであろうと思われるのである。大勢の人か少なくとも複数の人が問題のあることをみていて誰一人として会社に注意も忠告もしないということは，いかに会社の従業員の質が低いかあるいは忠告を聞き入れる耳をトップ以下がふだんもちあわせていなかったかであろう。これは大変に会社にとって不幸なことである。

そこで監査役としても関心を寄せ，力になるべきであると考えるしだいである。

### ３　勇気と行動力ある監査役を目指す

監査役の法的強化には目を見張るものがある。しかしこれらの諸道具は十分に使いこなされていないのが現実であろう。世間では監査役はほとんど機能していないようにみる向きがある。しかし21世紀は訴訟の時代であり，監査役は不祥事が発生しているのにストップをかけなかったり，見過ごしておくようなことがあればたちまち株主代表訴訟の対象になり損害賠償責任を負わされて橋の下で生活しなければならなくなる。

したがってこのような場面では監査役は逡巡してはならない。勇気をもって会社に進言すべきである。そして今後は好むと好まざるとにかかわらず，監査役はこうした行動を起こすものと思われるし期待もしている。それに４年という長い年月監査業務に携わってこんな忠言もできないようでは会社にも顔向けができない。なんの存在価値があったというのだろうか。

今日，経営者も時代に生き抜く難しさを知っており，誠意を尽くして説得すれば多くの場合理解してもらえると思う。結局勇気と行動力で忠告ないし阻止

に踏み切ることが，会社トップからも感謝され監査役自身にもよい結果をもたらすことになると確信する。

### 4 監査役は計算書類に明るくなろう

監査役は貸借対照表，損益計算書を特に力を入れて学ぶ必要がある。そのためには複式簿記の勉強をしなければならない。経理関係の業務を経験した人にとってはなんでもないことであるが，そうでない人々にとってはかなり面倒なことではある。

しかし貸借対照表，損益計算書の理解なく経営を語ることはできない。まさに無免許運転のようなものである。監査役はぜひ複式簿記を勉強して少なくとも貸借対照表は理解できるようにしていただきたい。特に小・中会社の監査役は会計監査人がいないので複式簿記の勉強が必要である。さもなければ粉飾決算など見抜くことはできない，簡単にいえば貸借対照表の借方・貸方の意味を理解しておく必要があるということである。

### 5 重点監査で大きな問題に対処する

監査役の数はきわめて限られている。特に小・中会社では1人である場合が多い。1人では極端にいえば何もできない。法定要件の諸チェックを行うだけでも精一杯であろう。そこで危機管理のところでも述べたように重点監査を心がけるとよいと思う。

すべてを全部監査しないと気がすまないという人もいるが，しょせん無理なことであるから最初から諦めてその代わりに重点項目を監査するのである。全部調査を監査用語では悉皆調査といい，部分調査をサンプリング調査といっているが，今日では悉皆調査は流行らない。会計監査人等も期末在庫の調査はサンプリング調査で行うことが多い。監査の効率をあげるにはこのようにサンプリング調査で行うことをお勧めしたい。

それと重点項目の中にぜひ考えておいてほしいものをいくつかあげてみたい。多分この中のいくつかは危機管理項目に該当すると思われるのであるが。

まずその1つは稟議書，契約書のチェックである。契約書等には将来の問題を内包しているものがあるので，ぜひみる機会を作りたい。

　次は簿外取引の問題である。資金運用等でデリバティブ等の簿外取引は表面上に損失がでてこないので監査の対象としたい。それとコピー等で改ざんされるのを防止する工夫をする必要がある。たとえば取引残高を担当部署でなく別の部署に送らせる等の工夫もある。

　第三は子会社の監査である。子会社はどうしても手薄になるので定期的に資産管理の状況をチェックしておきたい。

　第四は取締役会の議事録である。特に会社法362条4項，356条のチェック等は重要である。それと配当に違法性があるか等のチェックも欠かすことはできない。

## 4　内部統制の構築と充実が会社法の重要課題

　わが国の会社法で大きなテーマとして内部統制の構築と充実がとりあげられた。米国のように相当内部統制が充実しているとみられている国でも，ワールドコムやエンロンといった大会社の不祥事が発覚し，サーベンズオクスレー法（企業改革法）の制定に至った経緯をみると，いかに内部統制が重要かが分かるのである。その重要さは制度の充実だけではなく，いかに実行するかが重要なのである。

　内部統制の難しさは会社全体の動きをダイナミックにとらえる必要があるからである。そこで内部統制を有効ならしめるためには，どのような切り口でどう進めていくかということになるが，まずは自社のリスクを正確にとらえることから始めることをお勧めしたい。

　リスクの中で会社の命運を左右するような問題テーマを重要視して，これに重点的な資源配分を行い，徹底的に内部統制，チェック体制を作りあげる。それだけでも大きな問題は解決されるのである。

　今日世界的な内部統制のデファクトスタンダードといわれているCOSO

(The Committee of Sponsoring Organization of the Treadway Commission）の内部統制の基本的な考え方としては，内部統制とは3つの目標，すなわち①業務の有効性と効率性，②財務報告の信頼性，③関連法規制への準拠を達成することに関し合理的保証を提供するプロセスであるとし，その構成要素は①統制環境，②リスク評価，③統制活動，④情報と伝達，⑤モニタリング（監視活動）であるとしている。それはとにかく，内部統制を全社的な取組みの中でしかもトップダウン型で構築し，充実していかなければならない。

これは単に法的な要請であるばかりでなく，21世紀を会社が生き抜くための必要な条件なのである。

なお，平成26年の改正会社法では子会社を含む企業集団として内部統制を行うよう本法に明記され（会348③4，362④6），同時に子会社の内部統制の例示規定が示され（施規98，100），内部統制の運用状況を事業報告に記載させる（施規118①2）など，子会社を含むグループ企業の内部統制の充実に力点が置かれている。

これからの内部統制には子会社の内部統制の充実に力点が置かれなければならない。今までやや等閑視ぎみであった子会社等の内部統制に心して監査を行わなければならないと考えられる。

# 第10章
# 初心者のための貸借対照表の見方

## 1 貸借対照表とは何か

### 1 貸借対照表に対する最初の疑問

損益計算書は分かりやすいが貸借対照表は難しいという人が多い。それは常識でみるとなんとも理解できないことが，貸借対照表の中に多くみられるからだと思われる。

たとえば借方・貸方である。自分の資産なのに借方に書き，借入金なのに貸方に書けというのは変ではないかという最初の疑問がある。ここで借方・貸方というのは貸借対照表のそれぞれ左側・右側の名称のことである。

その他でも負債と資本は別の概念であると思われるのに，ともに貸方に書かれる。資本と資産はほぼ似た内容かと思われるのに資本は貸方へ，資産は借方へ書くとは納得がいかない。よくよくみれば引当金という名称のついた科目が一方では貸方に，他方では借方に△印で書いてあるのはどうしたことか。流動資産や固定資産という流動と固定の区別は何であるかとか，よくみればみるほど疑問がわいてくる。なんとも奇妙で理解しがたいものだと最初に拒否反応が起きてしまう。

しかし基本を理解してしまえばこれほど明快で納得性の高いものはない。であるからこそ複式簿記が発明されたといわれる15世紀のころから延々と500年も変わらずに使用されているのである。日進月歩の激しい時代の流れの中でこ

れだけ長く変化をせずに使用されているものはきわめて珍しいことではなかろうか。そこでぜひ複式簿記の理解に挑戦していただきたいのである。そのキッカケを話しておきたい。

## 2 会社における資産の考え方

Aさんは資産家だという場合の資産とは所有権に基づいた資産であって，他人から借り入れたものをたくさんもっていても資産家とはいわない。

ところが会社では自分のものも他人から借りたものもみな資産という。そこが個人の場合と異なるのである。そうだとすれば外見上立派な建物や広い土地や大きな生産設備等がいくらあっても，果たして自分（株主）の出資のものなのか他人（借金）のものなのかよく分からない。この内容をはっきりさせるものが貸借対照表ということができる。次にその様子を具体的に説明しよう。

## 3 貸借対照表の原型

ここに自動車の販売会社が2社（A社とB社）あるとしよう。この2社は自動車の販売の目的で原価200万円の自動車を3台それぞれが同じように仕入れたとし，ここから販売会社をスタートさせたとする。この様子を絵に書けば次の第10－1図のようになる。

しかし第10－1図では外見上は同じにみえるから，どちらの会社の内容がよいのか分からない。そこで今度は自己資金で仕入れたものか，借入金で仕入れたものか分かるようにするためレッテルをつけてみよう。この様子を第10－2図に示してみた。

第10章　初心者のための貸借対照表の見方　183

第10−1図

A社の資産

1台200万円で仕入

（計600万円）

B社の資産

1台200万円で仕入

（計600万円）

第10−2図

A社の資産

1台200万円で仕入

（計600万円）

B社の資産

1台200万円で仕入

（計600万円）

今度は明らかにA社の方がB社より優れていることが分かる。つまり同じ資産でも自己資金（資本金）で買った資産が借入金（負債）で買った資産より多いほうが優れた内容であることは説明を要しない。このことをまとめて第10－3図に表すこととしよう。この第10－3図が意味合いからみた貸借対照表の原型である。もうお分かりのように借方（左側）には具体的な資産をもってきて，貸方（右側）には調達の源泉，もっといえば自己資金によって調達したか借入金で調達したかの理由を書くことになる。つまり借方には具体的な資産を貸方にはその抽象的な理由を書くわけである。第10－3図からは簡単にいえば，A社は所有資産のうち2台の車は自己資金で後の1台は借入金で買ったものである。またB社は所有資産のうち1台の車は自己資金であとの2台は借入金で買ったものである，というように読むことができる。

第10－3図　A社貸借対照表　　　（単位：万円）

| 借　　方 | | 貸　　方 | |
|---|---|---|---|
| 車　　　両 | 600 | 借　入　金<br>資　本　金 | 200<br>400 |
| 合　　　計 | 600 | 合　　　計 | 600 |

B社貸借対照表　　　（単位：万円）

| 借　　方 | | 貸　　方 | |
|---|---|---|---|
| 車　　　両 | 600 | 借　入　金<br>資　本　金 | 400<br>200 |
| 合　　　計 | 600 | 合　　　計 | 600 |

この貸借対照表の原型を一般的な図形に表現してみると次のような第10－4図に表すことができる。

第10章　初心者のための貸借対照表の見方　185

第10-4図　開業貸借対照表

| 借　　方 | 貸　　方 |
|---|---|
| 資産（具象） | 負債（抽象） |
| | 資本（抽象） |
| 合　　計 | 合　　計 |

　そして大事なことは借方には具体的な資産がくるが，貸方には抽象的な理由がくることである。いわば貸方は影のようなものである。

　さて第10-4図は開業貸借対照表といって最初に商売を始めた状態を表しているが，実際に会社が走りだして営業活動を行えば，期末を迎えた段階で利益（または損失）を生み出していることになる。その結果が貸借対照表にも反映される。つまり利益（とりあえず損失は考慮しない）を生じた分だけ資産が増加するはずである。資本金はそんなに変動するものではないが，負債は増減するであろうから元のまま変わっていないとは考え難い。このように考えながら期末の一般的な貸借対照表を第10-5図に描いてみよう。

第10-5図　貸借対照表

| 借　　方 | 貸　　方 |
|---|---|
| 資　　産　　　　　　a | 負　　債 |
| | 資　　本 |
| | 資本（＝利益）　　b |
| 合　　計 | 合　　計 |

ここで資本（利益）としたのは，儲けである利益は自分のものであるから資本の仲間に入れることになる。ここで前にあった資本金はそのままであるとして区分してあるが，実際には同じ資本金であるから区分の線（ａｂ）はない。われわれが日常目に触れる貸借対照表は第10－5図のａｂ線をとったものであることを理解しておいていただきたい。そこで改めて第10－6図に最終の貸借対照表の図形を示しておくこととする。

第10－6図　貸借対照表（最終）

| 借　　方 | 貸　　方 |
|---|---|
| 資　　産 | 負　　債 |
|  | 資　　本<br>（うち利益含） |
| 合　　計 | 合　　計 |

## 2　貸借対照表の内容

### 1　貸借対照表の骨格

貸借対照表は個々に若干の差異はあるものの大体において，借方が大区分は資産の部で次の区分が流動資産，固定資産，ときに繰延資産から成り立ち，貸方は負債の部と純資産の部より成り立っている。次に負債の部は流動負債，固定負債，引当金から成り立っている。さらに純資産の部は株主資本として資本金，資本剰余金，利益剰余金，自己株式より成り，その他評価・換算差額等から成り立っている。

大きな骨格は上述のとおりであるが実際にはもう一つ下の区分までいかないと実務では役に立たない。そこで全部は網羅できないが実際に近い科目まで記載した貸借対照表を第10－7図に示してみた。

第10－7図　貸借対照表　　　　　　　（単位：千円）

| 科　目 | 金　額 | 科　目 | 金　額 |
|---|---|---|---|
| (資産の部) | ( 137,810) | (負債の部) | ( 77,550) |
| 流動資産 | 25,530 | 流動負債 | 20,050 |
| 　現金預金 | 2,500 | 　支払手形 | 4,500 |
| 　受取手形 | 2,000 | 　買掛金 | 1,500 |
| 　売掛金 | 8,600 | 　短期借入金 | 12,000 |
| 　有価証券 | 5,530 | 　未払金 | 800 |
| 　製品 | 6,670 | 　未払費用 | 1,000 |
| 　繰延税金資産 | 700 | 　その他 | 250 |
| 　その他 | 50 | | |
| 　貸倒引当金 | △ 520 | 固定負債 | 57,500 |
| | | 　退職給付引当金 | 5,700 |
| 固定資産 | 112,130 | 　長期借入金 | 20,000 |
| 　有形固定資産 | 97,550 | 　社債 | 27,100 |
| 　　建物 | 14,500 | 　修繕引当金 | 4,700 |
| 　　機械装置 | 8,900 | | |
| 　　工具器具備品 | 2,500 | | |
| 　　車両運搬具 | 3,000 | | |
| 　　土地 | 12,500 | (純資産の部) | ( 60,260) |
| 　　建設仮勘定 | 56,150 | Ⅰ　株主資本 | |
| | | 　　資本金 | 23,500 |
| 　無形固定資産 | 1,200 | 　　資本剰余金 | 13,300 |
| 　　電話加入権 | 60 | 　　　資本準備金 | 13,300 |
| 　　ソフトウェア | 1,140 | 　　利益剰余金 | 20,500 |
| | | 　　　利益準備金 | 1,700 |
| 　投資その他の資産 | 13,380 | 　　　その他利益剰余金 | 18,800 |
| 　　投資有価証券 | 12,000 | 　　　　別途積立金 | 10,800 |
| 　　長期前払費用 | 1,350 | 　　　　繰越利益剰余金 | 8,000 |
| 　　その他 | 30 | 　　自己株式 | △ 760 |
| | | Ⅱ　評価・換算差額等 | 3,720 |
| 繰延資産 | ( 150) | 　　その他有価証券 | 3,720 |
| 　社債発行費 | 150 | 　　評価差額金 | |
| 合　計 | 137,810 | 合　計 | 137,810 |

第10−8図　損益計算書　　（単位：千円）

| | |
|---|---:|
| 売　上　高 | 230,000 |
| 売　上　原　価 | 210,000 |
| 　　売　上　総　利　益 | 20,000 |
| 販売費及び一般管理費 | 15,000 |
| 　　営　業　利　益 | 5,000 |
| 営　業　外　収　益 | |
| 　　受　取　利　息 | 400 |
| 営　業　外　費　用 | |
| 　　支　払　利　息 | 300 |
| 　　経　常　利　益 | 5,100 |
| 特　別　損　失 | |
| 　　固定資産売却損 | 1,200 |
| 　　税引前当期純利益 | 3,900 |
| 　　法人税，住民税及事業税 | 1,550 |
| 　　当　期　純　利　益 | 2,350 |

## ② 貸借対照表の区分・科目の概説

### ① 流動と固定の区分

　流動資産や固定負債の流動・固定の区分は何によるのであろうか。この区分は一般にワンイヤールール（1年基準）といって，売掛金や買掛金のように1年以内に現金化したり，現金で支払の完了するものが流動資産や流動負債に記載される。もちろん当座預金等も広い意味で現金と考えてよい。したがって1年を超えて決済されるものが固定の中に区分記載されることになる。

　それから一般には流動資産と流動負債が最初に記載され，固定資産や固定負債は次に記載されるのであるが，製鉄業のように設備等の固定資産の重要性の高い業種では固定資産や固定負債が最初に記載される。前者を流動性配列法と呼び後者を固定性配列法と呼んでいることも知っておいていただきたい。

### ② 原価法，時価法，低価法

　会社法は原則として原価法を採用しているが，有価証券は原則としてすべて時価法である。なお運用目的の有価証券に関しては発生した評価益は損益計算書に表示されるが，運用以外の保有目的の有価証券の場合には評価益は貸借対

照表の純資産の部にその他有価証券評価差額金を設けて記載する（計規76⑦）。ただ，時価のない場合は原価法つまり取得原価による。有価証券以外の金融商品ではデリバティブ（ヘッジ目的は除く），ゴルフ会員券等も同様の時価法による。

次に棚卸資産の場合には原価法が許される。この場合には著しい低価に対し評価損を計上する，いわゆる強制低価法の拘束を受けることになる（計規5③）。また時価より低いときにはすべて評価損を計上する任意低価法も採用できる（計規5⑥）。しかし，平成20年4月1日以降開始の事業年度より企業会計基準第9号（平成18年7月5日）により，棚卸資産には低価法（従来でいう任意低価法）が適用されるので注意されたい。

### ③　貸倒引当金と控除方式

計算規則5条4項に，債権について取立不能の恐れある場合には取立不能の見込額を控除しなければならないと定めており，貸借対照表における貸倒引当金については△（引き算の意）で表示されることになっている（計規78）。他の引当金はもともと負債であるから貸方に記載されているが，貸倒引当金だけはこの規定に従い控除形式をとっている。

なお固定資産の投資の部における取立不能見込額についても同様の取扱いとする（計規78）。なお引当金の額を直接控除したときは，引当金の額を注記表に記載しなければならない（計規103①二）。

### ④　繰　延　資　産

近代会計の理論の中では1期間の損益を正しく捉えようとする考え方が基本になっている。たとえば期間5年の社債を発行した場合，当初支払われる社債発行費用は支払のあった最初の期に全部負担させることは正しくない。この費用は社債の存在している期間（5年）に均分に負担させることのほうが理にかなっている。そこで各期に全額の5分の1を負担させる。残った部分は貸借対照表の資産の部へ記載しておく。この記載額が繰延資産である。翌期以降順に5分の1ずつ費用化していく。会社法はこの繰延資産の扱いを繰延資産として計上することが適当であるものとし（計規74③五），具体的内容は金融商品取引法に委ねた。

なお繰延資産は流動資産や固定資産と区別して繰延資産の部を設けることとなっている。また，繰延資産の償却累計額を控除した残高を表示しなければならないとしている（計規84）。

⑤ **買掛金，未払金，未払費用**

買掛金は商品，原材料，包装資材等の営業循環の中にでてくるものの債務を示す勘定科目である。

次に未払金は未払税金のように金額の確定した債務を意味し，未払費用は未確定債務の月末や決算期末における見積計上額を意味する。しかし実務では未払金は固定資産の未払計上に，未払費用は買掛金や未払金以外の債務計上に使用されることが多い。一度自社でどのような区別で使用されているのか調べてみるのも面白いであろう。

⑥ **負債性引当金**

具体的には第10－7図にある修繕引当金のように合理的に計上された見積債務をいう。会社法は恣意性を避けるため任意の債務見積計上は原則的に許していないが，計算規則6条2項1号の引当金は唯一の負債性引当金である。この引当が許される条件は，

1） 費用または損失が特定している
2） 費用または損失の発生確率が高い
3） 費用または損失の原因が当期以前にある
4） 費用または損失金額が合理的に見積もれる

とあり，厳しくなっている。

⑦ **資本準備金，利益準備金**

資本準備金は元来株主が払い込んだもので，広い意味での資本金の一部である。会社法445条によれば，株主が払込みまたは給付を行った額の2分の1以下の額は資本準備金とすることができると規定している。その他株式交換，株式移転等により発生した差益や合併差益等も同じ性質のものであるが，その他資本剰余金として取り扱う。

次に利益準備金は，従来は利益の処分として支出した配当等の一定の割合を

利益準備金として計上してきたもので，会社法では445条1項4号に法務省令（計規22, 23）の定めに従い，配当した剰余金の額の10分の1を資本準備金または利益準備金として計上することになっている。なお，別途積立金や繰越利益剰余金等はその他利益剰余金として取り扱う。

会社法の中では剰余金と準備金の間での増減が可能であるが，利益準備金を減少させて，その他の資本剰余金にするとか，資本準備金を減少させて，その他の利益剰余金にすることは許されていない。

企業会計原則で定めている資本取引と損益取引混同禁止の原則が会社法にも貫かれており，資本金，資本準備金，その他資本剰余金相互間の増減および利益準備金，その他利益剰余金相互間の増減はそれぞれ可能であるが，前述のような組合せは不可能になっている。ただし，平成21年4月の会社計算規則の改正で利益準備金，その他利益剰余金から資本金に振り替えることが可能となった（計規25, 29）。

⑧ **自己株式の取得等**

自己株式を取得したときは純資産の部の株主資本の中に自己株式を設けて控除の形式で記載する（計規76②）。資本剰余金は資本準備金，その他資本剰余金とし，その他資本剰余金には減資差益，自己株式処分差益等を記載することができる（計規76⑥）。

また利益剰余金は利益準備金，その他利益剰余金とし，その他利益剰余金には任意積立金および繰越利益剰余金等を細分記載することができる（計規76⑥）。

# 3 簡単な経営分析

第10-7図をもとに簡単な経営分析を行ってみよう。

① 流動比率 $= \dfrac{\text{流動資産}}{\text{流動負債}} = \dfrac{25,530}{20,050} = 127\%$

一般に100％以上はよいとされている。昔は200％以上をよしとしたが，今日では100％以上で流動資産が流動負債をカバーできるので問題ないと思う。

② 固定比率＝$\dfrac{固定資産}{自己資本}=\dfrac{112,130}{60,260}=186\%$

一般に固定資産が自己資本でどの程度賄われているかをみる指標で，100％以下が健全とされている。したがってこの会社は問題含みといえる。

③ 固定長期適合比率＝$\dfrac{固定資産}{自己資本＋固定負債}=\dfrac{112,130}{60,260+57,500}=95\%$

しかし固定資産が自己資本で十分に賄われていなくても，長期借入金のようにすぐに返済を迫られない資金も加えて上のような比率でみたときに100％以下ならばよしとされる。

この会社はすれすれ合格といえるであろう。

④ 自己資本比率＝$\dfrac{60,260}{137,810}=43\%$

自己資本比率は総資産（貸借対照表の下の合計額）に占める自己資本の割合で，高いほどよい。業界の特徴等があっていちがいにはいえないが，50％が善し悪しの目安と思われる。この会社は大体よいと評価されよう。

⑤ 借入金依存度＝$\dfrac{長短借入金＋社債}{総資産}=\dfrac{59,100}{137,810}=42\%$

この指標は低いほどよい。この会社は総資産の約半分が借入金で賄われている。超デフレの時代には早く借金体質を脱却しなければ危険である。

⑥ 自己資本利益率（ＲＯＥ）＝$\dfrac{当期利益}{自己資本}=\dfrac{2,350}{60,620}=3.8\%$

自己資本利益率は株主の持ち分からどれだけの利益を得ることができたかをみる指標で，もちろん大きいほうがよい。しかしよく考えてみると負債の大小によって金利負担が違ってくる。金利負担の大小はまた利益に影響するということがあるので自己資本利益率だけでは実体の把握には不十分といえよう。

⑦ 総資本利益率（ＲＯＡ）＝$\dfrac{当期利益}{総資本}=\dfrac{2,350}{137,810}=1.7\%$

この指標は負債が大きいほど比率が小さくなるが，自己資本利益率よりも実

体をよく表している。特にデフレの時代には負債を減少させて身軽にする必要がある。したがって今日的にはＲＯＡを重視すべきと考えられる。

⑧　売上高営業利益率 $= \dfrac{\text{営業利益}}{\text{売上高}} = \dfrac{5,000}{230,000} = 2\%$

営業利益率２％は販売業のためか高くはない。

⑨　インタレストカバレッジ $= \dfrac{\text{営業利益}＋\text{受取利息}}{\text{支払利息}} = \dfrac{5,400}{300} = 18\text{倍}$

支払利息カバー率で18倍はよい内容といえる。

⑩　手元流動性比率 $= \dfrac{\text{現金預金}＋\text{有価証券}}{\text{売上高（月）}} = \dfrac{8,030}{19,166} = 0.4\text{倍}$

月売上高の0.4か月分の手元資金が用意されている。

⑪　売上債権回転日数 $= \dfrac{\text{受取手形}＋\text{売掛金}}{\text{売上高}} \times 365\text{（日）} = \dfrac{10,600}{230,000} \times 365\text{（日）}$
$= 17\text{（日）}$

手元流動性0.4倍＝0.4×30＝12（日）分の手元資金に対して売上債権の回収は17日かかるので理論上は資金繰りがややよくない。

⑫　使用総資本回転率 $= \dfrac{\text{売上高}}{\text{総資本}} = \dfrac{230,000}{137,810} = 1.6\text{（回）}$

総資本（貸借対照表の下の合計）が売上高に年間何回貢献したかを表し回転数が大きいほどよい。同業他社等と比較してみる必要がある。

　経営分析は時系列的に比較してみると変化の様子が分かるのと，同業他社との比較も大切である。もっといろいろな指標で分析してみると面白い。最近一番に重視されてきているのはキャッシュフロー分析である。しかし現行で使用されている国際的に認められている間接法によるキャッシュフロー分析は，あまり実体を表現していないのでいっそうの研究が必要である。

# 第11章 監査役のためのQ&A

## 1 一般事項

**Q1** 会社法上の会社の規模はどう区分されるか。

　従来の大中小で会社の規模を表す仕方は廃止された。代わって登場した会社区分のキーは大会社と公開会社である。

　その1である大会社は従前の大会社の定義と変わっていない。つまり期末の貸借対照表の資本金が5億円以上であるか，または負債総額が200億円以上である株式会社を大会社とよぶ（会2⑥）。大会社以外の会社は従来のように中・小の区分がなくなった。本書の中では非大会社とよぶことにした。

　その2である公開会社とは，その発行する全部または一部の株式の内容として譲渡による当該株式の取得について株式会社の承認を要する旨を定款に定めてない株式会社をいう（会2⑤）とあり，必ずしも上場会社を意味するものではない。公開会社の反対は株式譲渡制限会社であり，定義からすれば全部の株式が譲渡制限株式である場合であり，本書では非公開会社とよぶことにした。なお種類株式（複数の異なる内容の株式）を発行している場合に一部の株式に譲渡制限を設けているような場合は上の定義から公開会社であることに注意されたい。

## Q2 株主の基本的な権利は何か。

株主の基本的な権利は次の3つである（会105）。
 1号　剰余金の配当を受ける権利
 2号　残余財産の分配を受ける権利
 3号　株主総会における議決権
なお株主に1号と2号の全部を与えない旨の定款の定めは無効である（同条②）。従来は会社法105条に該当する規定はなかった。

## Q3 株式会社の機関で絶対的に必要なものは何か。

株式会社には1人または2人以上の取締役を置かなければならない（会326）とあり、取締役を置くことが第一の条件である。また取締役会を設置しない株式会社では取締役は株式会社の業務を執行する（会348）と定められており、取締役が執行機関であることが明示されている。第二は株主総会の開催である。定時株主総会は、毎事業年度の終了後、一定の時期に招集しなければならない（会296）としており、取締役と株主総会は株式会社成立の絶対的な条件である。

なお定款の定めにより、取締役会、会計参与、監査役、監査役会、会計監査人または委員会を置くことができる（会326）としている。

## Q4 資本金の定義はどう変わったか。

会社法445条に株式会社の資本金は別段の定めがある場合を除き、設立または株式の発行に際して株主となる者が払込みまたは給付をした財産の額とすると規定している。

旧商法では最低資本金が1,000万円と定められていたが，起業家にとって最低金額は足かせとなるところから平成15年施行の新事業創設促進法という5年間の時限立法が実施され，資本金は1円でもよいとされていた。そこで改正会社法の機会に本法へ繰り入れたとされている。

会社法の資本金は理論上は1円以上といわれている。なお資本金として払い込まれまたは給付された金額の2分の1を資本金とせず資本準備金とすることができる（同条②，③）。

## Q5　親・子会社の定義はどう変わったか。

会社法2条1項3号で，子会社とは会社がその総株主の議決権の過半数を有する株式会社その他の当該会社がその経営を支配している法人として法務省令で定めるものをいうとし，同4号で，親会社とは株式会社を子会社とする会社その他の当該株式会社の経営を支配している法人として，法務省令で定めるものをいうと定義している。

前段は従来の議決権基準であり後段が支配力基準といわれるもので，新しく金融商品取引法の考え方を取り入れたものである。

支配力基準とは施行規則3条に規定されているもので「財務および事業の方針の決定を支配している場合」をいう。具体的には，

(1)　他の会社の議決権の50％超を所有している場合

(2)　他の会社の議決権の40％以上を所有している場合（(1)を除く）で次のいずれかに該当する場合

　① 自己所有と同一意思者が所有の議決権数の合計が50％超の場合

　② 他の会社の取締役会等の構成員に対する自己の役員等が50％超である場合

　③ 他の会社の重要な財務および事業の方針決定を支配する契約がある場合

④ 他の会社の資金調達（期末貸借対照表の負債計上）に対して50％以上融資している場合

⑤ その他，財務および事業の方針決定を支配していることが推測される場合

(3) (2)の①以外，自己と同一の意思者でない場合を含み，50％超の議決権数を所有し(2)の②から⑤までに該当する場合

## Q6 附属明細書の役割はどのように変わったか。

従来の附属明細書の内容はその大部分が注記表等に移されたために，規定の開示項目はきわめて少なくなった。

まず計算規則145条で基本的な開示事項を次のように規定している。

① 有形固定資産および無形固定資産の明細
② 引当金の明細
③ 販売費および一般管理費の明細

次に公開会社にあっては，さらに次の事項を追加している。

① 貸借対照表，損益計算書，株主資本等変動計算書，個別注記表の内容を補足する重要事項
② 計算規則140条1項ただし書により省略した事項

## Q7 臨時計算書類とはどのようなものか。

株式会社は最終事業年度の直後の事業年度に属する一定の日における財産の状況を把握するため，法務省令の定めにより臨時計算書類を作成することができる（会411）。

ここで臨時計算書類とは次の①，②をいう。

① 臨時決算日における貸借対照表
② 臨時決算日の属する事業年度の初日から臨時決算日までの期間の損益計算書

なお臨時計算書類については一般の計算書類と同様に監査役や会計監査人の監査を必要とし，また株主総会の承認も必要となる。

臨時計算書類が新設された理由としては，まず第一に剰余金の配当がいつでもできるようになったこと（会453）と関連している。期中で配当を行おうとするときは，その時点での決算を行わなければ取締役が忠実義務を果たしたことにはならないからである。その他四半期決算の情報開示＊も検討されているので，臨時計算書類に対する要請はますます増加してくるものと考えられる。

＊　四半期報告書は平成20年4月以降開始の事業年度より開示を義務付けられる。

## Q8　非公開会社の増資に制限はあるのか。

会社法37条3項では，会社設立時には発行可能株式総数の4分の1を下回って株式を発行してはならないが，非公開会社の場合にはこの限りではないとしている。また会社法113条3項では，定款を変更して発行可能株式総数を変更するときは発行済株式総数の4倍を超えてはならないが，非公開会社の場合にはこの限りではないとしている。

したがって非公開会社の場合には無制限に増資は可能である。これはベンチャー企業に活力を与え機動的に資金調達ができるように配慮したものである。

## Q9　三様監査の連携とはどのようなことか。

会社の監査の形態には，監査役による監査と内部監査部門による監査および会計監査人による監査がある。この3つの様態の監査を三様監査とよぶ。三様

監査にはそれぞれ長短があり，各様態の監査が独自にすべての監査の要求を満たすことはできないと考えられる。たとえば監査役の監査では一般に会計監査に弱点があり，内部監査部門ではトップの業務監査に弱点があり，会計監査人の監査には業務監査に弱点があるといった具合である。そこでこれらの三者が連携を保ちながら監査を行えばそれぞれの弱点が補完されると考えられ，今後はますます三者の連携が必要になると考えられる。会計監査人を置かない組織の場合は少なくとも監査役と内部監査部門は連携しなくてはならない。

## Q10 会計参与とはどのような制度か。

会計参与の職務は，取締役と共同して計算書類および附属明細書，臨時計算書類，連結計算書類を作成することである。また法務省令の定める会計参与報告を作成しなければならないと規定している（会374）。

会計参与の有資格者は公認会計士もしくは監査法人または税理士もしくは税理士法人であるが，当該会社または子会社の取締役，監査役，執行役，支配人，その他の使用人は会計参与に選任できない（会333）。

また会計参与の選任は株主総会の決議で行われる。会社法で役員という場合は取締役，監査役および会計参与をいう（会329）。

なお株主代表訴訟の対象にもなっており（会847），取締役に準ずる取扱いとなっている。

## Q11 会社法上で署名と記名押印は同じか。

旧商法上で署名を要す記載のある条文が多くみられたが，「商法中署名スヘキ場合ニ関スル法律」があり「商法中署名スヘキ場合ニ於テハ記名捺印ヲ以テ署名ニ代フルコトヲ得」とあったので一般的には記名押印が行われていた。

この法律ができたのは明治33年であり，商法が最初に成立した明治32年の直後であるが，ヨーロッパ大陸の法律に倣って商法を定めたところ条文中に署名がたくさんあり，日本には署名の習慣がないことから急遽署名に代える法律を制定したといわれている。会社法ではこの署名に関する法律は廃止されたが，条文の中で「署名又は記名押印」の文言が使用されているので，実質的にはその内容は引き継がれている。

### Q 12　会社法に定める協議事項の意味は何か。

　会社法387条2項に「監査役が二人以上ある場合において，各監査役の報酬等について定款の定め又は株主総会の決議がないときは，当該報酬等は，前項の報酬等の範囲内において，監査役の協議によって定める。」とあり，この他にも協議という言葉は多く使用されている。一般に協議という場合には単に複数人の間で検討する意味に過ぎないが，会社法で協議という場合には全員の合意による決議を意味しているので注意を要する。
　たとえば監査役の退職慰労金は総会議案の中では「監査役の協議に一任願いたい」といった記述がしばしばみられるが，この例でも監査役全員の合意を意味している。大会社の場合には監査役会があって過半数の決議が法定されているが，協議事項の場合には区分されることになっている。
　なお監査役が1名の場合には協議できないのではないかという疑問が生ずるが1人の場合には1人の意思で決定せざるを得ず，1人の意思決定が協議に相当すると考えられる。

### Q 13　監査役の基本的役割は何か。

　明治32年商法が制定された当初から，司法，立法，行政に似せて監査役，株

主総会，取締役を定めたといわれている。当初はその考え方のごとく株主総会で決議を行い，取締役が決議に従って業務を執行し監査役は取締役の執行を監査することでスタートした。

もちろんこの考え方は基本的にはいまでも変わってはいない。ただ，昭和25年の商法改正で株主総会の有していた決議内容の多くの部分が取締役会に移された。その結果，取締役会の役割の中に決議事項が入ってきた。同時に執行を行う代表取締役を置くこととした。ただ監査役は一貫して取締役の業務執行を監視し，その過程および結果について監査を行うことでは変わらない。取締役の決議内容が法令・定款に違反しているか否かも当然に監査の範囲には入ってくる。

なお会社法389条適用の監査役は会計監査のみであるから，取締役の執行を監査する権限ないし義務はない。ただ，会計監査の中で発見された業務にかかわる重大な法令・定款違反や会社に著しい損害を与えるおそれある事項に関しては，中止や勧告を行うべきものと考えられる。

## Q14 対価の柔軟化とは何か。

旧商法では合併，分割，株式交換，株式移転等については消滅会社や分割会社または完全子会社等の株主に交付される財産は，原則として存続会社，承継会社または完全親会社等の株式に限定されていたが，国際化の影響もあり株式に限定することなく金銭やその他の財産をも認めることとした。このことを対価の柔軟化とよび会社法のいたるところにみられることになった。その他の財産とは具体的にはたとえば会社法749条にみられる社債，新株予約権，新株予約権付社債等である。

## Q 15　社外取締役と社外監査役は登記事項か。

　平成14年の商法改正で社外取締役は登記事項となった。それは定款に社外取締役の場合は責任限定契約を締結することができるなど一般の取締役と区分する必要性があったためといわれていた。しかるに時の経過をみると中小会社等で登記をしないケースも多くみられあまり実益も少ないところから，原則社外取締役は登記事項からは外された。その上で会社法911条3項22号における監査等委員会設置会社に必要な社外取締役のように直接法律効果が及ぶケースには社外取締役の登記を義務づけることとした。

　同様に社外監査役についても同18号のように監査役会設置会社の場合に半数以上の社外監査役が必要となる。社外監査役は，法律効果がただちに及ぶので登記を義務づけることとした。

　ちなみに従来から原則として社外監査役は登記事項ではなかった。

## 2　株　式

### Q16　端株制度は廃止されたが端株主はどう対処するのか。

　端株制度は廃止された。したがって会社法下では端株主はできない。もし増資等で端株相当が発生した場合には，端株相当の金銭を交付しなければならない（会234）。

　しかし会社法施行時において端株主である場合には，そのまま旧商法の適用を受けることになっているので特別な対応は必要ない（整備法86）。

### Q17　単元未満株主の権利はどのように変わったか。

　単元未満株主には議決権は与えられていない。しかし従来は権利として，①原則として議決権と議決権を前提にした権利以外の自益権は認められていた。②その他議決権に関しない共益権も認められていた（例：取締役会議事録の閲覧請求権，代表訴訟提起権，合併無効提訴権等）。

　ところが端株制度が廃止となったため，端株主に与えられていた権利と同様の制限を単元株未満の株主にも設けることにした。

　会社法189条によれば，単元未満株式には，全部取得条項付種類株式の取得対価の交付を受ける権利，取得条項付種類株式の取得対価の交付を受ける権利，株式無償割当てを受ける権利，単元未満株式の買取請求の権利，残余財産分配を受ける権利，その他法務省令で定める権利（施規35）以外の権利の全部または一部の行使ができない旨を定款に定めることができるとした。

　会社法施行規35条1項4号ホ・ヘが平成21年4月改正でつけ加えられ，株主名簿記載等の請求および譲渡制限株式の取得の承認請求が単独でできるように

なった。

なお，従来の単元株式数は千株であったが，さらに発行済株式総数の200分の1に当たる数が加えられた（施規34）。

## Q 18　取得請求権付株式と取得条項付株式との差異は何か。

取得請求権付株式とは，株式会社がその発行する全部または一部の株式の内容として株主が会社に対して所有する株式を会社が買い取るように請求できる定めを設けた株式で，いわば株主の権利が付された株式である（会2⑱）。

一方取得条項付株式とは，株式会社がその発行する全部または一部の株式の内容として会社が一定の事由が生じたことを条件にその株式を会社が株主から買い取ることができる旨の定めを設けた株式で，いわば会社の権利が付された株式といえる（会2⑲）。

## Q 19　種類株式発行会社とはどのような内容か。

会社法2条13号によれば，種類株式発行会社とは剰余金の配当その他の会社法108条1項に掲げる事項につき内容の異なる二以上の種類の株式を発行する株式会社をいう。旧商法では譲渡制限株式を発行する場合には全部の株式としない場合には認められなかったが，会社法では種類株式の中に一部を譲渡制限株式とすることも可能である。公開会社か否かは全部を譲渡制限株式とした場合に公開会社ではなくなるが，一部を譲渡制限株式とした場合は公開会社に該当する（会2①五）。

## 3　監査役の権限と責任

**Q 20**　会社法の施行により監査役の権限で大きく変わった点は何か。

　会社法の施行により監査役の権限で特筆に値する，大きな変化は次の諸点であると思われる。
　①　会社の規模に無関係な業務監査権と会計監査権の付与
　会社の規模にかかわらず会社法では監査役に業務監査権と会計監査権が付与された（会381）。この点は画期的なことで監査の実効性を期待するためには会計監査だけでは手落ちとなる。ただし会社法389条で会計監査だけを認める例外措置がとられたが，監査の本質からはこのような例外は認めるべきではないと考えられる。
　②　監査役の選任議案等に監査役の同意が必要
　従来監査役の選任議案等に監査役の同意が必要であったのは大会社の監査役のみであったが，会社法では規模の大小に関係なく監査役（監査役が複数いるときは過半数，または監査役会）の同意が必要となった。その他監査役選任を株主総会の目的とすることまたは監査役の選任議案を提出することを請求できるとしている（会343）。
　これら監査役の権限の拡大は会社の健全な発展成長のために必要なことで評価できる。
　③　会計監査人の選任等は監査役又は監査役会が決定
　平成26年の会社法改正で会計監査人の選任・解任・不再任についても監査役（監査役が複数いるときは過半数，または監査役会）が決定することとなった（会344）。
　この規定は会計監査人の設置が従来の大会社だけに必要であったが，非大会社においても任意に設置できるとしたことに対応した措置であるが非大会社の

監査役にも権限が認められた。

④　会計監査人の報酬決定に監査役の同意が必要

会計監査人の報酬を決定する場合には監査役（監査役が複数いるときは過半数，または監査役会）の同意が必要とされている（会399）。なお，公開会社の場合には同意した理由を事業報告に記載することになっている（施規126①2）。


### Q 21　監査役を設置しなくてよい場合とはどのような場合か。

会社法では監査役設置は株式会社の絶対的要件ではなくなった。原則としては監査役を置く場合が多いのであるが特別な場合に必要ではなくなった。監査役を置かなくてもよい場合の前提条件としては，

①　非公開会社（株式譲渡制限会社）であること
②　かつ非大会社であること

の2つの条件が必要である。その上で取締役設置会社である場合である。

取締役会設置会社には監査役が必要である（会327），しかし取締役会設置会社であっても会計参与を置く場合には監査役を置かなくてもよいとされた（会327②）。以上を整理すると監査役を置かなくてよい場合は次の2つの場合である。

①　取締役（1名以上）のみ
②　取締役会（3名以上）＋会計参与（1名以上）


### Q 22　監査役設置会社の定義は何か。

会社法2条1項9号によれば，監査役を置く株式会社であって会社法389条の規定を適用して監査の範囲を会計に限定することを定款に定める会社を除くとし，または監査役を置かなければならない株式会社であるとしている。

条文の中に頻繁に監査役設置会社という用語が使用されているが、この場合には会計限定の監査役を置く会社が除かれていることに注意する必要がある。たとえば会社法386条に、監査役設置会社と取締役の間で訴えが提起される場合には監査役が会社を代表するとしているが、この場合の監査役には会計限定の監査役（会389条適用）は含まれていないのである。

なお、会計限定の場合には会社法第2条の定義にも拘らず、登記上は監査役設置会社であり、会計限定の監査を行う旨の登記をする必要があるので注意を要する（会911③17）。

## Q23 監査役会は全員でなくとも開催は可能か。

会社法390条1項に監査役会はすべての監査役で組織する、とあるがこれは組織論を述べているのであって監査役会議のことをいっているのではない。一般に監査役会という場合には監査役会議のことであるからこの条文とは関係がない。したがって監査役会（議）は全員でなくても開催は可能である。ただし注意しなければならないことは、監査役会の決議は監査役（全員）の過半数をもって行う（会393）とされているのでこの要件は満たさなければならない。

仮に監査役会は監査役の過半数で成立すると監査役会規定に定めたとした場合、決議はその過半数で決めるとすると会社法違反になる。決議は監査役全員の過半数で決めるとしなければならないことに注意する必要がある。

## Q24 監査役の計算書類等の監査は変わったか。

まず計算書類の定義が変わった。旧商法では貸借対照表、損益計算書、利益処分案および営業報告書であったが、会社法では貸借対照表、損益計算書、株主資本等変動計算書、個別注記表となった（会435）。

ここで従来の利益処分案は廃止され，営業報告書は事業報告と衣替えして計算書類からは外された。

そこで監査役設置会社（会計限定の監査役を置く会社を含み，会計監査人設置会社を除く）においては監査役は計算書類と事業報告とこれらの附属明細書を監査することとされている（会436）。

次に会計監査人設置会社においては計算書類とその附属明細書については会計監査人と監査役が監査を行い，事業報告とその附属明細書については監査役が監査を行うこととしている（会436）。

従前と異なるところは事業報告で，会計監査人の監査は受けなくなったことである。

### Q 25 監査役の選任議案には監査役の同意が必要か。

会社法では監査役の選任に関する議案を株主総会に提出するには，監査役（監査役が2人以上いる場合にはその過半数）または監査役会の同意を得なければならないこと，また監査役（または監査役会）は監査役の選任を株主総会の目的とすることを請求できること，あるいは監査役の選任議案を株主総会に提出することを請求できることとした（会343）。

旧商法ではこれらの権限は大会社の監査役のみに限定されていたが，会社法では会社の規模の大小に関係なく監査役の人事権と報酬権（会387）は監査役に帰属することとなった。

### Q 26 監査役の独任制とは何か。

監査役の制度ができた当初から監査役には独任制といって，一人一人が自分の意思に基づき監査業務を行うことができる単独機関としての権能が与えられ

ていた。監査役の独任制を明定した条文はないが会社法390条2項の後段に「ただし，第3号の決定（監査の方針等の決定）は，監査役の権限の行使を妨げることはできない。」とした条文があり，監査役の独任制を確認することができる。

そもそも監査役は少人数であり，それぞれの意見を尊重することが有効な監査に結びつくとの考え方が基本にあったものと推測される。特に非大会社の場合には1人の場合が多く見受けられるので，独任制という考え方は当然のことと受け止められているのではないかと思われる。ただ複数の監査役となったときには意見が異なる場合があるので，改めて独任制の問題がでてくる。

なお大会社の場合には監査役会があり，監査役会では多数決で決議を行う原則になっているので，意見が異なり多数決による決議を行ったとき独任制と矛盾する場合がある。もっとも，大会社の場合には監査報告に反対ないし異なる意見の場合には付記することができることになっている。

## Q 27　監査役はライン業務を兼務できるか。

監査役は本来，ラインの業務を第三者の立場からチェックする機能であるから，自らラインの中に入ってしまっては自己監査になり，本来のチェックができなくなってしまう。そこでラインの業務は兼務できないのである。

会社法は一貫してこうした考え方に立っている。たとえば会社法335条2項に「監査役は，株式会社若しくはその子会社の取締役若しくは支配人その他の使用人又は当該子会社の会計参与若しくは執行役を兼ねることができない」とあり，自分の行った業務の監査を禁止していることからもうかがい知ることができる。

## Q 28　監査役は子会社または親会社の取締役を兼務できるか。

　監査役は自己の行った業務の監査はできないことになっている。自分の行った業務を監査すれば当然に利害が絡むから監査が甘くなる。元来自分の業務を監査することなどはできないものである。したがって会社法はそのことを固く禁じている。この問題の鍵は上のことから自己監査になるかどうかにあり，この視点で検討すれば答えはみつかるのである。

　まず監査役は親会社を監査する権限をもってはいない。そこで親会社の取締役としての行為に対して監査することはない。すなわち自己監査はあり得ない。したがって親会社の取締役を兼務することは可能であり合法的なこととなっている。

　次に子会社の場合はどうか。子会社に対しては会社法381条2項に親会社の監査役には子会社調査権のあることが定められている。したがって親会社の監査役が子会社の取締役を兼務すれば自己監査の問題がでてくる。そこで会社法335条で禁止するところとなっている。兼務が可能か否かは条文もさることながら，自己監査になるかどうかで判断すればほぼ間違いない。

## Q 29　海外子会社まで監査役の調査権は及ぶか。

　純法律的には海外の監査はその国の法律で規制されることになるので，わが国の商法による監査はできない。しかしあくまでも子会社であるから親会社の立場からはぜひ監査も行う必要がある。そこで子会社の取締役等に監査の必要なことを理解してもらい，監査を実現させなければならない。しかしいずれにしてもお願いベースのことであり純法律的にはできないことを念頭に置いておく必要がある。その上で監査を実現させるべきことであり親会社の力量が問われるのである。

## Q30 監査役が責任を問われる場合はどういうときか。

　監査役の責任は取締役の責任が行為責任であるのに対し監視責任といわれている。このことを別に取締役の責任を第一次責任と呼び，監査役の責任を第二次責任と呼ぶこともある。会社法の条文からすれば基本的には取締役の行為責任および監査役の任務懈怠責任は会社法423条の過失責任に集約される。

　任務懈怠の責任とは具体的には次の2つの場合になる。
① 不祥事を知っていながら何も行動を起こさなかった場合。
② 善良なる管理者の注意をもってすれば当然に知り得たはずの不祥事を知らなかった場合。つまり会社の相当部分の人間が知っていたのに監査役が知らないような場合をいう。この場合には悪意重過失が推定されるという法律家もいる。

　監査役としてもう1つ知っておきたいことは②のような事例では取締役は監査役にその不祥事を報告する義務があることである。

　会社法357条に「取締役は，株式会社に著しい損害を及ぼすおそれのある事実があることを発見したときは，直ちに，当該事実を株主又は監査役又は監査役会に報告しなければならない」とあり，監査役の責任追及の前に取締役が会社法違反を犯していることになるのである。

　この条文は取締役にぜひ知っておいてもらいたいものである。会社法389条適用会社の場合には会計監査のみであることから責任追及はほぼないと考えられるが，大きな不祥事を知っているときにはぜひ会社に対しストップをかけるか，または忠言する等の抑止行動をとっていただきたいものである。

## Q31 監査役の解任は株主総会の普通決議でできるか。

　まず役員（取締役，会計参与，監査役）および会計監査人はいつでも株主総会

の決議で解任することができる（会339）とあるが，その解任の決議は普通決議で行われる（会341）。この場合の普通決議とは会社法309条に規定する一般の普通決議とは異なり，株主の議決権数の過半数（3分の1以上の割合を定款で定めた場合はその割合以上）を有する株主が出席し，その議決権の過半数（これを上回る割合を定款に定めればその割合以上）をもって決議すると定められている。

しかし監査役の場合は特別決議によるとして，旧商法の取扱いと変わらないこととした（会309②七）。特別決議とは議決権を行使できる株主の過半数（3分の1以上を定款で決めたときはその割合以上）所有の株主が出席し，その議決権の3分の2（これを上回る割合を定款に定めればその割合）以上をもって決議するとするものである。

取締役解任は旧商法では特別決議によるとされていた。

## Q 32　監査役は取締役の不祥事を発見したときどう対処すべきか。

取締役が不正行為を行いまたは行うおそれのあるとき，あるいは法令定款に違反する事実や著しく不当な事実があるときには，差止請求権を発動することもできるが（会385），取締役または取締役会設置会社では遅滞なく取締役会へ報告しなければならない（会382）。

一方，取締役が他の取締役の不正行為等を最初に発見したときには監査役また監査役会設置会社では監査役会に，いずれもない場合には株主に対してただちに報告する義務がある（会357）。

ちなみに会計監査人が第一発見者である場合には，遅滞なく監査役または監査役会に報告することになっている（会397）。

なお会計限定の監査役には報告の義務はない（会389⑦）。

## 4　監査役の任期

### Q 33　監査役の会社法上の任期は何年か。

　会社法336条によれば，監査役の任期は原則4年としている。しかし非公開会社においては定款に定めを置くことにより10年まで任期を伸長することができるとした。これは元有限会社の役員の任期には制限がなかったことを配慮したものである。

　ただし，任期満了の前に退任した監査役の補欠として選任された場合には，退任した監査役の任期までの残りの期間とすることも可能とした（会336③）。

　なお，最初の監査役（会社設立時の監査役）の任期は1年とする，との規定は廃止された。

### Q 34　会計限定の監査役を置く会社の業務監査は誰が行うのか。

　監査役は会社の規模にかかわらず業務監査権と会計監査権の両方を与えられているが（会381），特例として会社法389条を適用する場合には会計のみに監査範囲を限定することができる。この場合には業務監査に相当する部分は誰が行うのか。会社法は業務に関する監視を株主に期待したといわれている。それらの規定を列挙すると，

① 　株主は権利の行使に必要なときは，裁判所の許可なく取締役会の議事録を閲覧等することができる（会371②）。

② 　取締役会設置会社の株主は取締役が法令・定款違反等の行為をなしまたはなすおそれがある場合には取締役会の招集を請求し，または一定の条件下に招集できる（会367①，③）。

③ 定款に基づく取締役の過半数の同意(取締役会設置会社では取締役会の決議)による取締役の一部責任免除は適用しない（会426①）。

（注） 426条は監査役設置会社の規定であるから会計限定の監査役には該当しないことに注意（Q22参照）。

④ 取締役は会社に著しい損害を及ぼすおそれのある事実を発見したときは株主に報告しなければならない（会357）。

⑤ 6か月（定款で短く定めることも可）前から株主である場合の株主は取締役の違法行為等により会社に著しい損害を与えるおそれがあるときは差止請求をすることができる（会360）。等

ただ現実問題として株主がこれらの権利を駆使できるとは考え難いので，まず第一に取締役が業務執行に対する相互の監視義務を果たすことが重要であろうと考えるものである。

## Q 35　監査役は任期の途中で退任してもよいか。

監査役と会社の関係は委任の関係（会330）にあり，委任の規定は民法に従うことになっている。委任はまた原則無償であり，報酬を受ける根拠は有償特約という例外措置（民643，648）による。さらに民法651条で当事者の一方の意思でいつでも解除できるとしている。

したがって監査役の自由意思でいつでも辞任できることになっている。しかし翻って考えてみると，株主総会で監査を付託され4年の任期中全力をあげて職務を遂行することが本来のあり方であるから気まぐれに退任するようなことがあってはならない。病気で職務遂行が困難になったとか正当な理由が必要であろう。任期の途中で退任を余儀なくされた監査役は株主総会で質問に対して説明できるように正当な退任の理由を用意しておかなければならない。

### Q 36　代表取締役は任期途中の監査役を退任させることができるか。

　監査役の選任は株主総会で行われるのであるから，かってに取締役が監査役を退任させることはできない。代表取締役といえどもそのような権能は与えられていない。

　しかし現実には会社の都合で退任に追い込まれるケースがままあるという。21世紀は遵法の時代でありトップが遵法の哲学をもたない限りその会社は将来に向けて非常に危うい存在といわざるを得ない。

　そもそも監査役を不本意な状態で解任同然の仕打ちをするようでは会社に明るい未来はない。監査役もふだんからよく勉強してそんなひどい仕打ちを許さないように心がけなければならない。

### Q 37　代表取締役が任期途中の監査役を退任させたとき，監査役は対抗手段があるか。

　正当な理由なく会社の都合で監査役を退任に追い込んだ場合にはさまざまの手段が考えられる。会社法345条4項によれば監査役を辞任した者は，
① 辞任後最初の株主総会で辞任の理由を述べることができる。
② 同総会が行われることを会社は辞任した監査役に通知しなければならない。
③ 他の監査役が辞任理由を総会で述べることができる。
となっており，会社から不本意に辞任させた場合に総会で辞任監査役が意見を述べる機会を与えている。

　そうであれば監査役の辞任の議題は著しく不当であり（会384），取消しの緊急動議を提出することもできよう。また強引に通した場合には決議取消の訴え

を裁判所に起こすこともできよう（会831）。

会計限定の監査役には決議取消の訴えの提起権はない＊（会831）ので，任期途中の解任により生じた損害賠償を請求することができよう（会339②）。このように監査役にはよほどひどい仕打ちに対しては法律を活用して対抗する手段が種々あるのである。

＊　会831の株主等は会828②一で定義されており，監査役設置会社の株主のみが含まれるので会計限定の監査役を置く会社の株主は該当しない。

## Q 38　旧商法小会社の監査役は会社法が施行されたとき，引き続き会計監査のみ行ってよいのか。

会社法389条によれば非公開会社で監査役会設置会社ではない，または会計監査人設置会社ではない場合に，定款の定めにより監査役の監査の範囲を会計に限定できるとされた。

そこでこの例外措置を受けるためには定款の変更が必要となる。なぜならば監査役は会社の規模にかかわらず業務監査と会計監査の両方を義務づけられているからである（会381）。

しかし整備法53条に経過措置として旧小会社の会社法施行後の定款には会社法389条1項の規定による定めがあるものとみなす，とあるので389条の条件を満たしていれば定款の定めを設けなくても会計監査のみの継続は可能である。

あえて注意するならば，非公開会社であることが基本条件で，会社法移行時に公開会社であったり，資本金が1億円超であったりすれば該当しなくなり会社法施行と同時に任期満了となり退任となる。

なお，平成26年の改正会社法で，会計限定の監査を行う場合はその旨を登記しなければならなくなったので（会911③17），定款には整備法適用の場合でも，監査を会計に限定する旨を明記する方がよい。

## 5 　監査役の報酬等

**Q 39** 　監査役が1人のとき，監査役の報酬はどのように決めるか。

　会社法387条の監査役の報酬等の条文は，会社法361条の取締役の報酬等の条文から切り離され独立した条文となっている。したがって監査役の報酬は定款ないし株主総会で個別の報酬を決めない限り，定款または株主総会で承認を受けた範囲内で監査役の協議で決めることになる。監査役が1人の場合であれば世間常識および会社の事情等を考慮した上で自分一人で決めたのち会社と交渉するのが実務的対応となろう。少なくとも法の建前からすれば会社が一方的に決めてはならない。

**Q 40** 　監査役が複数人いるとき，個別の報酬は取締役会で決めてよいか。

　会社法387条は監査役のために設けられた条文であり，その中で監査役の個別報酬については，定款または株主総会で個別の定めがないときには，その承認枠の範囲内で監査役が協議の上で決定することになっている。
　したがって取締役会で監査役の意思を無視して決定し，監査役に押しつけることは会社法違反である。トップはその権力を欲しいままにし会社法違反を隠然と行ってはならない。21世紀はそれでは通用しないことを早く悟らなくてはならない。

## Q 41　取締役の権限で監査役の報酬カットは可能か。

　監査役の報酬は基本的には監査役マターであり，取締役がかってにカットすることはできない。経費等を節減する一環として取締役が報酬の一部カット等行うことがみられるが，ついでに監査役の報酬をカットすれば会社法違反となる。ただ，監査役が自ら協力を申し出て一部カットすることは可能であろう。

## Q 42　退職慰労金は監査役会で決めてよいか。

　退職慰労金は一般に報酬の後払いと考えられているので会社法387条（監査役の報酬）の該当項目とすべきである。したがって監査役が複数名いるときには，監査役の協議（全員の合意が必要）による決議となるので監査役会の一般決議（全員の過半数）にはなじまないと考えられる。もっとも株主総会で認めたことであれば，監査役会の決議でよいとする説もあるが，会社法に反する総会決議であれば決議取消の原因にもなるので賛成しかねる。一般には株主総会の議案の説明文は「監査役，甲野太郎氏の退職慰労金については内規に従い監査役の協議に一任したい」などと書かれており，監査役会の決議に一任したいなどの記述はみたことがない。

## 6　監査役の守備範囲

### Q 43　監査役の立場は内部監査か外部監査か。

　内部監査か外部監査かは一つには定義によると考えられる。内部監査とは会社内部の意思に基づき，もっと平たくいえばトップの意思に基づき監査を行うことをいい，外部監査とは外部の意思に基づいて監査を行うことと定義すると，金融商品取引法に基づく会計監査人の監査と同様に会社法に基づき取締役の執行の状況を監査するのは外部監査ということができよう。

　監査役の出身母体が会社であったり，同じ建物の中にいたり，役員といえば取締役と監査役を指すので同じ仲間に思えたり，ときに強力なトップの意思に従って行動したりと外観的には内部監査のようにみえることがしばしばあるが，現実がどう不完全であっても会社法の要請により株主総会から付託された外部監査であることに変わりはない。ただ，外部監査の実体を備えるには監査役が真に会社から独立しなければならないがそれは今後の課題である。

### Q 44　監査役の監査は違法性監査の他，妥当性監査に及ぶか。

　監査役の監査は違法性監査が中心となるが妥当性監査も一部には入ると考えられる。商法の中にも妥当性監査は含まれている。たとえば会社法384条に株主総会へ提出する議案が法令・定款に違反しまたは著しく不当な事項のあるときは株主総会に報告しなければならないとあるが，後段のまたは著しく不当な事項のところはまさに典型的な妥当性監査に他ならない。

　会社法全般を通して監査役には著しく会社の損害に影響を及ぼすような事項には監査を行うよう随所に規定が設けられている。したがって監査役監査の範

囲には妥当性監査の一部は入るのである。会計限定の監査役の場合といえども会計監査から発見された重要な妥当性事項には発見と同時に抑止行動がとられるべきであろう。

## Q 45 監査役は摘発監査と予防監査のいずれに重点を置くべきか。

　まず摘発監査も予防監査もいずれも重要であることは論をまたない。しかし監査役は数の上ではきわめて少数であり，すべてを満足させるような活動は物理的に不可能に近い。
　そこで監査役が考えなければならないことは，仕組みの上で不祥事が起こり難い内部統制組織を会社が作っているか否かをチェックし，もしない場合あるいは不十分な場合にそのような組織を作るように働きかけることが大事なことと思われる。もし内部統制組織がしっかりしていれば不祥事が発生しにくいことになるからひとまずは安心できる。
　ところで摘発監査に重点を置いた場合はどうか。たとえ少しの摘発ができたとして当事者を罰したとしても，根本的な内部統制機能がないような場合には再度発生する可能性がある。この場合には摘発は単に対症療法にすぎず根本治療がなされていないからである。監査の目には当然摘発の要素がありこれも大事な要素ではあるが，予防の考え方はより大事なことといえる。
　今日会社はリストラや人件費節減で人員を大幅に削減しており十分な内部統制組織を作ることができない。そこで重点的な統制組織の構築が必要となってこよう。会社も監査役も知恵をしぼるところである。

## Q 46　監査役の守備範囲は業務監査か会計監査か。

　概略的にいえば大会社の監査役は業務監査で会計監査は会計監査人が行う。非大会社では監査役が業務監査と会計監査の両方を行う。会計限定の監査役は会計監査のみを行うということになる。

　しかしもう少し詳細に観察すると業務監査と会計監査を水と油のように分けるわけにはいかないことに気づくのである。大会社の場合でいえば監査役は会計監査人の会計監査の経過と結果について相当であるか否かの判断をしなければならない。したがって会計監査にも一部監査領域があるといわざるを得ないのである。

　次に会計限定の監査役の場合には会計監査のみで，業務監査はいっさいノータッチと言い切ってよいものか。よく考えてみると会計事象の中に経営のほぼすべての事象が包含されていると推測される。したがって会計監査を行えば会社のすべての事象をみることができ，会計監査を通して不祥事や法令違反を知り得る可能性が高い。会計を通して発見された業務関連の不祥事について監査役は黙認してよいものであろうか。否といわざるを得まい。会計限定の監査役は業務にはいっさい係わりをもってはならないとするならば，それは法の期待するところではあるまい。会計監査から発見された業務関連の不祥事等の重大な事項には監査役は積極的に会社に働きかけるべきと考えられる。

## 7 監査報告

### Q 47　監査報告の作成は1通でよいか。

　大会社の場合は監査役会で決定し作成することになっているので原則的に1通でよいとされている。ただし反対意見の監査役がいる場合には監査報告に付記をすることになっている。

　一方，監査役会がない非大会社の場合は，監査役の独任制を考慮すれば一人一人が監査報告を作成することが正しいといえる。したがって複数の監査役がいる場合には別々に監査報告を作成することになる。もっとも，監査役の意見に一致をみれば1通にまとめても差し支えない。

　ただし非大会社でも監査役会の設置は任意にできるので，その場合にはもちろん1通でよいことになる。

### Q 48　監査報告には署名押印が必要か。

　旧商法における大会社の場合には商法施行規則134条で監査報告には署名押印が必要と定めていたが，会社法では監査報告に関しては，署名等の規定がなくなった。そこで署名等については会社の任意で決定することになる。

### Q 49　虚偽の監査報告を信じて取引した第三者が損害を被ったとき，監査役は責任を負うか。

　監査役が監査報告に虚偽の記載を行い，これによって第三者（得意先も入る）

に損害を与えたときは第三者に対して損害賠償の責めに任ずることになっている（会429②三）。

　ただし注意を怠らなかったことを証明すれば賠償を免れることができるとしている。しかし重大な瑕疵（きず）が監査報告にあれば，悪意（知っていた）ないしは重過失が推定され到底賠償を免れるとは考えられない。もっとも，反対意見が監査報告に付記されていれば免責になる場合があると思われる。

## 8　賞与と配当

**Q 50**　会社法で賞与の取扱いはどう変わったか。

　会社法では利益処分案（または損失処理案）は廃止された。そこで会社法施行（平成18年5月1日）以降は利益処分案は株主総会には提示されない。一方賞与は報酬の中に入った（会361）ので，株主総会で決議した報酬の枠内に支払うべき賞与の額が収まっていれば，取締役会で決定してよいことになる。また報酬の枠を超える場合には株主総会の決議によらなければならない。また枠内にあっても一般の報酬とは異なり特別の場合と考え，株主総会の決議に委ねてもよい。いずれにしても株主総会にかける場合には一つの独立した議題として議案の中に入れることになる。

　なお従来の利益処分とは異なり，賞与はその属する事業年度の経費として処理することになる。

**Q 51**　賞与の株主総会提出議案の中で取締役と監査役の区分掲記は必要か。

　賞与を株主総会の議題とする場合であるが，会社法の中で取締役の報酬は361条に規定され，監査役の報酬は取締役とは区分して387条に規定されている。賞与は従来から報酬の一種と考えられており，当然に区分掲記されるべきものである。一般には役員賞与として全額で表示してその下に括弧書きで監査役の賞与分を内書きで区分表示しているケースが多い。

## Q 52　配当が取締役会の決議でできるのはどのような場合か。

配当は賞与とともに利益処分の対象であったが利益処分案の廃止により，株主総会にて決議する場合は賞与と同様に個別の議案となる。

配当の原資は剰余金を基にした分配可能額という制限内で配当を行うことになる。その上年に一度に限らずいつでも配当することが可能になった（会453）。

ところで会社法459条に，会計監査人設置会社であり同時に監査役会設置会社（委員会設置会社を含む）である場合に，取締役の任期を1年にすることを条件に剰余金の配当を取締役会の決議で行うことができる旨を定款に定めることができると定めている。

ちなみに旧商法ではすでに委員会設置会社に取締役会決議で配当することができたので，平仄を合わせ監査役会設置会社にも認めたものといわれている。

## Q 53　剰余金の配当にはどのような規制があるのか。

剰余金の配当は会社法461条1項8号により分配可能額を超えてはならないとされている。ところで分配可能額とは次のように定義されている（会461②）。

次の1～2号の合計額から3～6号の合計額を減じた額
- 1号　剰余金の額（会446）
- 2号　臨時計算書類の損益計算書の利益（計規156）
　　　　上の期間内に処分した自己株式の対価の額
- 3号　自己株式の帳簿価額
- 4号　最終事業年度末日の後処分した自己株式の対価の額
- 5号　同期間内に法務省令（計規157）に定めた科目別損失の合計額
- 6号　その他法務省令（計規158）に定めた科目計上額

なお株式会社の純資産額が300万円を下回る場合には配当ができないので注

意する必要がある（会458）。

## Q 54 剰余金の配当原資は利益剰余金に限られるか。

　会社法では配当は利益処分による従来の考え方から剰余金を原資とする考え方に変わった。剰余金の定義からすれば基本的な配当の原資は，その他の資本剰余金またはその他の利益剰余金である。

　しかし，会社法では配当の原資として「その他利益剰余金」から配当するのか，「その他資本剰余金」から配当するかは会社の任意と解されており特に優先順位もない。ただ一般には株主資本等変動計算書のサンプルにも例示されているように「その他利益剰余金」を原資とするのが自然と考えられる。

## Q 55 監査役は賞与を受けるべきではないのではないか。

　比較的以前からある議論であるが考え方を一度は整理しておくとよい。監査役と取締役は車の両輪のようなもので，どちらが大きくても車は前に進まない。会社が順調に業績をあげていけるのも両者の功績といえるのである。したがって監査役が賞与を受ける正当な理由は十分にあると考えられるのである。

　一方で監査役の賞与は業績の変化に連動すべきものとは考え難い面がある。業績に寄与しているとはいえ，直接業務に参画しているわけではないので変動するのは不自然といえなくもない。そこで賞与も加味した上年俸型の報酬とするほうがよいと考えられるのである。

# 9　剰余金と準備金

### Q 56　利益剰余金を減少させて資本金を増加させることが可能か。

　会社法は企業会計原則でいう資本取引と損益取引の混同禁止を採り入れている。資本取引とは株主が払い込んだ金額等は，会社の運用により得た損益とは区分しないと本当の実体が分からなくなるとする考え方である。そこで具体的な科目でみると，資本準備金や資本剰余金は資本取引（株主が払い込んだもの）であり，利益準備金や利益剰余金は損益取引（会社の運用で得たもの）である。

　次に剰余金を減少させて資本金を増加させる（剰余金から資本金に振り替える）規定をみると会社法450条に，剰余金の額を減少して資本金の額を増加することができるとされている。しかし計算規則25条1項2号に減少する剰余金はその他資本剰余金に限ると限定している。したがって利益剰余金を減少させて資本金を増加させることはできない。しかし平成21年4月の改正で利益準備金及びその他利益剰余金から資本金への振替が可能となった（計規25，29）。

### Q 57　資本剰余金を減少して利益準備金を増加することは可能か。

　会社法451条によれば，剰余金の額を減少して準備金の額を増加することができると規定されている。しかし計算規則26条をみると資本準備金を増加させることができるのはその他資本剰余金に限るとしている。また計算規則28条をみると同様に利益準備金を増加させることができるのはその他利益剰余金に限るとしている。

準備金と剰余金の振替えについても資本取引と損益取引の混同禁止の原則があてはまるのである。

## Q58 利益準備金の積立はどのように行われるのか。

会社法445条1項4号には、法務省令（計規22, 23）に定めるところにより、配当した剰余金の額の10分の1を資本準備金または利益準備金として計上しなければならないと規定している。

そこで計算規則22条をみると、資本剰余金から配当を行った場合、1項1号は配当直前の準備金の額が基準資本金（資本金×1/4）以上であれば、資本準備金の計上は0（必要がない）である。

1項2号は配当直前の準備金の額が基準資本金未満であれば、

① 準備金計上限度額（基準資本金－準備金の額）
② 会社法446条1項6号の額×1/10

①と②のいずれか少ない額×資本剰余金配当割合（会446⑥のうち、その他資本剰余金から減じた額÷会446⑥）

2項は上記の資本準備金のところを利益準備金に置き換え、資本剰余金配当割合を利益剰余金配当割合に置き換えた条文になっている。

これらの規定は資本剰余金から配当するのか、利益剰余金から配当するのか、またはこの両方から配当するのかいずれの場合も計算規則22条および23条で解決できるようになっている。

なお単に準備金という場合は資本準備金と利益準備金の合計額である。

# 10 会計監査

### Q59 現金預金の監査ではどのような点に注意すべきか。

　まず現金預金の残高を監査する大事なポイントは正の残高証明とチェックすることである。絶対にコピーとチェックしてはならない。

　なぜならばコピーは一見信用できそうにみえるが，ときに改ざんされていることがあるからである。また仕損じ小切手や預金証書等はシュレッダーにかけるなどして廃棄しないことが大切である。廃棄したことにして預金証書を担保に不正融資を受けて会社に大きな損害を与えた事件が思い出される。仕損じ小切手等は廃棄せずに保管しておくことが重要である。

### Q60 売掛金の監査ではどのような点に注意すべきか。

　売掛金は売上に基づいて発生する債権であるから，粉飾などを見抜けないといけない。一つには架空の売上であれば回収されずに残っていくので，まず売掛金の年齢調べを行う必要がある。

　売掛金の古いものには相手方の経営状態が思わしくなくて不良債権化している場合と架空の売上による場合が考えられる。一件の額が大きくて古いものは回収条件等を調査することにより不良債権化を推定することができ，担当部門に注意を促すことができる。

　粉飾も同様であろうと考えられるが，粉飾を調べるには先方に残高照会をするのがよい方法である。先方の業績悪化ではなく会社が業績をよくみせる目的で押込み販売をするケースがある。また出荷を月末にしたことにして先方には翌月出荷するケースがある。このような場合には回収の期日が徐々に伸びてい

くので注意を要する。

### Q61 受取手形の監査ではどのような点に注意すべきか。

受取手形では手形のサイト（期日）が伸びているかどうかのチェックが必要である。同じ規模の売上にもかかわらず手形残高が増加している場合にはサイトの延長が予想される。

もう一つは融通手形の授受があるかの問題がある。これは互いに同額の手形を交換して銀行で割り引いてもらい金融をつける一種の粉飾で，相手が倒産すれば発行手形の決済を迫られることになるので会社も窮地に陥ることになる。これはなんとしても避けたい。融通手形を発行したときには何かを購入した等の伝票が起こされるが，実態がないので細かく摘要を書くことができない。そこで摘要からきな臭さを嗅ぎ取ることが可能かと考えられる。

なお手形の印紙代は非常に高いので，支払はできる限り期日振込にしたほうがよい。他方で回収は相手が倒産したようなとき，手形債権のほうが一般債権より有利といわれているので手形で回収したほうがよい。

### Q62 仮払金の監査ではどのような点に注意すべきか。

仮払金は一時の仮出金であり，近いうちに精算されることが予定される内容のものである。したがっていつまでも未精算のままであれば何か問題を含んでいるとみなければならない。

もう一つの面は金額が大きい場合には何か問題含みとみてよい。中小会社の例で某会社の社長が仮払金で個人的な株式の運用資金を出金し，ときどき精算していた。そのうち運用に失敗して返済できなくなった。このケースでは金額も大きいし返済も滞ったところ税務署の調査で発覚した。要点は精算が遅れて

いる，金額が大きい，摘要が曖昧である等に注意することである。

## Q 63　棚卸資産の監査ではどのような点に注意すべきか。

　期末に棚卸資産の実物の数と帳簿残高の数とのチェックが行われるが，数とともに大事なことは不良棚卸資産の発生である。帳簿上どれだけの価値があっても劣化や陳腐化等のために売却ないし使用価値がなければ資産として残しておくわけにはいかない。ただちに評価減するか廃棄処分等の処理を行わなければならない。

　あとの一つは架空棚卸の問題である。架空棚卸すなわち架空在庫は実物がないため在庫チェックのときに発覚する可能性がある。そこで分かりにくい機械装置などの固定資産に振り替えられたケースがあった。これは振替伝票をみればすぐに分かることであるが，逆に振替伝票を見過ごせば発見は難しいケースともいえよう。またこれらの架空在庫は帳簿上在庫が急激に増加したとき等は注意する必要がある。なお，企業会計基準第9号（平成18年7月5日）により，平成20年4月1日以降開始事業年度から，棚卸資産に低価法（従来の任意低価法）が強制適用となる。

## Q 64　リース資産の監査ではどのような点に注意すべきか。

　リース資産は1回の支払額が比較的小さい場合が多いので関心がそらされやすい。そこでときどき発生する不祥事はリースが終了した後の再リースの問題である。一般に再リースの場合には従来の12分の1程度のリース料で契約できる。つまり従来の1か月分のリース料で1年間のリース契約ができるのである。しかし担当以外にはそのような細かいことは分からないのと，いつリース契約が切り替わったのかも分からない。その盲点をついて最初と同様に会社からは

出金し，リース会社には規定どおり12分の1支払い，差額の12分の11は着服するといった手口である。リース契約は途中解約できないものが多く，1回の支払金額が小額でも結局は資産を購入して分割払しているのと変わらないので，リース物件を増加させることは将来に経営の負担を残すことになり経営上の問題であることを念頭に置いておくべきであろう。

なお，リース資産は固定資産に原則として計上することとなっており，費用化は減価償却を通して行われることになっている。

## Q65　固定資産の監査ではどのような点に注意すべきか。

固定資産で注意することはまず固定資産の台帳に記載されているものが実際に存在しているかどうかの確認をする必要がある。たとえば現場で，ある固定資産を除却して経理部門等に連絡を忘れていることがある。逆に事務部門で処理を忘れていることもあり得る。次に使用不能の固定資産を除却し忘れていることもある。実際には除却することが大変な場合，そのままの状態で除却の手続きをとる，いわゆる有姿除却という法人税法の恩典もある。したがって固定資産の除却を忘れないことが第一点である。

次に減価償却費が適正に計上されているかという問題がある。費用を少なく計上するよう法定償却以下の費用計上であれば粉飾の疑いが生じる。さらに陳腐化の性質を内にもった固定資産の場合には評価損を計上すべき場合がある。このあたりは監査役の領域をやや超えているとも思えるが，積極的に踏みこめば会社には有益なことである。

## Q66　繰延資産の監査ではどのような点に注意すべきか。

繰延資産は擬性資産ともよばれ，社債発行費などから分かるように一度に費

用に計上することが期間損益をゆがめることになると考えられるので，費用を社債の存在する期間に按分する。そこで繰り延べられたものが貸借対照表に繰延資産として残ることになる。

ところで会社法では旧商法のような細目にはいっさいふれず，繰延資産として適当と認められるものとした（計規74③五）。そこで計算規則3条にいう一般に公正妥当と認められる企業会計の基準・会計慣行しん酌の規定を適用することになる。

具体的には財務諸表規則37条に創立費等の細目が定められており，同38条に償却累計額の控除残高を表示することが定められている（計規84）。

なお資産の部に流動資産，固定資産と同列の繰延資産区分を設けること（計規74①），等に注意されたい。

## Q 67　売上の監査ではどのような点に注意すべきか。

売上では粉飾決算となる架空の売上がいちばん問題であるが，押込み販売，回収条件を悪くしての無理な販売，回収の見込みや相手の信用状況をろくに調査もしないで新規開拓する売り方等，結局はマイナスになるような売上は避けなければならない。

特に売上至上主義の時代は終わったことに頭を切り替えなければ，とんだ失敗につながりかねない。売上が架空のものかどうかは，にわかには分からないが急に売上が伸びたりすることには注意を向けたい。得意先の新規開拓等には先方の会社内容の調査が必須であるが，特に与信限度の設定と回収との関係には注意したい。小会社の監査役は別として中会社の監査役は与信のあたりまで踏みこむべきではないか。

## Q68 金銭債権の取立不能見込額はどのように記載するのか。

　取立不能のおそれのある債権については，事業年度の末日においてその時に取り立てることができないと見込まれる額を控除しなければならないとしている（計規5）。

　この具体的ケースとして，貸倒引当金は各資産の控除項目として表示するが，流動資産，固定資産等の区分ごとに一括して表示してもよい。また引当金を直接控除した残額を表示してもよい（計規78）。ただし残額を表示した場合には項目別，または一括表示ごとの引当金の金額を貸借対照表の注記表に記載しなければならない（計規103）。

## Q69 特別損益の科目表示ではどのような点に注意すべきか。

　特別利益に属する利益は，固定資産売却益，前期損益修正益，その他の項目の区分に従い細分しなければならない。また特別損失に属する損失は，固定資産売却損，減損損失，災害による損失，前期損益修正損，その他の項目の区分に従い細分しなければならないとしている（計規88②）。

　しかし特別利益または特別損失のうち，金額が重要でないものは細分しないことができるとしている（計規88③）。この細分しなくてもよいとする規定は旧商法にはなかったが，財務諸表規則の考え方をとり入れたものである。

## Q70 粉飾決算事項を発見したとき，監査役はどう対処すべきか。

　監査役は会社の規模の大小にかかわらず，粉飾決算事項を発見したときには

なんらかの行動を起こさなくてはならない。もし大会社であれば会計監査人に事情を話して確認してもらい，それから共同して会社に話しをすることも考えられる。

いずれにせよ監査役としてはこのような事実を発見した場合には勇気をもって粉飾決算をとりやめるよう進言しなければならない。会社の業績に大きな影響を与えるような額であれば監査報告に適法適正などと虚偽の報告を行うわけにはいかない。会社に対する損害のみか第三者に対する損害賠償まで負う可能性がある。大変な結果が待ち受けているので決して見過ごしてはならない。

## Q 71 典型的な粉飾決算の手法を2つあげるとすればそれは何か。

典型的な粉飾決算の手法の一つは誰もが知っている架空の売上計上である。ただ，架空の売上計上には売上代金を回収するめどがまず立たないので，その後大変苦労することになる。仮に売掛金として処理しておいても入金がなければ不良債権としていつまでも残ってしまい，やがて会計監査人や経理担当に発見されてしまう。ある会社の社長は売上の欲しさのあまり，回収の難しさを考え借入金を売上に会計処理をしてごまかしたケースがあった。とりあえず回収はなんとかごまかせたとしても，借入金の返済のときどう会計処理するのだろうか。架空の経費が発生したとでも処理するのか。では領収書はどうするか等々悩みを先送りしたに過ぎない。

第二は架空の棚卸在庫の計上である。では棚卸が増加するとなぜ利益が増加するのか。

まず，粗利益＝売上高－売上原価……………………………………①
次に，売上原価＝期首棚卸高＋当期仕入高－期末棚卸高…………②
②式を①式の右辺に入れると，粗利益＝売上高－（期首棚卸高＋当期仕入高－期末棚卸高）＝売上高－期首棚卸高－当期仕入高＋期末棚卸高となり，期末

棚卸高が増加すれば利益が増加することが分かる。

さて架空の棚卸増加も不良在庫となり，いつまでも帳簿に残ることになる。ある会社では苦肉の策で固定資産に振り替えたケースがあった。棚卸在庫がいつまでも残っているのは要注意である。

## 11　取締役会と議事録

**Q 72**　監査役は取締役会への出席権限はあるか。

会社法383条に「監査役は，取締役会に出席し，必要があると認めるときは，意見を述べなければならない。……」とあり，監査役は取締役会に出席する義務ないし権限のあることが明文化された。昔は「出席スルコトヲ得」とあったので出席しなくともよいのかやや分かりにくいところがあった。しかし平成14年の改正以後は監査役は出席する必要があることが明確になった。ただ，会計限定の監査役には出席権限が与えられていないので注意を要する（会389）。

**Q 73**　利益相反取引の監査で取締役会の議事録をみるとき，監査役はどのような点に注意すべきか。

利益相反取引ではまず取締役または取締役会における事前承認が必要である（会356）。そこで個別承認か一括承認かという視点がある。一般にはどちらでもよいとされている。忘れやすいのは取締役会設置会社では事後報告が必要なことである。取締役会の議事録をみる場合，事後報告がなされているかを十分にチェックしておくことを忘れてはいけない。会社法365条2項に事後報告の必要なことが定められている。

## Q 74　取締役会の議事録に監査役は署名するのか。

　会社法369条3項に書面で作成された議事録には出席した取締役および監査役はこれに署名しまたは記名押印しなければならないとあり，監査役は署名または記名押印が義務づけられている。しかし議事録が電磁的記録で作成されている場合には，法務省令で定める署名または記名押印に代わる措置をとることになる（会369④）。

　なお会計限定の監査役の場合には取締役会に出席する権限がないので，当然署名する必要もないことに注意されたい。

## Q 75　取締役会の書面決議とはどのような内容か。

　取締役会をより簡素化し機動性を持たせるために書面決議の規定が設けられた（会370）。その内容は，取締役会設置会社では取締役会の決議を要する提案議題について，決議に参加できる取締役全員が書面または電磁的記録により，同意の意思表示をしたときは取締役会の決議があったものとみなす旨を，定款に定めることができるというものである。

　ただし監査役が当提案に異議を述べたときは書面決議は成立しないとしている。監査役のチェックを入れ，より慎重な配慮を加えたものである。

## 12 取締役の違法事項

**Q 76** 会計監査の中で発見した重大な取締役の違法事項に監査役はどう対処すべきか。

　重大な違法事項は大会社であれば会計監査人が，非大会社であれば監査役が発見することと思われる。この場合，特に会計監査人および会計限定の監査役は会計監査が業務であるから関係がないと考える向きもあるかと思われるがそれは誤りで，重大な違法事項には取締役に対し敢然と阻止に立ち向かう必要がある。それは決して越権行為ではない。会計監査人と監査役に対する期待は単に不祥事を発見した段階で終了ではなく，阻止行動に結びつくことではないかと考えている。そこで発見者は会社の担当に報告するにとどまらずトップに直言すべきであろう。

　監査役が世間の期待に添うためには積極的に社会の役に立とうとする姿勢と行動が必要であると思われる。

**Q 77** 某取締役が株式等の取引で損失を大きくしているのを監査役が知ったとき，なにも対応しなくてよいか。

　このように会社に対し損失を発生させている事実を知った以上，阻止行動を起こすことは監査役の本来の使命であるから，当然に当該取締役に説明を求めストップをかけるべきである。それでもやめない様子であればトップにやめさせるよう進言する等のさらなる対応を行うべきと考えられる。日本サンライズ事件ではやめるよう進言した取締役も結局阻止できなかったとして有罪となったケースがあり，注意を要するところである。

## Q78 取締役が違法行為を行い会社に大きな損害を与えるおそれがあるとき，監査役はどう対応すべきか。

　会社法385条に取締役が会社の目的外の行為または法令・定款に違反し，かつ会社に著しい損害発生のおそれある場合に取締役に対しやめるよう監査役は請求できるとしている。

　これは監査役の違法行為差止請求権といわれており，表題のような場合にはまさに差止請求権を発動しなければならない。この問題の難しさは著しい損害の推定である。したがって損害の推定に重点を置けば将来の可能性の問題であるから矛先が鈍る。しかし法令・定款に違反している前提であるから法令・定款の違反に重点を置けば，たとえ著しい損害の推定が不確かであっても阻止行動を起こすことができると考えられる。事件が起きてから悔やんでみても後の祭りであるから勇気をもって差し止める行動を起こすべきである。

## Q79 契約上の重大なミスにより会社が大きな損害を被ったとき，監査役は責任を負うか。

　基本的にはラインの問題であり監査役にまで責任が及ぶとは考え難い。しかし監査役にも担当者がみせて，意見等を求めたとあればまた事情が変わってくる。そこで誰にでも分かるような問題点を見過ごした場合には責任問題に発展しかねない。

　ただ，日常の監査の中で重要な契約書類はみておくようにしたい。危機管理のテーマの中で各社に共通しているものの一つが契約書と考えられる。契約書の問題は法務部門が充実している場合には少ないと思われるが，そうでないときには隠れた問題点を含んでいることがある。会社として問題点を十分把握していればよいのであるが，こんなはずではなかったということのないようふだ

んからみておくよう心がけたい。元来契約は成立させる当初に十分な検討を行うべきものである。

## Q 80　取締役の過失責任化とはどのようなことか。

　旧商法では取締役の責任は無過失責任であるといわれてきた。その具体的な内容は旧商法266条に記されており，違法配当や無償の利益供与等が該当していた。無過失責任とされた根拠は旧商法266条2項に，取締役会において賛成した者は行為ありと見做すとの規定にあった。たとえば配当議案に賛成して後に違法配当であったことが判明したとき賛成すれば反論の余地すらなかったのである。しかし会社法ではこの見做す規定をなくして無過失責任ではなく過失責任としたのである。過失責任の根拠は会社法423条にあり，取締役，会計参与，監査役，執行役または会計監査人はその任務を怠った場合には会社に対し損害賠償の責任を負うとしている。ただし会社法369条5項に決議に参加し議事録に異議を止めない場合には決議に賛成したものと推定するとの規定があり，賛成した案件が問題となったときには取締役は自分で無過失または軽過失であることを立証しなければならなくなったので楽になったとはいえないのである。

## Q 81　取締役が無過失責任を問われることはないか。

　会社法は取締役の責任について原則として過失責任としたが，特別の場合につき無過失責任とした。
　会社法356条1項2号の自己または第三者のために会社と取引をした場合，株主総会（取締役会設置会社では取締役会，会365）の承認決議が必要であるが，会社法428条でこの場合の自己のために行った取引の場合にはたとえ自己の責任に帰することができない事由による結果ひきおこされたものであっても責任

を免れることはできないとして一部ではあるが無過失責任を負うことにした。

### Q 82　特別取締役と特定取締役とはどう違うのか。

　特別取締役とは会社法373条に定める取締役で，会社法362条4項1号（重要な財産の処分および譲受け），2号（多額の借財）に関する取締役会の決議については，あらかじめ選定した3人以上の取締役の決議に委任することができるとした。この取締役を特別取締役という。

　この制度は旧商法の重要財産委員会の発展形態で，重要財産委員会では機動性に若干問題視すべき点があったといわれており，より機動的に運用できるように特別取締役の制度が設けられた。この制度が採用できる条件としては取締役全員が6名以上いること，うち社外取締役が1名以上いることとなっている。

　次に特定取締役とは計算書類規則124条4項に定める取締役で，監査報告の通知を受けるべき取締役が決められている場合その取締役をいう。

　あるいは監査を受けるべき計算関係書類の作成を行った取締役をいう場合もある。

## 13 株 主 総 会

**Q 83** 監査役は株主総会へ出席する義務があるか。

　監査役は株主総会へ出席する義務があるといわれている。その根拠は会社法314条に「取締役，会計参与，監査役及び執行役は，株主総会において，株主から特定の事項について説明を求められた場合には，当該事項について必要な説明をしなければならない。……」とある。つまり株主から質問がでたときに監査役が出席していないと回答ができないからだということである。

　ちなみに会計監査人の場合には総会での説明を求める決議があれば説明をしなければならない（会398②）。そこで会計監査人は総会会場の近くに待機しているのである。

**Q 84** 計算書類は株主総会の決議事項か報告事項か。

　計算書類とは貸借対照表，損益計算書，株主資本等変動計算書および注記表をいうのであるが，会社法438条では事業報告は報告事項，計算書類は決議事項であるとしている。ちなみに会計監査人設置会社の場合には会計監査人および監査役が適正と認める等計算規則135条の条件を満たしているときには計算書類は株主総会における報告事項となる。

## Q 85　株主総会が著しく不公正な決議を行ったとき，監査役は決議取消の訴えを起こせるか。

　会社法831条1項1号によれば「株主総会等の招集の手続又は決議の方法が法令若しくは定款に違反し，又は著しく不公正なとき」に取締役・監査役は決議取消の訴えを起こすことができるとしている。
　したがって総会で提出された議案に反対の緊急動議が出されたような場合に，緊急動議を無視して議案を決議したような場合には決議取消の請求の対象になる。また決議取消の訴えは総会日より3月内となっている（同条①）。
　なお会計限定の監査役にはこの訴えの提訴権はない（会831の株主等の定義が828条にあるので参照のこと）。

## Q 86　監査役は株主総会の議事録に署名しなくてよいか。

　従前の商法244条3項には，株主総会の議事録には議長と出席取締役が署名することとなっていたが，会社法では署名に関する要請はいっさいない。
　したがって署名または記名押印は不要となる。
　ただ施行規則72条に議事録の記載要件が定められており，同3項4号に出席した取締役，執行役，会計参与，監査役または会計監査人の氏名または名称の記載が要請され，同3項5号では議長の氏名，6項では議事録を作成した取締役の氏名の記載が要請されている。

## Q87 前年，利益供与で3年の執行猶予付有罪判決を下された取締役が本年の総会で再任されたが適法か。

会社法331条に取締役の欠格事由として次の4つの場合を規定している。
① 法人
② 成年被後見人または被保佐人または外国の法令上これらと同様に取り扱われている者
③ 会社法，中間法人法，金融商品取引法（特定条文）等の罪で刑に処せられその執行を終え，または執行を受けることがなくなった日より2年を経過しない者
④ 前号に規定する法律の規定以外の法令定款に違反し，禁錮以上の刑に処せられ，その執行を終わるまでまたはその執行を受けることがなくなるまでの者（刑の執行猶予中の者を除く）

設問は会社法上の罪になるので上記の3号に該当することになる。そこで総会の1年前に3年の執行猶予付きの判決を受けたので，総会のときはまだ執行猶予中であり取締役の資格はない。したがって違法決議になり資格は剥奪されることになる。4号と比べ会社法上の罪は重いのである。

## Q88 子会社の常務取締役を社外取締役として選任したが適法か。

会社法2条1項15号に社外取締役の定義が定められている。そこでは会社および子会社の取締役で業務執行に現在も含め執行役，携わったことのない者，同会社の現在も含め執行役，支配人その他使用人でなかった者としている。

したがって子会社の常務取締役を社外取締役とすることはできない。

### Q89 非大会社は総会後すみやかに貸借対照表の要旨を公告しなくてよいか。

会社法440条1項に総会の承認を得た後，遅滞なく貸借対照表（大会社は貸借対照表および損益計算書）を公告することを要すとある。しかし，定款に官報または時事に関する日刊新聞に公告する旨の定めがあるときは要旨公告でよい（会440②）。なおインターネットで公告するときは，5年間不特定多数の者に対し貸借対照表（大会社の場合は貸借対照表および損益計算書）の全部の公告（定款に定めのあるとき）または公告に代わる開示（会440③）を行う。

### Q90 計算書類および監査報告は定時総会の前後に本店に備え置く必要があるか。

取締役会設置会社の場合は会社法442条により定時総会日の2週間前より（取締役会非設置会社の場合は1週間前）計算書類および監査報告を5年間本店に，その謄本を3年間支店に備え置くことになっている。

ただし監査役を置かない場合は定時総会日の1週間前より計算書類を5年間本店に備え置くことになる。なぜ1週間前かというと，取締役会設置会社は監査役を置かなければならないので，監査役を置かない場合というのは取締役会非設置会社であり上記カッコ書きに該当するからである。

### Q91 定時総会の招集通知には計算書類および監査報告の謄本を添付しなくてよいか。

取締役会設置会社の場合には会社法437条により定時総会の招集通知には計

算書類および監査報告の謄本を添付しなくてはならないとしている。一方，監査役を置かない株式会社の場合にはこれらの添付は要請されていない（会437の反対解釈）。

旧商法大会社の場合には監査報告書は監査役がそれぞれ署名押印することになっており，したがって招集通知の謄本は監査役の署名（自筆）の写しでないと商法違反にならないかとの疑問を呈する向きもあったが，会社法では監査報告について署名の規定が廃止されたので謄本の署名（自筆）の問題はなくなった。

## Q 92　株主総会で決議が省略できるのはどのような場合か。

会社法319条によれば，取締役または株主が株主総会の目的である事項について提案をした場合において，当該提案につき株主の全員が書面または電磁的記録により同意の意思表示をしたときは，当該提案を可決する旨の株主総会の決議があったものとみなす，とある。

有限会社の株式会社化に伴い，小規模の会社が増加するので株主総会の簡易化，迅速化のために有効と考えられる。一方，大会社の場合において持株会社の子会社となるようなケースでは，株主が親会社一人だけとなるので，親会社一人の同意をとりつければよいので有効に活用できると思われる。

## Q93 株主総会はどこで開催してもよいと聞くがそのとおりか。

　旧商法では株主総会は定款に別段の定めがない場合には，本店の所在地またはこれに隣接する地にこれを招集することを要す，と定められていた。この場合，隣接する地とは独立の最小行政区画を指し市町村，東京都では区を意味していた。しかしこの規定は廃止されたので何の制限も受けることがなくなった。とはいえ株主総会では決議事項があるので，株主を招集しにくい僻地では株主総会を成立させる株主数を集められるか等の問題があって，公開会社で特に上場会社等では従来の開催地を大きく変えるのは難しいと考えられる。

## 14　株主代表訴訟

**Q 94**　株主代表訴訟とは株主が誰を代表するのか。

　会社法847条に「六箇月前から引き続き株式を有する株主は，株式会社に対し，書面その他の法務省令で定める方法により取締役の責任を追及する訴えの提起を請求することができる」とあり，取締役が会社に損害を与えた場合に株主が会社に対しその損害を与えた取締役を訴えるように請求できることになっている。

　この場合，株主は誰を代表するのか。本来他の取締役は相互監視の義務があるから不祥事を起こした取締役に損害を賠償させるように行動すべきである。しかし同じ仲間でもあるから追及の矛先が鈍りやすい。そこで株主にも追及の機会を与えるよう規定したものである。この場合の代表は株主が株主全体を代表する意味ではなく，会社を代表して損害賠償の追及を行う意味だといわれている。

**Q 95**　株主代表訴訟の提訴請求の宛て先はどこか。

　会社法386条に会社と取締役との間の訴訟に関しては監査役が会社を代表するとなっており，株主代表訴訟の請求を受ける場合も同様だといっている。つまり会社を代表するのは一般的には代表取締役であるが，取締役と会社間の訴訟となれば微妙に利害関係が生じるので，第三者的立場にある監査役に公平な立場に立って会社を代表してもらおうとの主旨である。

　ただし会計限定の監査役の場合は異なる（会389⑦）。この場合は取締役と会社間の訴訟は取締役会または株主総会が定める者としている（会364，353）。こ

れを受けて一般には代表取締役が会社の代表となる。会計限定の監査役の場合，監査役の守備範囲は会計監査にとどまっており業務には関係しない立場にあるので監査役を会社代表とすることから外したものである。

### Q 96　株主代表訴訟の消滅時効は何年か。

　株主代表訴訟の消滅時効は民法167条の一般債権の消滅時効を適用して10年ということになっている。すなわち会社を引退してから10年間は無罪放免というわけにはいかない。大和銀行事件のように過去10年遡って関係した取締役および監査役が訴訟の対象とされたケースが現実にある。

　平成18年5月施行の会社法では取締役，会計参与，監査役，執行役の他に会計監査人も訴訟の対象に加えられた（会847）。

### Q 97　株主代表訴訟の判決は遺族にも及ぶのか。

　株主代表訴訟の判決は遺族にも及ぶ。相続というのは相続財産を引き継いだ時点ですべて終わるのではなく，きわめて少ないと思われるがその後でてくる財産をも包括的に引き継ぐことになる構造になっている。したがって財産には負の財産（たとえば支払賠償金）もあるので遺族にも及ぶことになる。

　それでは引き継いだ遺産以上の賠償額が引き継がれてはたまったものではないから，こういうときには相続放棄をしたらどうかという人がいる。しかし相続放棄は死後3か月以内に行わねばならず大体間に合わない。ではなにも打つ手はないのか。

　次問でそれを考えてみよう。

## Q98 株主代表訴訟の判決が遺族に及ぶとき,何か対策はあるのか。

遺産相続の時点では将来死去した本人にかかわる株主代表訴訟が起きるかどうかはまったく知ることができない。そこで早々と相続放棄の手続きをとるわけにもいかない。ではどうすればよいのか。その答えは民法922条～937条に規定されている限定承認の手続きをとることである。

限定承認とは簡単にいえば将来弁済すべき債務や賠償が発生した場合には相続で得た財産を弁済の限度とすることができるという規定である。ただしこの規定を適用できるようにするには死後3か月以内に手続きをしなければならない。死後3か月以内に限定承認の手続きを行っておけば,あとは使用・収益・処分いずれも遺産は自由に扱える。ただ万一賠償問題が発生したときには相続した遺産の範囲内で賠償に応じることになる。しかし相続遺産の範囲内であれば一応の納得性はあろう。現在のところこれ以上のよい解決策はない。

## Q99 経営判断の原則とは何か。

経営判断の原則とは狭義には「前提となった事実の認識に重要かつ不注意な誤りがなく,意思決定の内容が,不合理・不適切ではない」とされているが,取締役会等の運営には次の三つに纏めておくと便利である。
① 事件が法令・定款に違反していない。
② 事件が私利のために起こしたものではない。
③ 事件の基となる資料が整っており合理的な説明ができる。

まず株主代表訴訟が提起されると裁判官は案件が法令・定款に違反しているかどうかを調べる。次に私利のために行為したものか否かを調べる。このいずれかに該当すれば被告(取締役)が敗訴となる。もし①,②がクリアされたと

き第三の関門は資料が整っているかどうかをみることになる。もしも十分に検討した痕跡があり説明に納得性があれば取締役側の勝訴となる。

裁判官は過去に遡って内容の善し悪しを判断するのではなく，外形が整っていればよしと判じようとする考え方である。したがって大きな案件については株主代表訴訟が万一起こされるときのことを考えて，十分な資料を整え紛失しないように保管しておくことが大切である。

## Q100 株主代表訴訟における賠償責任の軽減はどのように行われるか。

会社法425条で取締役の賠償責任軽減の規定が大きくとりあげられたが，まず承知しておくべきことは悪意・重過失により生じた損害には軽減措置がなく無制限であることに注意しなければならない。その上で善意・軽過失の場合に軽減措置がとられることになった。

まず同条1項で株主総会における特別決議により個別的に軽減の決議を行うことができる。別の方式としては会社法426条で株主総会の決議によって，定款に取締役会の決議で軽減できる旨の定めを置くことができる。なお取締役会で賠償軽減の決議を行っても総株主の議決権の3％以上所有の株主が異議を唱えればその決議は無効となる（同条⑤）。もう1つは会社法427条で，株主総会の決議により非業務執行取締役，会計参与，監査役および会計監査人の責任限定契約を定款に定めることができるとしている。ただし株主総会で個別の軽減議案を提出する場合（会425③），定款に軽減措置を置く議案提出の場合（会426②），定款の定めに基づく軽減議案を取締役会に提出する場合（会426②），社外監査役の軽減措置を定款に定める議案提出の場合（会427③）のいずれにも監査役の全員の同意が必要である。

## Q101 取締役・監査役の賠償軽減額の限度はどのようになっているか。

まず賠償の基本式をみてみよう（会425）。

賠償免除額＝賠償すべき総額－支払賠償額
　　　　　＝賠償すべき総額－((a)＋(b)＋(c))

ここで代表取締役または代表執行役の場合について条式のカッコ内の説明をしよう（施規113, 114）。

(a)＝株主総会の属する事業年度の報酬総額と前年までの各年間報酬総額の中の最高額と比較してもっとも高い額の6年分相当額

(b)＝退職慰労金およびその性質を有する財産上の利益の合計額と同合計額を在職年数で除した額に6を乗じた額とを比較していずれか低いほうの額

(c)＝ストックオプション（新株予約権）を行使した場合の時価相当額と払込額等との差額および売却益の合計額

業務執行取締役等又は執行役は上の6を4に，非業務執行取締役，会計参与，監査役および会計監査人は6を2代えたものである。

ただし，会社法は賠償軽減の最高額を規定した。つまり上式の左辺の最高限度を規定したものである。たとえば代表取締役の場合でいえば，賠償の支払額が6年分のところまで軽減してもよいといっているのである。したがってこれは最低の支払賠償額と解されるのであって決して最高の支払賠償額ではない。このことを誤解してはならない。

## Q102 株主代表訴訟における和解の効果は何か。

会社法850条で株主が株主代表訴訟を起こした場合に和解が可能であることが明文化された。従来会社法424条があって取締役の会社に対する損害免除に

は株主全員の同意を要するので、株主全員の同意は公開会社では物理的に不可能であり事実上和解はこの条文に反するのでできないとする考え方があった。

また当事者間で和解しても反対株主が現れれば追加訴訟も可能といわれていた。しかし和解の明文化により今後は裁判で得た和解は最終結論となる。なお会社法850条で和解のとき会社法424条は適用しないと明記している。取締役の賠償軽減措置規定もあるが今後は和解が盛んになるように思われる。

## Q103 会計監査人は株主代表訴訟の対象となるか。

旧商法では特例法9条で会計監査人が任務懈怠により大会社に損害を生じさせたときは損害賠償の責めに任ずるとあったが、株主代表訴訟の対象としての規定はなかった。しかし連続する不祥事に関して会計監査人も訴訟の対象とされるべきとの議論がたかまり、会社法では会計監査人も株主代表訴訟の対象とした（会847①）。同時に責任追及の際には非業務執行取締役や監査役と同様に定款の定めに基づく契約により責任の一部を免除できる規定も設けられた（会424～427）。

## Q104 株主代表訴訟の提訴請求を受け、他の監査役が提訴に反対したとき1人で提訴できるか。

たとえば監査役が4人いたとき、株主から代表訴訟をしてほしいとの提訴請求を受けた場合に、3人が提訴に反対したときに1人で提訴ができるかという問題である。結論からいえば、監査役の独任制により1人でも提訴できるというのが定説である。ただ問題なのは、訴訟の継続中に監査役の任期がきてしまったとき、別の監査役が引き継がない場合には訴訟は継続しないことに注意する必要がある（民事訴訟法124条1⑤）。

## Q105 株主代表訴訟で提起ができない場合とはどのようなときか。

　会社法847条1項のただし書によれば，責任追及等の訴えが当該株主もしくは第三者の不正な利益を図りまたは当該会社に損害を加えることを目的とする場合には訴訟の提起ができないとしている。

　新会社法（相澤　哲編著，商事法務）256ページによる具体的例として，
① 　総会屋が訴訟外で金銭を要求する目的で代表訴訟を提起した場合
② 　株主が，株式会社に対して事実無根の名誉棄損的主張をすることにより株式会社の信用を傷つける目的で代表訴訟を提起した場合

が挙げられている。

## 15　組織再編等

**Q 106**　略式組織再編と簡易組織再編との差は何か。

　略式組織再編は会社法に新設された制度であり，会社間で組織再編を行う場合に，支配会社が被支配会社の議決権の10分の9以上を保有しているときは，株主総会の決議を必要としないとするものである（会468）。この場合相手方の10分の9以上の議決権を所有する会社を特別支配会社とよんでいる。

　次に簡易組織再編とは，吸収合併等の場合に存続会社または消滅会社において効力発生日前に株主総会の決議を要するが，次のような場合には総会の決議を必要としないとするものである（会783，795，796）。会社法796条3項における1号（イ，ロ，ハの合計）の2号に対する割合が5分の1（定款でこれを下回る定めのときはその割合）以下の場合

　1号　イ　消滅会社等の株主等に交付する存続会社の株式数に1株当たりの
　　　　　　純資産額を掛けた金額
　　　　ロ　消滅会社等の株主等に交付する存続会社の社債，新株予約権または新株予約権付社債の簿価の合計額
　　　　ハ　消滅会社等の株主等に交付する存続会社の株式以外の財産の簿価の合計額
　2号　存続会社の純資産額として法務省令（施規196）で定める方法により算定される額

　旧商法では5％以下であったが会社法では20％以下となり基準が緩和され，その結果組織再編がしやすくなった。

## Q107 合名会社が合資会社に変更したとき組織変更といえるか。

合名会社，合資会社，合同会社（新設）を総称して持分会社とよぶが，これらの会社の間の変更は組織変更とはいわない。組織変更とはこれらの持分会社と株式会社の間の組織の変更をいう（会2㉖）。

## Q108 合同会社とLLP（有限責任事業組合）との差は何か。

合同会社もLLP（有限責任事業組合）も社員または組合員が有限責任とされ，両者ともに組合的な規律が適用される点で類似しているが次のような差異がある。
① 合同会社は法人格を有するが，LLPには法人格がない。
② 合同会社は1人でも成立するが，LLPは2人以上が必要である。
③ 合同会社は他の持分会社や株式会社に組織の変更ができるが，LLPには他の会社への変更は認められない。
④ 合同会社は株式会社等との間で合併等の組織再編が認められるが，LLPには認められない。
⑤ 合同会社には法人課税が課せられるが，LLPには法人課税は課せられない。等

## Q109 吸収分割と新設分割の違いは何か。

吸収分割とは株式会社または合同会社がその事業に関して有する権利義務の全部または一部を分割後他の会社に継承させることをいい（会2㉙），新設分割とは一または二以上の株式会社または合同会社が，その事業に関して有する権

利義務の全部または一部を分割により設立する会社に継承させることをいう（会2㉚）。

## Q110 株式交換と株式移転の違いは何か。

　株式交換とは，株式会社がその発行済株式の全部を他の株式会社または合同会社に取得させることをいい（会2㉛），株式移転とは一または二以上の株式会社がその発行済株式の全部を新たに設立する株式会社に取得させることをいう（会2㉜）。株式交換は一方が他方の発行済株式の総数を所有するので，一方が完全親会社となり他方が完全子会社とする手法である。株式移転は二以上の会社が株式を移転する過程で完全親会社を作る手法であり，持株会社はこの方法で作られる。

## Q111 三角合併を容易にする親会社の株式所有が許されるのはどのような場合か。

　親会社の株式所有は，原則として禁止されているが（会135），吸収合併消滅会社または株式交換完全子会社の株主または社員あるいは吸収分割会社に対して存続会社が交付する金銭等の全部または一部が存続会社の親会社株式である場合には，株主等に交付する当該親会社株式の総数を超えない範囲で存続会社は親会社株式を取得することができる。また効力発生日まで親会社の株式を保有することが認められている（会800）。

　子会社（非上場）が他の会社を吸収合併するとき消滅会社の株主が非上場の株式を交付されても困惑する。このようなときに上場会社である親会社の株式を取得できれば好都合である。このような合併を三角合併という。

## Q112 親会社の株式取得は、つねに禁止されているか。

原則として子会社は親会社の株式を取得してはならないが、次の場合は例外として認められる（会135②）。

　1号　事業全部の譲渡による親会社株式の譲受け
　2号　合併消滅会社からの親会社株式の承継
　3号　吸収分割による他の会社からの親会社株式の承継
　4号　新設分割による他の会社からの親会社株式の承継
　5号　その他法務省令で定める場合（施規23）

なお子会社は相当の時期に所有する親会社株式を処分しなければならない。その他吸収合併による消滅会社の株主に存続会社の親会社株式を交付するような場合には、一定の条件下で所有が認められる場合がある（会800）。

## Q113 特別支配会社とはどのような株式会社か。

ある株式会社の総株主の議決権の10分の9（これを上回る割合を定款で定めた場合はその割合）以上を、他の会社および当該他の会社が発行済株式の全部を有する会社、その他これに準ずるものとして法務省令で定める法人が有している場合における当該他の会社をいう。

簡単にいえば、会社とその完全子会社等がある株式会社の90％以上の議決権を持つ場合のその会社を特別支配会社という。

## Q114 特例有限会社を株式会社にするにはどうすればよいか。

会社法施行時に有限会社である場合には、そのまま有限会社の実体を残して

存続することができる（整備法1③）。この場合，有限会社ではあるが株式会社とみなされ定款，社員，持分，出資1口をそれぞれ新しい会社法の定款，株主，株式，1株とみなすとした。ただし商号には有限会社の文字を使用することとした。このような，みなし株式会社を特例有限会社とよぶ。さらに株式会社にするためには整備法45条により定款をまず変更して株式会社という文字を使用すること，総会の決議後は本店の所在地においては2週間以内に，支店の所在地においては3週間以内に，特例有限会社の解散の登記をし，商号変更後の株式会社については設立の登記を行わなければならない。

# 16 その他

## Q115 内部統制構築はどう進めるべきものか。

　内部統制の構築に関しては取締役の場合は会社法348条3項4号に「取締役の職務の執行が法令および定款に適合することを確保するための体制その他株式会社の業務並びに当該株式会社及びその子会社から成る企業集団の業務の適正を確保するために必要なものとして法務省令で定める体制の整備」とあり，取締役会設置会社においては，まったく同じ内容の条文が会社法362条4項6号にある。

　次に省令をみると施行規則98条（会348対応）に概略を記してみると1号：情報の保存管理体制，2号：危機管理体制，3号：効率的な業務執行体制，4号：遵法体制，5号：集団企業の業務適正の確保体制として，子会社の親会社への報告体制その他上記2号～4号の子会社における体制が規定されている。また施行規則100条（会362対応）にもほぼ同様の内容が規定されている。

　大事なことは企業不祥事を起こさないことであるから，上記の2号にある危機管理体制から手をつけていくのが合理的な早道であろうと考えられる。自分の所属している会社の問題点，この問題が発生すれば会社の命運を左右することになるような問題点をしっかりと把握してその内部牽制機能を充実させることが先決事項と考えられる。

## Q116 COSOの内部統制のフレームワークとは何か。

　たび重なる不祥事に対して1985年全米組織で「不正な財務報告に係る全米委員会」（トレッドウェイ委員会）を立ち上げた。その下部組織としての支援委員会

としてCOSO（the Comittee of Sponsoring Organization of the Treadway Comittee）があり，1992年に内部統制のフレームワークを公表した。今日内部統制構築を考えるときに基本とすべき世界的に認められたデファクトスタンダードといわれている。内部統制とは3つの目的（業務の有効性と効率性，財務報告の信頼性，法令の遵守）の達成に関して合理的な保証を提供するために構築されるものであるとしている。その構成要素としては，統制環境，リスク評価，統制活動，情報と伝達，モニタリングの5つがあるとする。

## Q117 後発事象はどのように取り扱うものか。

後発事象とは決算期終了後に発生した重要な事象で，次の決算期以降に大きな影響を与える可能性のある事象をいうのであるが，決算手続きの順を追って会社が後発事象を把握した時点で一番近い報告対象を選んで表示することになる。

ⅰ）　事業報告に表示する（施規120①九）。
ⅱ）　会計監査人監査報告に表示する（計規126②四）。
ⅲ）　監査役監査報告に表示する（計規122②三，127①三）。
ⅳ）　株主総会で口頭報告する。

事業報告から始まって監査役監査報告にも間に合わない場合で，株主総会の前に発生した場合が株主総会での口頭報告となる。それ以降に発生した場合は次期以降の業績に反映されることになる。

## Q118 ハッカーに電子公告が中断されたとき公告は無効になるか。

電子公告の中断とは公告の内容が変わってしまったり，一部が消える等の状

態と考えられるが，次の条件のすべてに該当する場合には無効とならない（会940③）。

1号　中断につき会社が善意でかつ重大な過失がないこと，また会社に正当な事由のあること
2号　公告の中断の時間が全公告期間の10分の1を超えないこと
3号　会社が公告の中断の事実を知った後すみやかにその旨，中断の生じた時間および公告の中断の内容を当該公告に付して公告したこと

したがって，上記の1号，3号はクリアできても2号がクリアされていないような場合には公告期間を延長するなどして中断の時間が公告期間の10分の1以下になるような手当てをする必要がある。

## Q119　決算公告はどのように行われるか。

　株式会社は法務省令の定めるところに従い，定時株主総会終結後に遅滞なく貸借対照表（大会社の場合は貸借対照表と損益計算書）を公告しなければならないとしている（会440）。

　ところで決算公告の仕方は旧商法では絶対的記載事項であったが，会社法では相対的記載事項となり定款に定めることができるとした。その方法は次のとおりである（会939）。1号　官報に記載，2号　時事に関する日刊新聞紙に掲載，3号　電子公告

　なお定款に記載ない場合は官報に記載するものと見做す（同条④）。

　決算公告の仕方は会社法440条で次のようにまとめられている。

①　上記1号か2号の方法による場合は，貸借対照表（大会社では貸借対照表および損益計算書）の要旨を公告すればよい。

②　インターネットで開示（従来方式で公告ではない）する場合には，5年間不特定多数の者に貸借対照表の全部（要旨ではない）を開示することで公告に代えることができる。

③ 大会社で上記3号による場合には，貸借対照表と損益計算書の全部を定時総会終結後5年間公告する（会440①，940①2）。
④ 有価証券提出会社は公告の必要がない（会440④）。その理由は証券取引所でEDINET等で開示しており重複するからである。

## Q120　社外取締役の要件はどう変わったか。

平成26年の会社法改正により社外取締役の資格要件が従前より一層厳しくなった。社外取締役の定義は会社法2条1項15号に規定されているが，その主な要件は次の通りである。

① 当該会社の取締役または親会社等の配偶者又は二親等内の親族でないこと。
② 当該会社または子会社の業務執行取締役等（業務執行取締役，執行役，支配人，その他の使用人）でなく，かつ就任前の10年間会社または子会社の業務執行取取締役等でなかったこと。
③ 親会社等（自然人に限る）または親会社の取締役，執行役，使用人でないこと。
④ 親会社の子会社等（会社と子会社は除く）の業務執行取締役等でないこと。

従来は，過去に於いて会社または子会社の業務執行取締役等でなかったことが条件であったが，基本滝には過去10年内に緩和された。一方で，親会社の取締役や使用人等は社外に該当しなくなり厳しくなった。

## Q121　社外監査役の要件は変わったか。

社外監査役については社外取締役と同様に平成26年の会社法改正で社外の要件が厳しくなった。社外監査役の定義は会社法2条1項16号に規定されている。

その主な用件は次の通りである。
① 当該会社の取締役または親会社等の配偶者又は二親等内の親族でないこと。
② 就任前の10年間，会社又は子会社の取締役，会計参与，執行役，支配人，その他の使用人でなかったこと。
③ 親会社等（自然人に限る）または親会社の取締役，監査役，執行役，その他の使用人でないこと。
④ 親会社等の子会社等（会社と子会社は除く）の業務執行取締役等でないこと。

ここで注意すべきは親会社の社外監査役であっても，当該会社の監査役に就任した場合には，当該会社の社外監査役には該当しないことである。つまり，親会社に属する者は総て社外要件から外したことになる。

## Q122 多重代表訴訟とは何か。

平成26年の会社法改正で新設された規程で，完全子会社の不祥事に関する子会社の取締役の責任追及を，一定の条件下で完全親会社の株主与える主旨である。

会社法847条の3によれば，最終完全親会社の株主は次の場合子会社の取締役等の責任追及の訴えを提起することができるとした。
① 最終完全親会社の発行済み株式の1％以上（これを下回る割合を定款で定める場合はその割合）を所有する株主又は総議決権の1％以上（これを下回る割合を定款で定める場合はその割合）を所有する株主であること。ただし公開会社の場合は6か月以上前から株式を所有することを条件とする。
② 原因となった事実が生じた日における最終完全親会社が有する完全子会社の株式の帳簿価額が最終完全親会社の総資産額の20％を超える場合

以上の二つの条件を満たした場合に提訴が可能になる。

なお，多重代表訴訟の要件を満たす子会社（特定完全子会社という）に関する情報（名称，住所，帳簿価額の合計額等）は事業報告に開示しなければならないとされている（施規118）。

## Q123 監査等委員会設置会社とはどのような制度か。

平成26年の会社法改正で新設された制度で，従来株式会社の機関設計には監査役（会）設置会社と指名委員会等設置会社の二通りの選択肢であったが，第三の選択肢として監査等委員会設置会社が新設された。その主な特徴を挙げれば

① 取締役会設置会社である。
② 監査等委員である取締役を3人以上置き，その過半数が社外取締役である。
③ 監査等委員と他の取締役は区分して株主総会で選任される。
④ 監査等委員の任期は2年，他の取締役の任期は1年である。
⑤ 会計監査人は置き，監査役を置いてはならない。
⑥ 報酬については監査等委員である取締役と他の取締役とは区分して決定する。

等である。なお監査役には取締役会における議決権はないが，監査等委員は取締役であり，議決権を有している。

（参考） 拙著：「監査等委員会設置会社の実務とQ&A」（同文舘出版28.1）

## Q124 会社法・同施行規則（平成27年5月1日施行）のポイントは何か。

　コーポレートガバナンスを中心に20のポイントを挙げておきたい。

1．企業集団における内部統制が明記された（会362④6，348③4）。
2．内部統制の子会社に関する例示規定が追加された（施規100，98）。
3．内部統制システムの運用状況を事業報告に記載する（施規118①2）。
4．監査役会設置会社（大会社かつ公開会社）で期末に社外取締役を置かない場合，その理由を株主総会で説明する（会327の2）。
5．監査役会設置会社（大会社かつ公開会社）で期末に社外取締役を置かない場合，その理由を事業報告に記載する（施規124②，③）。
6．特定監査役会設置会社（施規74の2②）であり社外取締役を置いていない場合，選任議案の中に社外取締役がない時，社外取締役を置かない理由を株主参考書類に記載する（施規74の2）。
7．責任限定契約の対象範囲が緩和された（会427）。
8．監査役（または監査役会）設置会社において株主総会に提出する会計監査人の選任・解任・不再任に関する議案は監査役（または監査役会）が決定する（会344①，③）。
9．会計監査人の報酬決定に当たり監査役（または監査役会，監査等委員会，指名委員会等設置会社の監査委員会）が同意した理由を事業報告に記載する（施規126①）。
10．多重代表訴訟が新設された（会847の3③，④）。
11．事業年度末において多重代表訴訟の要件を満たす子会社(特定完全子会社)がある場合には所定の情報を開示する（施規118①4）。
12．株式交換等を行った場合，株式交換等の効力が発生する前に訴訟原因がある場合，訴訟の対象とすることができる（会847の2①，②）。
13．特別支配株主（総株主の90％以上の議決権所有）は他の株主の所有する株式及

び新株予約権の全部を売り渡すよう請求できる（会179①，②）。
14. 親会社等との取引がある場合，会社の利益を害さないよう留意した事項等を事業報告に記載する（施規118①5）。
15. 会社役員と会社間に責任限定契約を締結しているときその概要を事業報告に記載する（施規121①3）。
16. 社外取締役，社外監査役の要件が厳格化された（会2①15，16）。
17. 新たな支配株主を生ずる第三者割当増資には一定の場合，株主総会の決議が必要となる（会206の2）。
18. 会社の機関設計の選択肢として監査等委員会設置会社が創設された（会2①11の2，会331③，⑥，会399の2等）。
19. 常勤の監査等委員の有無及び理由を事業報告に開示する（施規121①10）。
20. 会計監査限定の監査役設置会社は，定款の定めにより監査を会計に限定する旨の登記を必要とする（会911③11）。

<著者紹介>

重泉　良徳（しげいずみ・よしのり）

| | |
|---|---|
| 昭和33年3月 | 横浜国立大学経済学部卒業 |
| 　　　 4月 | 日清製油株式会社入社 |
| | 総務部長，財務部長，取締役財務部長，常勤監査役を経て， |
| | 元松本大学総合経営学部教授 |
| | 元シダックス株式会社　常勤監査役 |
| | 元公認会計士第三次試験試験委員 |
| | 元財団法人産業経理協会　監査業務研究会コーディネーター |
| | 元みずほ総合研究所株式会社　監査役研究会コーディネーター |
| | 財団法人企業財務制度研究会　元監事 |
| 主な著書 | 『倒産の兆候をみぬく決算書分析とその対策』中央経済社 |
| | 　　　　　　　　　　　　　　　平成8年，平成10年再版 |
| | 『企業不祥事の防ぎ方』東洋経済新報社　平成10年 |
| | 『監査役監査のすすめ方』税務経理協会 |
| | 　　　　　平成12年～平成23年10訂版，平成28年11訂版 |
| | 『取締役・監査役のための会社法Q&A』 |
| | 　　　　　　　　　　　　　　　税務経理協会，平成17年 |
| | 『監査役のための内部統制の実務』 |
| | 　　　　　　　　　　　　　　　税務経理協会，平成19年 |
| | 『中小会社の監査役監査基本モデル』 |
| | 　　　　　　　　　　　　　　　税務経理協会，平成20年 |

著者との契約により検印省略

| | |
|---|---|
| 平成14年12月15日 | 初版発行 |
| 平成28年 7月15日 | 6訂版発行 |

中小会社の
監査役業務とQ&A
〔6訂版〕

| | |
|---|---|
| 著　　者 | 重　泉　良　徳 |
| 発行者 | 大　坪　嘉　春 |
| 印刷所 | 税経印刷株式会社 |
| 製本所 | 牧製本印刷株式会社 |

発行所　東京都新宿区下落合2丁目5番13号　株式会社　税務経理協会
郵便番号 161-0033　振替 00190-2-187408　電話 (03)3953-3301(編集部)
FAX (03)3565-3391　　　　　(03)3953-3325(営業部)
URL http://www.zeikei.co.jp/
乱丁・落丁の場合はお取替えいたします。

© 重泉良徳　2016　　　　　　　　　Printed in Japan

本書の無断複写は著作権法上での例外を除き禁じられています。複写される場合は，そのつど事前に，(社)出版者著作権管理機構（電話 03-3513-6969，FAX 03-3513-6979, e-mail：info@jcopy.or.jp）の許諾を得てください。

JCOPY　<(社)出版者著作権管理機構　委託出版物>

ISBN978-4-419-06369-6　C3063